中国大学现代化之道

大学教学原理与方法

教学改革演讲录

◎ 别敦荣　著

中国海洋大学出版社
·青岛·

图书在版编目（CIP）数据

大学教学原理与方法：教学改革演讲录／别敦荣著. —青岛：中国海洋大学出版社，2018. 1（2021.6 重印）

ISBN 978-7-5670-1755-9

Ⅰ. ① 大… Ⅱ. ① 别… Ⅲ. ① 高等学校—教学改革—中国—文集 Ⅳ. ① G642. 0-53

中国版本图书馆 CIP 数据核字（2018）第 062469 号

出版发行	中国海洋大学出版社			
社 址	青岛市香港东路23号		**邮政编码**	266071
出 版 人	杨立敏			
网 址	http://pub.ouc.edu.cn			
电子信箱	oucpublishwx@163.com			
订购电话	0532-82032573（传真）			
责任编辑	王 晓		**电 话**	0532-85901092
印 制	日照报业印刷有限公司			
版 次	2018年4月第1版			
印 次	2021年6月第3次印刷			
成品尺寸	170 mm × 240 mm			
印 张	15. 25			
字 数	248千			
印 数	2001～3000			
定 价	55. 00元			

发现印装质量问题，请致电 0633-8221365，由印刷厂负责调换。

　　现代化是我国大学发展 100 多年不变的主题。当然,在不同的时期,大学现代化的使命是不同的。新时代我国高等教育发展的内外环境发生了重大变化,从规模增长看,高等教育即将进入普及化阶段;高等教育层次和类型结构完备,学科专业体系健全;高等教育不仅满足公民的多样性需求,而且服务地方经济社会发展;不仅服务国家,提升国民的人力资本价值,而且促进国际人才流动,参与全球化进程,助力迎接全球性挑战。我国大学现代化的基础前所未有,现代化的使命前所未有,现代化的挑战前所未有,现代化的前景前所未有。我国大学现代化就是要在中国大地上建立有品位、有效率、有质量的办学体系,使我国大学更像大学,使我国大学更受尊重,使我国大学成为民众的精神家园,使我国大学成为人类文明汇聚、融合、创新的场所,使我国大学成为世界各国国民众心向往的圣地。

　　我国大学现代化是大学生命周期的阶段性使命。欧美国家花了几百年才在 20 世纪前后实现了大学的现代化,我国大学只有 100 多年的历史,而且几乎是在现代文化科学如同一张白纸的基础上发展起来的。如果用生命周期来衡量,我国大学已经走过了现代化的第一阶段,即基本完成了现代大学非常重要的基础条件和体系建设,具备了现代大学之形。大学现代化不但要建立现代大学之形,而且要塑造现代大学之神,形神兼备,大学现代化才真正完成了使命。现代大学精神看不见、摸不着,但却与现代大学如影随形,不可分离。缺了现代大学精神不是真正的现代大学,而塑造现代大学精神的任务并不比现代大学基础和体系建设的任务轻松,它的难度更大,挑战更多。

塑造我国现代大学精神不是几篇文章、几本专著、几份政策或几个改革项目就能达成的,需要脚踏实地遵循现代大学精神办学,长期坚持、形成规范制度,养成自觉和习惯,并在此基础上建立健全办学运行体系,从而使大学释放出无限的办学能量。在 100 多年历史发展的基础上,特别是经过改革开放 40 年来的改革与发展,我国大学现代化需要开拓 2.0 版,提升现代化水平和品位,更多地为大学植入现代性的精神元素。

基于以上认识,我长期致力于我国大学现代化研究,在发表和出版一系列著述的同时,还受邀为全国很多大学做专题演讲和学术报告,向干部教师传播大学现代化思想,助推干部教师解放思想,在自身工作行为和大学运行中注入现代精神,从而促进大学现代化进程。这些演讲和学术报告主题比较宽,都是根据有关大学改革与发展需要确定的,其中,有三个主题演讲比较多:一个是大学发展战略规划,另一个是大学教学改革,还有一个是大学管理与治理。每一个主题都有数十场报告,侧重点各不一样。在演讲学校有关老师和我的团队成员的帮助下,我将有关这三个主题的演讲报告整理出来,辑录成册,以"中国大学现代化之道"分别出版,以便为更多的大学干部教师所熟悉。"中国大学现代化之道"分三册:第一册为《大学发展战略与规划》,第二册为《大学教学原理与方法》,第三册为《大学管理与治理》。

《大学发展战略与规划》是关于大学发展战略与规划的演讲报告汇编。在大学现代化进程中,战略与规划能够发挥重要作用。我国大学越来越重视战略与规划,不论是在五年规划期还是在重大改革计划的制订中,越来越重视通过编制明确的发展战略与行动方案,将发展目标落实到办学实践中去。我从 2000 年开始受邀为数十所大学编制发展战略规划,为更多的大学提供战略咨询,有一些心得体会;同时我也就实践中碰到的一些问题开展理论研究,有一些想法。这些演讲报告既有对大学发展战略规划的理论追寻，又有对有关大学发展战略规划的实践指导，可以说是一部理论与实践相结合的著作。

《大学教学原理与方法》由一系列关于大学教学思想、大学课程原理、现代大学教学理念、现代大学教学方法、中外大学教学比较、我国大学教学改革等主题的演讲报告汇集而成。大学教学研究是我一开始从事高等教育研究就十分重视的领域，我曾经主持《20世纪中国高等教育·教学卷》的编著，主编《高等学校教学论》，开展了众多大学教学问题的研究。在受邀为一些大学作教学改革演讲和学术报告的时候，我把自己研究的成果拿出来与大家分享；我还曾经在华中科技大学主持过一段时间教师发展中心的工作，对该校青年教师进行了三年的集中培训，我担任主要培训教师。近年来，在厦门大学教师发展中心教师培训班、上海师范大学和华东师范大学组织的上海高校青年教师上岗培训班等很多大学教师培训研修班主讲大学教学改革专题。这些学术演讲和报告聚焦于现代大学教学思想与方法，重点阐述我国大学教学改革的路径。

《大学管理与治理》是一部围绕我国大学管理改革和治理体系建设的演讲报告汇集。大学管理改革与治理体系建设是现代大学制度建设的主要任务之一，我在现代大学制度研究上花费了很多心力，在承担国家社科基金课题"现代大学制度：历史与现实"的研究任务后，更是组织团队进行了系统深入的研究，取得了不菲的研究成果。在受邀为一些大学作管理与治理改革演讲和学术报告的时候，我主要针对我国高等教育改革与发展的现实要求，集中探讨和阐述我国现代大学制度建设的实践要求和现实理路，以期对大学管理与治理改革有所裨益。

这些演讲报告集能够与读者见面，首先要感谢那些邀请我去演讲和作报告的大学和领导，他们对大学现代化的使命感督促我不敢懈怠，使我能将平时研究和思考的心得体会与大学现代化的需要联系起来，并通过他们搭建的平台与大学干部教师们分享，我自己也从与他们的交流和对话中受益良多。其次，我要感谢帮助我整理演讲报告文字的老师和我团队的成员，有的老师为我整理了演讲报告文字稿，而我连他们的姓名都不知道，这里我要对他们说声对不起。整理演讲报告文字是一件苦差事，我自己做过，深有体会。几乎所有帮我整理研究报告的老师和同学都十分认真负责，他们的无私奉献精神令我感动。我还要感谢中国海洋大学出版社，在这套演讲报告集的出版上，出版社领导没有丝毫的犹豫就决定了高规格地出版。与中国海洋大学出版社无障碍的合作是我的荣幸！

别敦荣

2018 年 03 月

目 Contents 录

第一讲

大学教学改革的新方向 ①

各位老师、各位同学：

我们这次组织了一个 20 多人的庞大的调研团来汕大 ②，主要是为了考察教学改革。我们要到教务处去了解教学改革的情况；去工学院了解 CDIO 教学改革的情况；去至诚书院了解它的发展情况。这些都属于教学范畴的事情，或者部分与教学改革直接相关。所以，我就想到了一个题目：大学教学改革的新方向是什么。我想就这个问题跟大家做交流。

在高等教育学的研究中，教学研究有着特别的意义。如何理解这种特别意义呢？我们知道，高等教育研究领域比较宽广，有的人做了高等教育行政管理改革研究，就说"我在做高等教育研究"；有的人做了高等教育财政研究，也说"我在做高等教育研究"；还有人做了高等教育政策研究，做了大学治理结构改革研究，都说"在做高等教育研究"。这些认识对不对呢？毫无疑问是对的，因为这些问题研究大致都可以划在高等教育研究领域内。但我想，一个事物必有它最本质的东西，一个学科应该有它最核心的东西，即内核。高等教育研究最核心的东西是什么？是不是上面所列举的各个方面呢？还有人说是大学理念研究、大学文化研究或大学制度研究，这些都是热门的，特别是现代大

<hr/>

① 本文是作者 2012 年 12 月 12 日在汕头大学所做学术报告的文字整理稿。
② 2012 年 12 月 9～15 日潘懋元教授、别敦荣教授等率厦门大学教育研究院 2011 级博士生赴汕头大学访问调研学习汕头大学教学改革的经验。

学制度研究。这些是不是最核心的呢？

如果从教育的角度讲，刚才所说的东西都是辅助性的，是与高等教育相关的活动，并非真正意义上的或者具有本质意义的高等教育活动。在座的马凤岐教授是做教育原理研究的，教育原理研究什么呢？研究教育的原理。为什么要研究教育的原理？教育原理包括我们刚才所说的那些东西吗？可能并不包括，教育、高等教育研究最核心的东西应该在教学，在人的培养，在与人的培养直接相关的活动。这些才是高等教育研究最本质的领域。直接的人才培养活动就是教学，所以，教学研究有特别重要的意义。如果一位高等教育学的硕士生、博士生，对于教学原理、教师应该怎么教学、学生应该怎么学习等完全没有概念，说"我没有学过，我是做现代大学制度研究的，是做大学治理结构研究的，是做高等教育政策研究的，教学原理不是我应当关注的"，这是说不过去的。学高等教育学，需要花很多的时间来学习教学的原理。尤其是谈到教学改革，大家往往联想到的是教学应当改什么，将实行学分制、选课制、主辅修制、大类招生、大类培养、灵活学制等说成教学改革，认为这就是教学研究。尽管不能说这些看法不正确，但如果只是研究这些问题的话，是不可能上升到原理层面认识教学问题的，不可能进入高等教育学科的核心领域。那么，教学研究如何能进入原理层面呢？应当如何认识教学原理问题呢？我想，今天下午的讨论交流主要围绕这些问题展开。大家有什么看法和问题，可以随时提出来，也可以在我讲完后集中提出来讨论。

一、大学现行的教学哲学

这次考察汕头大学的教学改革，令我非常震撼。我非常欣喜地发现，有些本科生的教学改革已经触及了教学哲学的改革，已经改到了这个层面上来了。我到过很多大学考察教学改革，各学校一般都是介绍人才培养模式改革、精品课程建设、学分制改革，等等。这些都很重要，但都属于形而下的、实践层面的东西，还不能称为理念、观念层面的东西。但是，在汕头大学，我们看到教学改革触及了理念、观念。这一点我们暂且先放到一边，后面再具体地探讨它。

我想问大家一个问题，我国大学现行的教学哲学是什么？大家都经历了大学本科教育，可以回顾一下，我们的大学、老师是怎么安排我们的学习，怎么给我们上课，怎么教我们，我们又是怎么学习的？通过考察很多大学教学，我了解了很多情况,研究了各种文献资料,发现大学现行的教学哲学,借用艺术学的一个术语,可以叫表演哲学。

　　什么叫表演哲学?大家都很熟悉电影、电视、戏曲,自己也组织各种晚会,看表演,自己也表演。所谓表演哲学,就是演员按照剧本的要求在一定的场所借助于道具把剧本中所描述的情景再现出来,让观众通过感官知道剧本故事的来龙去脉,感受故事的意义。所以,看了电影后,我们会评说这部电影好看,拍得好,男女主角演得好,故事情节吸引人。这就是表演所达到的效果。这是表演的逻辑。表演一般包括这么几个要素,首先要有剧本,其次要有演员,还要有剧场、道具。只要有了剧本、演员、剧场、道具这几个要素,就可以进行表演。当然,有了表演,还要有观众或听众,演出不能没有人来欣赏。

　　我们说大学教学是按照表演哲学进行的,说教学哲学是一种表演哲学,这个观点对不对呢?请大家思考一下,大学教学活动要开展起来需要什么条件?第一,要有教材。老师要教材,学生也要教材,没有教材教学似乎是没法进行的。第二,要有老师。似乎有没有学生关系不大,但一定要有老师。至于为什么要有老师,我们后面再细说。第三,要有课堂,也就是要有场所。第四,可能还要教具。具备了这四个要素,教学就可以进行了。大家可能说还要有学生,是的,从理论上讲,确实需要有学生。但实际上,有没有学生关系是不大的。大家都看到过一位老师给一位学生讲课的报道,其实,如果最后那位学生也逃课了的话,老师还是可以站在讲台上面向空旷的教室上课的。这说明了什么问题呢?它说明大学教学具备了表演的基本属性,说明教学是符合表演逻辑的。这样的教学逻辑就是,老师根据教材的要求,借助于教具在课堂上把教材中的知识再现出来,让学生能够听到,然后自己去感觉知识的意义。所以,这个时候的学生,实际上就类似于听众或观众,是一场教学演出中的听众或观众。这样打比方也许过于简单化了一点,但它并非毫无道理。这种教学的关键并不在学生,因为在教学中学生只是充当了观众或听众的角色,关键在老师,老师的表演要好,老师要把教材吃透,把教材的要求都领会了,并根据教材的要求在课堂上进行裁剪,写出讲义或制作课件,相当于那些电视、电影表演里的分镜头脚本或桥段。比方说,莫言的小说《红高粱》被拍成了电影,它不会按照小说原原本本地拍,也不会按照剧本原原本本地拍,导演和演员会根据情景要求和分镜头脚本或桥段一段一段地演。大学老师其实也是根据教材的章节目、知识点，就像表演中的分镜头脚本或桥段，再现教材中的知识及其逻辑关系。从这个意义上讲，大学现行的教学是极富表演性的，可以说它所遵循的是一种表演哲学。

如果上述结论成立的话，我们再来分析一下遵循表演哲学的教学的本质。借用"中心和边缘"分析模式，可以比较清晰地认识大学现行的教学哲学的本质。如何理解中心和边缘？还是以表演为例，在表演剧场里，中心不是在观众中，而是在舞台上。但是，如果只有中心，没有边缘，那就构不成一场演出，所以，它是有中心，有边缘的。中心和边缘分析模式在高等教育学研究中有着广泛的应用。从中心与边缘的关系看，大学现行的教学哲学的本质集中表现在三个中心与边缘的关系上。

一是教师中心化，学生边缘化。在现行的大学教学中，老师始终是主导性的、能动的，学生则是被动的，甚至带有被迫的意味；老师是表演者，学生是观众或听众。老师教课，要辛辛苦苦地学习、讲课，学生轻轻松松地坐在课堂上听讲、听课；老师不能翘课，一翘课就是重大事故，但学生想上课就去上课，不想上课就翘课。老师是必需的，学生是可有可无的，而且在很多学生的心目中，很多课也是可上可不上的。不论是从教学的设计还是从实际教学过程中师生的角色行为看，老师是中心，学生是边缘。

二是教材中心化，实践边缘化。大学教学活动都要有教材，甚至包括实验也要教材，教学几乎离不开教材。老师教教材，学生学教材，最后考的还是教材。很多教师甚至照本宣科，学生也以学好教材为目的，教材是教学和学习的中心。教材是什么？教材是由一系列知识所汇集起来的文字读本。按照知识的分类来讲，学习这个文字读本，就是学习已知的知识。所以，如果学生将书本知识掌握得很牢固，就被认为是好学生。所以说，教学是以教材为中心的。教材是中心，边缘是什么呢？是实践，包括实习、实训，都是被边缘化的东西。不仅在教学计划的安排上，而且在实际的教学活动上，实践都是被边缘化的。在师生的心目中，在领导心目中，上理论课的老师水平高，带实习课的老师不受重视。实践被边缘化，意味着学生"自主学习、自己做事"被边缘化了，自学成为辅助性的教学要求。

三是课堂中心化，现场边缘化。教学的场所在哪儿？学习活动在什么地方开展？在教室，主要在教室听课。当然，也有的去图书馆自习，去教室自习，但课堂是主渠道。很多同学认为,只要课堂上认真听课,考60分是肯定不成问题的,这样就对付了一门课的学习。所以,课堂成为教学的中心,被边缘化的是现场。现场是什么?是前面所说的实践的地方。实践应该在实验室,在仿真中心,或者是现实的工作场所。但在大学教学中,这些场所不受重视,被边缘化了。

上述三组中心化和边缘化的关系构成了表演哲学下大学教学的本质。如果要回答大学现行的教学有什么特征,上述分析基本描绘出来了。在三组中心化与边缘化教学模式下,人才培养质量可能怎样呢?有人可能会说,"我学得很好啊,我念完本科,念硕士,念博士,我成功了",这还不能说明大学教学是高质量的,是值得称道的吗?我们说,凡事都有普遍性和特殊性,可能确实有人接受了好的教育教学,但一般来讲,这样的教学很难说会有很好的结果。但在表演哲学下的大学教学模式,究竟会出现什么结果,确实是很值得探讨的问题。根据多年的研究,我认为以下几种结果是不可避免的。

第一,教师的职业倦怠。根据调查统计,大学教师非常普遍地存在职业倦怠现象。主要表现在:对工作缺少激情,工作中没有成就感,没有个人价值实现的感觉,体会不到任何教学乐趣。在表演性教学中,有的老师讲课声情并茂,眉飞色舞,声音洪亮,很有激情。这些老师可能真的是有激情,可能很热爱教学,但即便他们是有激情的,那它的意义又何在呢?再看有的老师责任心很强,课教下来学生非常喜欢、高兴,学生有成就感,老师也有成就感。但又有多少老师在教学中有这种成就感呢?上课讲教材上面的东西,过去叫照本宣科,现在叫照屏宣科。大家可以回忆一下,我们的老师有多少是照屏宣科的。照本宣科、照屏宣科都是不可能有成就感的。另外,在这样的教学模式下,在这样的教学哲学主导下,老师会热爱教学吗?实际上,很多老师并不爱教学,只是在做本职工作,因为有工作量考核的要求,要完成工作任务。在现行的教学哲学下,教师存在非常严重的职业倦怠现象。有的调查统计表明,存在职业倦怠感的教师超过了60%。

第二,学生的学习倦怠。学习应当是令人非常快乐的事情,但大学的学习却常常让学生产生倦怠感,主要表现为以下几点。一是学习是为了应付考试。很多大学生就是为了通过考试才学习的,要是不考试,他是不会主动去上课的,是不会主动地自学的。二是厌恶学习。很多学生讨厌学习,学习是被动的，他从心底里是不爱学习的。要不是临近考试了，很多学生不会把教材找出来好好看，不会把教师的课件拿过来去记、去背。他尽管学习了，但并不是出于喜欢学习，而是厌恶学习。三是从学习中得不到快乐。大家自己可以回忆一下，有多少门课程、多少老师的教学曾经带给我们快乐感。有的同学可能只有痛苦感，没有快乐感，因为学得很单调枯燥。学习本身是让人更聪明，让人更丰富，让人更完善的事情，应当能够让人产生一种精神得到升华的体验，应该让人充满快乐。过去不懂的，今天学了，老师教了，长了见识，应该感到快乐，但很多学生似乎很难体会到。这就是学习倦怠。为什么会产生学习倦怠呢？根本原因在于学生只是在看教师表演，学生没有积极主动地实践。

第三，教学过程缺少生命意义。教学过程是老师和学生共同交流的过程。老师通过自己的经验和人类已经获得的知识、技术、智慧来让学生得到启发，让学生的心灵被激活，激发出生命的火花，这是一种生命意义的延续。什么叫薪火相传？就是老师和学生，年长者与年轻人，通过教学把人类的智慧一代一代传下去。而且在传承的过程中，老师和学生作为活生生的人，体会到生命活动的存在，感觉到生命意义的存在。简单地说，就好像又长大了，好像变得更懂事了，更富有智慧了。但是，大学教学似乎并没有达到这个目的，而且很多老师在教学中并不觉得自己的生命又有了第二种意义：第一种意义是老师自己的生命有意义了，第二种意义是老师让自己生命的意义在学生身上又产生了价值。不仅老师没有这样的感觉，上课就是把这 45 分钟对付过去了，讲完了就和学生说"拜拜"，而且学生也没有一种"再生"的体验。这就是说，大学教学没有完成生命意义的转化，没有使师生产生生命意义的感觉。

第四，培养的人才主要是传承式的，而不是创新性的。表演哲学下的大学教学所培养的人才有什么特点，只要看看师生在教学中都做了什么就明白了。在课堂上，老师讲的是教材上的东西，学生学的也是教材上的东西，就像看电影、电视，看了之后只知道情节、人物、故事。也就是说，大学教学让学生知道的都是前人发现的东西，是前人通过研究、实践所获得的成果。学生把这些已知的东西学会了、掌握了、继承了，就达到了教育教学的目的，所以，大学所培养人才的典型特征是传承式或者传承性的。在表演哲学指导下，大学教学培养不出创新性人才。我经常反思，为什么有的老师在课堂上要学生提问题，学生就是提不出问题来，什么问题都没有。学生为什么没有问题？因为他们所学习和接触的东西,都是一套严密、完整的东西,里面似乎真的没有漏洞,学生接受这些东西以后,脑袋里不可能会有问题。大学教学所看重的主要是教师的教学行为,所追求的直接结果就是传承已有的知识和技术。它把学生放在一个接受已有知识和技术的地位,不追求学生的主动参与,也不追求学生的自主发展,更不追求学生创新精神和创新能力的发展。

二、改革开放以来大学教学改革的逻辑

改革开放以来,我国大学教学改革始终没有停止过,一直在改。大学很重视,教育行政部门也很重视。只要梳理一下改革开放以来政府部门所发布的文件,可以看到大学教学改革的文件很多,内容也很丰富。要认清大学教学改革的逻辑,首先要弄清楚已经做了哪些改革。从改革的内容看,已经开展的大学教学改革主要包括以下几个方面。

第一,教学制度改革。教学制度改革包括在学分制、选课制、主辅修制度、双学位制度、灵活学制等制度上进行的改革探索。很多人将这些制度看作教学管理制度,其实不然,它们大多是教学资源的配置方式,包括对学时、教学内容和学位等的弹性组合。

第二,课程体系和教学内容改革。改革开放以来,针对课程体系和教学内容陈旧落后的问题,进行了持续不断的改革。大学开设了很多新课程,补充了新的教学内容,编辑出版了新的教材,通过各种方式,促进课程体系和教学内容的更新。

第三,教学手段改革。传统的教学手段主要是黑板加粉笔,再先进一点的就是使用幻灯机。现在的大学教学手段和技术已经是鸟枪换炮了,不但有了多媒体设施,而且有了白板、无尘粉笔,甚至触摸显示屏,教师再也不用吃粉笔灰了。

第四,实施了教学评估。不仅国家建立了教学工作评估制度,而且各大学也建立了教学评价制度。大学每学期都要进行学生评教,每一门课,老师上完课后,都要求学生对老师的教学做出评价。一些大学还采取了不评价就不能注册选课或不能查看成绩的措施,以此来保障学生评教的全覆盖。

第五,改革教学管理制度。大学教学管理制度的改革涉及学校层面和院系层面的教学管理。一些大学建立了新的教学管理机制,设立了新的教学管

理机构，进行了教学管理职能的重新分工，还对教学考核制度进行了改革，主要是教师教学工作量考核制度改革。

上述各方面的教学改革开始的时间不同，进展程度不同，产生的效果也各不相同。不仅如此，它们各自所依据的逻辑也是不同的。教学制度改革的逻辑是什么，有人可能说是个性化、个性主义，着眼于培养有个性的学生。实际上，如果再深一步、细致一点去剖析其背后的原因，可以发现它的思想根源可能是市场主义的。尽管提倡学分制等教学制度的时候，我国还没有实行市场经济，还没有市场化，但它背后的思想根源是市场主义。课程体系和教学内容改革的指导思想可能包含了两种教育哲学：一个是要素主义或永恒主义，另一个是实用主义。两种哲学思想在课程体系和教学内容改革中发挥了重要的作用。比如，为什么要开设文化素质教育课程，其思想根源可能就是永恒主义。教学方式改革的思想根源比较复杂，从其本身来讲，应该是现代化，但由于使用现代技术不到位，它转化成了教学中的机械主义，变成了一种机械主义的教学哲学观。在教学中老师和学生都存在受控于机械技术，只能靠技术教学的问题。教学评估改革的思想根源可能是管理主义的，是为了改变传统的管理策略、方式，由过去直接的行政管理发展到一种新的管理主义，即通过评估实施一种控制，包括国家控制和学校控制。教学管理改革的思想根源应该是功利主义，只要看看各大学进行的教学考核，对各部门和教师的要求表现出高度的功利主义特性。由此可知，教学改革背后的逻辑主要有市场主义、要素主义或永恒主义、实用主义、机械主义、管理主义和功利主义等。这些逻辑糅合在一起，就是我国的教学改革哲学，它直接指导了改革开放以来的教学改革。

如何看待这样的教学改革哲学？它对大学教学有什么影响？一个必然的结果就是整个大学教学哲学的空心化。空心化指的是在各种教学改革及其思想根源中，看不到人的主动性的发挥，看不到教师与学生的主动参与，没有师生主体性的存在。没有师生的积极主动参与，就没有心灵的参与，没有心灵的共鸣。从根本上说，这种教学改革不可能改变整个教学的局面，所以，改革开放以来，尽管教学改革量大面广，但教学的整体面貌并没有得到改观，始终没有触及教学的本质问题。教学的本质问题不改，大学教学质量整体上不会有大的改变。没有大的改变包括两层意思：第一，没有提高；第二，没有降低。说没有提高比较好理解，要说没有降低可能就不太好理解了。现在不是很多人都在说大学教育质量在降低、在滑坡吗？很多人又将之归因于高等教育大众化的发展。因为大众化带来了大学人满为患的问题，大课越来越多，课堂越来越大。表面上看，这种说法似乎有道理，但如果深究一下，就会发现似是而非了。打个比方，到电影院看电影，观众多几个少几个，除了门票收入受影响外，看电影的效果不会有太大的变化。只要声音和图像能够传到的地方，只要能够看到表演的情景，距离的远近固然会带来效果上的一点点差别，但还不至于有根本的差别。这就是说，在表演哲学主导下，大学课堂教学的效果，不会因为增加了听课人数而有很大的影响，可能会对坐在后排的学生有一定的影响，但不足以影响整体的教学质量。正因为如此，学生上不上课无所谓，很多学生经常翘课也能完成学习任务，通过考试获得学分。当然，课堂也不会无限大，如果那样，教学效果当然会不一样。总体上看，已经进行的大学教学改革，没有改变教学的表演性，教学依然只是老师讲课、学生听课的模式，其指导思想没有从本质上改变大学教学哲学问题。

三、未来大学的教学哲学

大学教学遵循表演哲学的问题没有得到改变，是影响人才培养质量的关键之所在。这种状况不能继续下去了，如果再这么继续下去，大学是要误人子弟的。这样的教学不是在培养人，而是在耽误青年人的前程。我国大学教学遵循表演哲学不是始于今天，那又如何看待其在过去的影响呢？过去 30 多年，大学教学是在"文化大革命"的基础上恢复发展起来的。经历"文化大革命"以后，我国文化科学技术整体上与欧美先进国家的差距很大，我们一直在后面追赶，对人家先进的东西我们要吸收过来。在这种背景下，大学依据表演哲学组织教学，将人家先进的东西融入教学中，让学生接受下来，培养继承性的人才，是可以满足社会需要的。应该承认，这种教学哲学与过去我国文化科学教育发展所处的阶段性特征在一定程度上是吻合的。

但现在不行了，我国经济社会发展已经极大地缩小了与发达国家之间的差距，已经开始转型升级发展，正在走向创新型国家，引进、吸收尽管还是必要的，我们还要继续引进技术、产品、生产线、资金、人才等，但创新已经上升为主要战略。不但国家发展战略进行了与时代要求相适应的调整，而且高等教育发展也进入了一个新的发展阶段。高等教育精英化阶段已经过去了，社会极度缺乏人才的状况已经得到了根本改观。在高等教育大众化持续发展的背景下，创新型人才成为社会的急需。大众化正在向中后期发展，未来社会中接受高等教育的人会更多，因此，高等教育的人才培养也应当做出重大调整，要从过去的单一类型走向多样化和差异化。单纯接受性、传承性的人才还是需要的，但更需要能够适应国家当前和未来发展形势的具有创新精神和能力的人才。

为此，大学教学必须深化改革，教学哲学必须转变。什么样的教学哲学是适合现在需要的呢？这几天我们在汕头大学的考察和学习，收获很多，我发现，汕头大学的教学改革已经开始走出表演哲学主导下的教学，向新的教学哲学发展，或者说是在某种新的教学哲学影响下，探索新的教学模式。要说清楚这个问题，我们不妨先看看欧美国家大学教学的演变过程。我曾经系统地研究欧美国家大学教学发展，我们所说的大学教学的表演哲学，在欧美国家大学也曾经出现过，作为一种主导性的教学哲学，出现在19世纪以前。从这个意义上讲，我国大学教学哲学还处在欧美国家大学19世纪以前的水平。19世纪初期开始，在德国大学，以柏林大学为代表，在教学中推行科研与教学相结合的原则，科研成为教学的一个组成部分，成为人才培养活动。其主要的教学组织形式叫习明纳（seminar），这是一种科研与教学相结合的组织形式。这种教学背后的哲学是什么呢？是学生的实践。它要通过学生自己的实践活动来学习和教学。老师还讲不讲，还表演不表演呢？老师可能还要讲，但讲的成分在整个教学中已经减少了，而且讲的内容主要是围绕学生实践中的问题进行的，所以，老师的表演已经不再居于主导地位了，居于主导地位的是学生的学习，是一种自主的学习。尽管这种变化具体地表现为师生教学行为的改变，但其根本之处在于大学教学哲学已经从表演哲学转变为实践哲学。

另外，19世纪后期20世纪初期，以美国为代表，在欧美国家曾经发生了一场教学哲学或教育哲学的变革，在进步主义教育哲学的影响下，中小学、大学教育教学进行了一场革命性的变化。进步主义是什么？其本质是一种实践哲学。在进步主义看来，教育教学的目的不能通过教师的演出来实现，必须通过学生亲自实践，自己来做，自己来学习，教师是不能包办代替的。从19世纪初期开始，欧美国家大学教学哲学的转型和教学的革命性变化持续了近一个世纪。为什么欧美国家大学教师和学生出现职业倦怠和学习倦怠的情况较少，而我国却比较普遍,深层原因在于教学哲学的不同。所以,要提高我国大学人才培养质量,必须转变教学哲学。

我以为,我国大学教学哲学转变的关键在于从表演哲学主导转变为实践哲学主导。这里先要回答一个问题,表演哲学还要不要?我想它可能还有某种意义,只是应当降到次要地位,不要用它来主导整个大学教学。应当用实践哲学主导教学,要把学生从教学过程的被动地位中解放出来。在实践哲学的指导下,教学改革有两大主要任务。

第一,教师教学行为改革。教师的教学行为要改变。在实践哲学的指导下,教师的教学行为主要表现在四个方面:一是教学任务设计,包括讲授的内容、学生阅读的文献、学生个人工作的内容、学生团队工作的内容、指导和交流研讨内容等;二是进行全程指导,包括在课程教学开始阶段的全面指导、教学活动中的个别及时指导和团队工作指导、教学中的特别问题指导等;三是适时给予鼓励,在教学过程中给予学生及时的反馈,对学生的进步和成绩给予鼓励;四是学生发展评价,对教学过程中学生全程、全面发展情况进行实事求是的评价。这就是说,在实践哲学的指导下,教师要从过去单纯的表演者转变为教学的设计者、指导者、鼓励者和评价者。

第二,学生学习行为改革。在实践哲学的指导下,学生要进行主动学习,高效率、高质量的学习,个人学习和团队学习,学生还要喜欢学习、热爱学习。从学习行为角度讲,学生实际是在做中学,根据教师设计的任务,学生在实践过程中学习教材知识、其他的书本知识、教师的经验知识以及学生自身的经验知识。在自己的经历中,学生可以学到很多东西,包括成长和成熟。在前面的一场讲座中,潘懋元先生讲失败是成功之母,失败也是一种经历,是一种学习,就是这个道理。学生还需要在挑战中学习。学习教材知识也有挑战性,但这种挑战性是最低限度的,因为书上都讲得清清楚楚了,只需要把它理解了就可以了。在实践哲学指导下,学生要学的东西不能只是人家已经写好了的东西,还应该包括人家没有写出来的东西,要有更大的挑战性。

当然,从表演哲学主导转变到实践哲学主导,除了需要进行教与学的改革外,其他方面也需要进行配套改革,比如,教学管理、教学资源配置等方面的改革。这几天调研汕头大学的教学改革,我发现,很多方面的改革已经开始了,但也还有一些方面需要研究,需要进一步完善。总之,教学改革是一个非常复杂的问题，内容很庞杂，涉及的问题很多，如果大家有兴趣，可以进行更深入的研究。将教学问题弄清楚了，其他高等教育的问题，比如，大学制度、大学文化等的研究才有了核心，才更有内涵。脱离教学的制度研究、文化研究或其他什么研究，都不可能更好地服务于教学，服务于人才培养的需要。只有时时刻刻把人才培养、教学放在中心地位，高等教育研究才能符合大学本质要求。

　　我的想法不一定准确，大家有什么问题和意见，我们可以进一步探讨。

第二讲

关于大学本科教育教学改革的若干思考 [①]

马骁副校长：

这次我们请来的嘉宾是厦门大学原副校长潘懋元教授；还有厦门大学（简称"厦大"）教育研究院的郑冰冰书记、别敦荣教授。同时也感谢我们的教学院长和今天自愿来参加这个座谈会的老师们。潘老在中国高等教育学科方面著作很多，而且思想博大精深。刚才我正在向他汇报，曾几何时，我也有幸在厦大听过一次潘老的讲座，那个时候我还很懵懂，还是教务处的工作人员。现在也很懵懂，所以，需要潘老、别教授、郑书记这样的高等教育理论界的专家、大家们，来给我们一些指导、帮助。同时也感谢厦门大学长期以来对我们西南财经大学（简称"财大"）的支持和帮助，因为我们会计学科、经济学科、财政学科与厦大有很深的渊源。然后就是，别教授曾在繁忙之中到我们这里给我们指导，潘老的学生也曾经在我们教务处工作，所以，今天有幸在这里跟潘老、别教授、郑书记一起交流。同时，今天天气也凉爽，非常适合我们在这里热热闹闹地交流，下面我们就把时间交给潘老和别教授。

尊敬的马校长、各位领导、各位老师：

我来财大很多次了，跟很多老师有过交往。我对财大在教学方面这么热心，做了这么多工作，一直非常钦佩。我知道在财大，像这种教学座谈会、沙龙

[①] 本文是作者 2014 年 5 月 10 日与潘懋元先生等在西南财经大学所作学术报告和交流的文字整理稿。

活动很多,这也是其他学校比较少有的,非常高兴来参加这个活动。

教务处、教师发展中心给我出了两个题目:第一个是本科教育改革的趋势,第二个是教学改革项目的设计、研究。我想,这两个题目也可以看成一个题目,就是关于本科教育教学改革。本来在这里应该是潘先生、马校长最有发言权,因为他们都当过教务处长和管教学的副校长,本科教育教学当然是他们管的事情。潘先生在 20 世纪 50 年代就当了教务处长,后来当副校长,管很多事情,其中一个主要的领域就是教学。所以,他们最有发言权。大家知道,我是潘先生的学生,潘先生让我先讲,老师的吩咐还得做,我就先说一点看法。我只能抛砖引玉,把我的一些想法先讲出来,讲得不对的请潘先生和马校长指正,大家也可以一起讨论。

一、中外大学本科教育模式

我想本科教育教学改革,趋势也好,走向也好,都涉及一个问题,就是这个改革要从哪儿开始,到哪里去。

我们财大是教学改革抓得很好的。我记得前几年到学校来的时候,学校领导介绍学校正在进行课程范式改革。当时在全国高校中很少有学校领导推动课程范式改革,大家更多的主要还是谈教学改革。所以说这个改革在我们学校是有基础的。

但是,从整体来看,我国大学本科教学究竟要从哪儿开始,到哪里去? 这个问题要是不明确的话,我们的改革很可能改偏了方向,可能改得不对,有些改革不一定能达到效果。我举一个例子,大家可能就明白了。比如,转专业改革在很多学校都实施了,各大学的办法大同小异,就是学习成绩优秀的学生可以有转专业的资格,一般以专业或年级学生综合成绩排名前百分之多少为标准。有的大学还要对这部分成绩优秀的学生进行考试,考试成绩优秀者才可以转专业。这就意味着转专业是给予优秀学生的奖励,是一种学业优异奖励制度。那么,转专业制度本来应该是什么制度呢? 它本该是说我有种特长,但我的特长不适合这个专业;或者我的基础不太好,在这个专业我学不下去了;再者说我报专业的时候没有考虑太多,很随便地就报了,现在发现我对这个专业不感兴趣,总之,我感到在这个专业待不下去了,我想换一个专业试试。为了满足学生的这个要求,学校就设立这样一种机制,让他可以转出去,包括他的课程中有多少课程、多少学分是可以带过去的，到了新专业不用再修。转专业制度本来应该是这样的，这样理解的话，转专业制度就是一种学业救助制度。

救助制度和奖励制度完全是两个极端，完全是相反的。效果会有什么不同呢？从救助制度的角度来讲就是：我的特长不在这里，转出去我的特长就得到了发挥；我在这里成绩不好，学不下去，学得有困难，转出去了可能学得好一点。这就是要发挥人的特长，培养一种个性，或者提高学习成绩，提高学习效率和成功率，它总体上是一个提高教育教学质量的制度。但是，当把它作为一种奖励制度的时候会出现什么情况呢？在这个专业学得好的一部分学生转到其他专业去了，学得不好的、学得一般的，甚至学不下去的都留下来了。当然，也有从其他专业转出来的、学得好的优秀生，这些人转过来了重新开始学新专业的时候，他们的成绩是不是还可以排到前百分之十几呢？那就不一定了。这样看来，奖励制度最后达到的效果是什么呢？它可能降低了教学质量，至少是很难提高。

这说明这个转专业制度改革有问题。本来，在欧美大学转专业制度非常流行，有的学生转一个不行转两个，转两个不行转第三个，都是可以的。转专业的目的是要有助于学生的发展，能够提高人才培养质量。我国大学转专业制度的效果可能是不好的，但是，全国大学好像都是这么做的，那又是为什么？这就说明了一个问题：我们并没有弄清楚转专业制度的价值追求是什么。为什么在国外是好东西，到了国内不一定是好东西？之所以会出现这样的现象，我想还是我们并没有弄清楚我国大学教学改革究竟应当向何处去。很多时候我们只是看到了国外某种制度好就在国内推行，其实并没有真正理解它的本质。

理解国外大学本科教学，特别是弄清楚我国与国外大学在教育教学上的异同，对我们思考教学改革是有帮助的。我们讲国外的教育，一般讲的欧美的教育，不是所有国外的。当然，欧美发达国家并不都是一样的，差别还是很大。比较而言，跟我们共性比较大的是美国，欧洲的本科教育类别很多，法国跟英国不一样，英国跟德国不一样，差别很大。但美国总体上比较一致，本科教育教学做法大同小异，虽然学校与学校之间有差别，但总体上是相同的。所以，这里我主要把美国的本科教育教学与我国进行一个简单的比较。

美国大学本科教育有两种模式：一种叫通才教育模式，一种叫专才教育模式。什么叫通才教育模式呢？就是大学本科教育以培养通才为目的，专业教育只是着眼于培养学生的某种专业兴趣和爱好，并不对学生开展专深的专业教育。像哈佛大学、耶鲁大学等一些老牌的综合性大学的本科教育就是通才教育模式，它们的本科教育一般放在本科生院，像哈佛大学就在哈佛学院，耶鲁大学就在耶鲁学院，这些学院就是本科生教育的学院。这些学院有没有研究生教育呢？也有，但是它们的主要任务是本科生教育，全校的本科生都集中在这里。学院的学科有哪些呢？一般都包括了所有的基础学科，人文方面的文史哲，还有我们学校比较强的经济学也在这里；理科方面的数、理、化、生物、天文等。这些大学也有其他一些学院，像我们知道的哈佛商学院就和我们学校的性质类似，它的商学院不招收本科生，只进行研究生的培养。商学院里面也有经济学，和本科生院是相通的。哈佛大学还有设计学院、医学院、政府学院、教育学院、神学院、工学院，等等。这些学院全都是专业学院，只提供研究生教育。本科生院的教育主要是通识教育，也有一定的专业教育，但专业教育并不追求学生毕业出去后就业好。为什么它不考虑这些问题呢？因为它追求的是通才教育。通才教育着眼于培养基础人才，或者是为人的发展打基础。所谓基础人才，以我们现在的理解，"基础"是为学生毕业之后在专业方面的更高层次发展打下基础。所以，从哈佛学院出来的本科生，毕业后到其他的专业学院里去，学什么的都有。这就是通才教育模式。

另外一种模式和我们国内的教育模式类似，我们国内大学所有学院都进行本科教育。像我们的经济学院、管理学院，既招本科生，也招研究生，它们的教育模式就是专才教育模式，从本科生教育开始，就以培养能够胜任相关职业工作需要的专门人才为目标。这些大学不同于那些历史比较悠久的大学，在人才培养上更多地从社会需求出发，按照社会职业需要开展专业教学，侧重于培养学生的专业素养、专业能力。它也有一定的通识教育，有一定的基础学科教育，但基础学科的教育主要服务于专业教育。在这些大学，专业教育更重要。这是美国大学教育的另一个基本模式。

从学校类型讲，什么样的大学适合通才教育模式，什么样的大学适合专才教育模式呢？要回答这个问题，还需要从历史角度来理解大学的发展。从大学发展史看，什么时候开始有本科生？是不是大学一产生就有了本科生？这个问题过去我也不太清楚。前段时间我翻译了一本书——《现代大学及其图新》,里面有专门一章讲"第一代本科生"。高等教育的第一代本科生是什么时候出现的呢？根据这本书的论证,是在18世纪末19世纪初,这个时期的本科生被笼统地称为第一代本科生。这个时候的大学都是综合大学,还没有今天我们看到的财经大学、工业大学、科技大学等各种专门大学。当时只有综合大学,大学的学科基本上都是基础性的,除了牧师、教师、医师、律师等名为专业人才,实则是非常通用的人才需求外,社会也没有更多的专业人才需求。所以,这些老大学的教育只有培养通才一个目的。从培养第一代本科生开始,一直慢慢地延续下来,它们就继承和延续了通才教育模式。到了19世纪中后期,尤其是20世纪以来出现了越来越多的专科大学,后来又发展了多科大学,这些大学就侧重于专才教育模式。今天我们看到的那些对应于各种社会产业领域、社会工作领域和社会经济部门的各类大学,主要是在19世纪后期以来建立起来的,很多还是20世纪中期以来建立的。这样一来,可以看出,早期的综合大学一般实施的是通才教育,后期的、后发的那些单科大学或多科大学,也包括后来建立的综合大学,比较注重专才教育。这大致就是国外大学本科教育模式的演变过程。

再来看我国大学人才培养模式的发展。我国现代大学是从19世纪后期开始建立的,我国最初建立的大学主要实施一种基于专才教育目的的通才教育。我也不知道这样理解对不对。为什么讲是基于专才教育目的呢？因为19世纪后期中国的经济社会和军事外交状况迫切需要掌握了西方先进科技的人才,我们建立现代大学的目的主要是为了学习欧美的先进科学技术,希望通过学习他们的科学技术来发展我们的工业,振兴我们的国力。所以,我国高等教育的目的从一开始就是培养社会建设人才。但是,在当时,社会产业没有发展起来,培养的科学人才、技术人才到社会上也发挥不了太多的作用,再加上我国的学问主要还是传统学问,我们缺乏掌握了西方现代文化科学技术的人才,大学也没有这方面的师资力量,仅有的少量的这方面师资力量还是从西方各国聘请的。我们昨天到西南交通大学去参观访问,了解到它是到20世纪20年代才开始有第一位我们中国的科学专业老师。所以,在这种情况下,大学的人才培养只能按照通才教育模式来进行。从清末到民国,我国大学人才培养主要是通才型的,尽管后来随着产业发展专才教育有了一定的规模,但毕竟不是主流。

我国大学什么时候开始注重培养专才呢？是在1949年以后。中华人民共和国成立以后，1952年全国大学开始大规模院系调整，把综合大学进行拆分，全国建立十几所重点综合大学，就是四川大学、北京大学、兰州大学、武汉大学、厦门大学等一批文理综合大学，这些综合大学的工科、商科、农科、法科等调整出来后，就建立了大批机械学院、交通学院、建筑学院、矿业学院、财经学院、法学院、农学院、医学院等专门大学。与综合大学不同，这些大学学科比较单一，往往只有一个学科。这类大学的人才培养只能是专才教育。即便是所谓的综合大学，像四川大学、厦门大学等，说是综合大学，好像有条件让学生学更多的基础学科知识，接受比较宽广的基础学科教育，比如，学文科的可以多学一点文史哲，学理科的可以多学一点数理化，实际上，也没有做到。也就是说，综合大学的教育不综合。原因在于这些综合大学也采用了单科大学的专才教育模式，中文系的就学中文，哲学系的就学哲学，都被专业化了。

20世纪50年代初期院系调整以后，我国大学对教育教学模式也进行了根本性的改革，改革的依据就是学习当时苏联的大学教育。当时苏联在培养专才上有一些经验，我们学习苏联的经验，不仅单科大学、多科大学而且综合大学都高度专业化了，全国高等教育统一实施专才教育模式。直到现在，我国大学的人才培养基本上还是专才培养模式。现在有些大学成立了本科生院，希望通过建立本科生院来实行通才教育模式，培养通才，包括复旦大学、南京大学、浙江大学等都在尝试。尽管本科生院建起来了，但通才教育模式改革却并没有取得突破性进展，原因在于：第一，要改变专才教育模式很难；第二，我国大学要像美国那样，由一个本科生院把基础性的文科和理科都放到一起来发展通才教育，难度比较大。所以，一些大学所谓的本科生院也主要还是原先教务处的翻版，主要履行教学行政管理职能，并没有实质性的变化。

综上所述，可以得出结论：我国大学本科教育主要采用的是专才教育模式。美国大学有两种人才培养模式：通才教育模式和专才教育模式。虽然改革开放以来我国大学一直在进行拓宽专业面的改革，要按学科、学科大类来招生，培养复合型人才，但这些都还在探索中，并没有取得成熟的经验，而且这些改革的基础还是专才教育模式，这个基础并没有动摇。

二、大学本科教育教学改革的趋势

我国大学都在持续不断地进行教育教学改革。实际上，这也是国家高等教育发展的共同趋势。不管是美国还是欧洲,也包括其他地区的国家,都在进行大学本科教育教学改革。如果单纯从改革要求上讲,或者仅仅从所采用的一些词汇上讲,和我国大学改革有相似之处。但是,如果我们深入各国大学去考察,或者进入一个国家高等教育改革政策层面去分析的话,就能发现不同国家大学本科教育教学改革存在重要的差别。总体上看,美国也好,欧洲也好,都特别强调大学本科教育教学的国际化,我们也注重国际化。那么,美国大学教育教学的国际化是什么意思呢?一般来讲,美国大学教育的国际化主要有三个方面的意思。第一,招收更多的外国留学生。第二,把美国的高等教育模式和美国的高等教育资源输送到国外去。毫无疑问,美国在这两个方面做得很好,可以说是世界上最好的。当然,这也跟它的高等教育的整体水平、吸引力和竞争力是相关的。第三,是引进不同国家的文化,或者说推动多元文化的交流。美国大学本科教育教学特别注重这一点。比如,中国文化是很多美国大学教学改革中重点推进的项目,包括开设中国文化课,开办中国文化的研讨班或讲座等。美国大学班上中国学生越来越多,如何适应中国的文化?这已经成为美国大学教育教学面临的课题。过去中国学生到美国大学后,根本不管中国学生有什么特点,也不管中国文化如何,只能适应美国的制度,适应美国的环境。现在,有的大学一个教学班里有1/3是中国学生,在这种情况下,美国大学就要根据中国学生的需要来制定一些相应的教育政策和措施,包括对中国学生的指导和辅导要求,因为中国学生有自己的特点。所以,在美国大学教育的国际化中,文化被看得很重。目的在于帮助美国人来理解外国文化,同时也帮助外国人来更好地理解和适应美国文化。美国大学称之为多元文化教育。

那欧洲又是什么情况呢?欧洲国家跟美国有相似的地方:第一,吸引国外的留学生;第二,也把他们的资源输送到国外去。尤其是英国,在这方面做了大量的工作,比如,诺丁汉大学,不只在中国办了分校,还在其他国家也创办了分校,包括马来西亚分校。这是它们共同的地方。它们也有不同的地方,欧洲国家讲国际化,还包括了很重要的欧洲一体化,这就是把本国大学的学生和老师送到欧洲其他国家,去学习欧洲其他国家的语言文化和科技,通过这样一种欧洲内部的文化融合,来谋求欧洲经济、政治、文化的一体化。这是欧洲的一个特点。

不管是欧洲，还是美国，它们的大学都注重市场化。在欧洲和美国，市场化有两个英文词：一个是 marketization，我们一般译为市场化；另一个是privatization，我们一般译为私有化。这两个词的意思在很多时候是相似的，在高等教育方面的意思有重合。市场化是什么意思呢？在传统上，在欧洲和美国，大学与场之间是有距离的，通俗地讲，二者之间是有防火墙的，什么东西可以市场化、什么东西不可以市场化是有标准的，而且非常严格，要是谁碰了是不可以轻易脱身的，尤其是在欧洲的大学。但是，在最近二三十年，不管是在美国，还是在欧洲，市场化都是非常重要的趋势。市场化要求学校教育教学与企业结合。学校要通过市场化的手段筹集资金，来解决一些教育教学的问题，包括有些课程的问题。例如，有些课程学校自己无法开办，要依托实业界、产业界的力量，因此，在美国大学里就产生了一类新的教授，叫 Practice Professor。刚开始看美国大学相关政策文件我还不理解怎么会有这样一类教授呢？后来通过跟美国大学的学者交流，再到大学实地考察，才弄明白是怎么回事。原来这一类教授来自于产业界，教授名册上直接标明是 Practice Professor，对他的要求与其他教授是有差别的。privatization 也一样，它不是要把公立大学变成私立大学，而是要通过一些市场化的手段，激发大学办学的活力。所以，市场化趋势是很受关注和重视的。

还有一个重要的改革，就是大学评估和质量认证。这是美国和欧洲大学非常关注的，也是最近三四十年来美国和欧洲大学改革的热点。传统上，根本就没有大学教师评价一说，欧洲也好，美国也罢，大学老师还要评价吗？谁能评价老师呢？作为教授，谁有能力和资格来评价？校长是不敢评价教授的，在欧美任何国家，没有哪个大学校长敢评价教授。据说，第二次世界大战期间，曾任盟军欧洲战区最高统帅的艾森豪威尔将军担任哥伦比亚大学校长后，在一次欢迎会上，邀请诺贝尔物理学奖获得者拉比教授演讲。在开场白中，艾森豪威尔客气地说："在众多雇员里，你能获得那么重要的奖项，学校为此感到光荣。"拉比教授却回应："尊敬的校长，教授们并不是哥伦比亚大学的雇员，教授就是哥伦比亚大学，你才是学校的雇员。"哥伦比亚大学校长与教授的这则逸事在高教界流传很广，它凸显了教授在大学的地位。没有人可以评价教授，教授是其所在学科的权威，其在教学中拥有学术自由，其他人不可以评价其教学。所以，在欧美国家，大学教授一贯拥有高度的学术自由，有所谓的教授治校传统。关于教学、学术方面的事情,由教授说了算。

但在 20 世纪后期,情况开始发生变化。欧美大学开始推行学生评教。校长都不敢评价教授,为什么学生可以评价呢?这个时候有一种理论在高教界流行起来,在社会上也得到了广泛的认可,这就是利益相关者理论。在利益相关者理论看来,大学教育也是一种消费品,学生到大学来接受教育,接受老师的培养,接受教学,他就是在消费老师的教学,而且他还交了费。作为消费者,他是有发言权的,是可以评价与其利益相关的教学的。这便是最初的逻辑。这个评价在开始实施的时候还是有很大阻力的,但后来利益相关者理论得到了大家的认同,所以,现在在欧美大学,每一个老师的每一门课程,哪怕只是一个讲座或者小型的 workshop,都要接受学生或参与者的评价。当然,他们在这个评价上还是有红线的,评价结果只有最有限的几个人知道,具体也就是系主任和院长才可以知晓,系主任和教授本人单独沟通评教结果,比如,学生觉得哪些方面比较好,哪些比较一般,哪些需要改进,等等。教授拿到评教结果后,自己去反思教学,情况是否如此,是否需要做出改进,决定权在教授。这种评教是否对教授有影响呢?根据我的考察,评教结果主要用于作为教师改进教学的依据之一,一般不会影响教师的待遇和任用。但如果连续几年的评教结果都不太好,而且系主任沟通提示后教师还是没有什么改进,那么,在教师升职的时候,系主任可能会将学生评教结果提交给相关委员会去考查。

除了教学评价外,在欧美国家,最近几十年大学的专业评价和专业认证越来越受到重视。我国比较重视大学整体的本科教学工作水平评估,专业评估和认证才刚刚开始受到关注。这些都属于教育教学质量保障范畴的改革,也是现在国际上比较流行的改革,我国大学也很重视。但是,有一点是不同的,即我国大学这方面的改革往往是与其他的教学改革一起进行的。怎么理解?我们可以回顾一下,我国大学在做这些改革的同时,还进行着许多其他的教学改革,比如,教学内容改革、课程体系改革、教学管理改革、人才培养模式改革,等等。然而,在欧美国家大学,好像并没有学校整体的教学改革,到目前为止,没有发现哪个欧美国家大学有类似我国大学的整体改革。在欧美国家大学本科教育中,无论是通才教育,还是专才教育,模式是基本固定不变的,这是一所大学教育教学的基础,是不变的。如果社会变化了,技术变化了,就在这个基础上再做适应性的改革。比如,互联网和云计算出现后,大学教育教学如何应对？欧美国家大学都在做专项性或单项性的改革。

改革开放以来，我国大学对教育教学进行了全面而系统的改革。我国大学的改革涉及对专才教育模式的重新设计，对所有教学要素进行改革。三十多年来，我们都改革了些什么呢？我们可以梳理一下，从一开始的教学制度、教学管理制度改革，到学分制、选课制、辅修制、双学位制改革，再到转专业制度、按大类招生录取制度、宽口径培养制度改革，接下来就是教学内容、课程体系、教材等的改革，还有教学观念、教学评估、教学技术手段改革，另外，我们还一直在改革专业口径，不断调整专业设置，最近几年又开始注重教师教学能力培养。从本科教育理念到人才培养模式，似乎没有不能改的，也没有不要改革的。根据我们对全国大学教育教学发展和社会需求的研究来看，所有这些改革都有合理性，有必要性。我曾经承担教育部的一项研究课题，即20世纪中国高等教育教学发展研究，实际就是对19世纪以来到21世纪初我国现代大学教学进行系统而全面的研究，研究在各个不同的时期我国大学教学有什么优势、特点，存在什么问题，我国大学的基本教学模式是什么样的，又是如何变化的，等等，研究的成果最后汇编成了《二十世纪中国高等教育·教学卷（上下册）》。这套书对我国大学教育教学的演变发展过程进行了系统的梳理，我们发现我国大学教学还存在不少问题。比如，专才教育模式与通才教育模式在今天我国大学教育教学中的合理性与适应性问题并没有得到解决，我国大学总体上仍在实施专才教育，但改革似乎是在朝着通才教育方向发展。尽管通才教育受到重视，但就我国大学类别而言，除了少数综合大学外，大多数大学并不具备实施通才教育的学科基础和条件。另外，我国大学本科教育教学改革的基础与欧美国家是不一样的，我国大学不仅要进行教育教学的整体性改革，包括基本的人才培养模式的改革，而且要进行适应性改革和创新性改革，即我国大学要适应高新科技发展和国家经济社会发展的新要求，对教育教学的相关要素进行改革或调整。可以说，我国大学是在进行教育教学模式的重建或再建。欧美国家大学不存在这个问题，它们不需要进行基本的教育教学模式的重建，只需要对相关教育教学要素进行适应性改革或调整。

三、大学本科教学改革的方向

改革开放以来，我国大学对教学进行了很多方面的改革，也取得了很大的进步,西南财经大学进行了卓有成效的改革。这些改革的具体内容包括:教学制度改革、教学管理改革、教学资源建设、教学条件建设、人才培养方案课程体系调整、专业口径拓展,等等。那么,进一步改革的方向在哪里?厦门大学从去年开始进行本科教学改革,主要表现为本科人才培养方案的修订。学校提出明确要求,每一个本科专业都要寻找国内的五所一流大学,国外也找五所一流大学,进行人才培养方案的对比研究,弄清楚自身在人才培养方面所具有的优势,查找各专业与一流大学在教育教学方面的差距,以此为基础来修订全校本科人才培养方案。目前厦门大学已经完成了这些工作。新的人才培养方案编制完成是不是就意味着教育教学改革可以告一段落,人才培养质量提高就是顺理成章的事情了呢?我个人认为,人才培养方案修订只是新的教育教学改革的万里长征走完了第一步,接下来的教学改革任务还非常复杂艰巨。我们知道,人才培养方案改革的意义主要在于重组教学资源,调整和优化教学资源结构。人才培养方案改革的核心是课程,课程反映教学内容,涉及教学领域。课程的增加和减少、课程学时的调整、课程学分的调整等主要是为了让学生通过课程教学具备某些素质或者品格,让他们的学科专业知识结构更合理。这还只是一种理论化的人才模式或人才素质规格,不能仅仅因为人才培养方案很先进,就断定培养出来的学生一定会很优秀。有了一个好的人才培养方案,还要通过老师的工作、学生的努力才能真正达到好的效果,将人才培养方案转变为人才培养质量,这可能比制定培养方案更重要。也就是说,当人才培养方案的修订工作完成以后,就要转入教学的深层次改革。教学改革的深层次体现在教师教的行为和学生学的行为方式的改变。

什么样的课是好课?什么样的老师能够称之为好老师?什么样的学生是好学生?很多大学都有这方面的标准或规定。比如,老师教得好就是好课。那怎么样教才是教得好呢?在很多大学的相关标准中,老师教得好的标准主要是讲得好,老师会组织教学材料,会调动课堂气氛,语言表达能力较强,在教学过程中关注学生的学习情况,这样的老师就是好老师。实际上,我们在评判课程好坏时基本上不会考虑学生学得怎样,学生是否从课程中学到了知识,完全不考虑学生的学习过程,只考察老师在课堂上讲了多少东西,是怎么讲的,讲课的艺术如何。这样一来,所谓的好课、所谓的好教师都是老师讲得好的课,会讲的老师。所谓的好学生,就是能把老师讲的知识掌握好的学生。我们说,老师应当会讲课，但会讲只是好老师的一个素质，因为讲课只是老师工作中的一个部分，只是老师教学行为的一个方面，它远远不能包括老师教的行为的全部，更不能包括学生学的行为。所以，我国大学要进行深层次的教学改革，就必须改变教师教的行为和学生学的行为。

作为评估专家，我曾经到过很多大学参加教学评估。在跟很多大学老师交流的时候，我发现在老师们认识上存在一个很大的误区，即大多数老师不了解心理学，也很少学习教育学。他们主要是学科专业领域的专家，而对于教育和教学不太了解，因此，在教学中他们不太关注学生，更不去研究学生，不关心怎样把知识和学生的学习联系起来进行考虑。学生在学习知识的时候，需要有怎样的心理状态，包括学生的认知能力、学生的情绪、学生的兴趣，都不太受关注。老师们只知道知识很重要，在学科体系中也非常关键，在社会应用中很有价值，在实际生活中能解决很多问题，所以，要在课堂上讲授知识。但是，学生能不能理解老师们并不关心，学生在知识的掌握和应用上是什么情况老师也不了解。似乎老师的任务就是将知识传授给学生，老师教了课学生就应该接受，学生把老师传授的知识记住了就是掌握了，就达到了教学的目的。殊不知记住知识在人的认知发展中只是最低层次的认知能力，离比较高层次的分析、整合、评价和创造等认知能力还有不小的距离。

在与一些老师沟通时，老师们都认为自己所讲授的内容是书本上很重要的知识，是行业领域里应用面很宽的、很实用的知识。但是，从学生的角度看，这些知识要转化成为学生的素质和能力还要经过非常复杂的内化过程。老师们并不了解教学是如何实现将知识转化为学生的认知和情感的，无论是教材上的知识还是从其他领域获取的知识，或者是从经验中学习到的知识，如何通过教学使这些知识变成学生的能力、素质和水平，并未引起老师的关注。为此，在转变教的行为和学的行为的时候，老师会面临很多障碍，包括老师自己会感到困惑："我们的教学方式应该怎样改变？""怎样去转变学生学的行为？"

传统上，老师上课时往往纯粹从知识的角度去准备，现在要转变教的行为。从教学行为来讲，老师的教还包括怎样组织学生学。传统意义上老师的教学行为包括备课、上课和课后辅导，但实际上，从现代的教学观来看，老师教的过程中最核心的是组织学生学习。课堂上的讲授只是一种引导性的教学行为，组织学生学才是学生得到发展的关键。从给学生提出问题，为学生提供材料,对学生提出要求,到组织学生进行自主学习,组织学生进行反馈、交流和展示,这一整套学生学的行为都应当是由教师来组织和安排的。教师组织学生学习的能力丝毫不亚于老师的讲课能力,组织学生学习的重要性也不亚于老师讲课的重要性。在考察欧美国家大学的课程时,我们发现,讲授课在整个人才培养方案中所占的比例一般占 1/3 左右,讲授往往也只占课程学时的 50% 左右,其他课程时间都是交给学生的。这样的教学模式体现了一种新的教学理念,即以学生为中心的教学理念。

在教师教的行为的转变上,最重要的是要学会组织教学,提高教学组织能力。通过提高这种能力来转变教学行为,这是从教的角度考虑的。从学的角度来讲,现在学生的学习在国内主要是课前预习、听课、课后复习,这些都是学习的组成部分,但从更深层的意义上讲,这并不是最有效的学习方式。根据心理学和教育学的研究,有效的学习是指在"做中学",在实践、研究的过程中去学。财经类的很多课程都有沙盘推演,沙盘推演就是一种在做的过程中学习。有很多人在网上学习证券方面的知识,这也是在做的过程中学。案例分析、案例研究就是在研究的过程中进行学习。只有在做的过程中学习才是最有效的学习方式,既能在做的过程中掌握老师所要求的知识,又能联系并运用其他课程所学的知识,只有融会贯通才能解决实际问题。

现在大学所开设的课程大都是孤立的,每位老师都只负责自己所教授的某一门或某几门课,教完了就结束了。老师们似乎并不关心如何将不同的课程知识整合到一起,让学生具备解决问题的综合能力。老师们可能认为这不是他们的责任范围,他们的责任就是将自己所负责的课程知识教授给学生。要通过教学行为的转变达到培养学生综合素质的目的,就是要让学生在"做中学"。从老师的角度讲,要做到更有针对性地教学,包括个性化教学,老师就要对学生进行研究和考察,考察学生的学习基础和学习状态。心理学上有一个理论叫"最近发展区",即只有争取学生已有基础之上一点的发展才是最有可能的。从学生的学习基础到学生发展的程度,不能把教学目标定得太高。以往我们在制定教学目标的时候,有时可能只是从学科知识角度考虑问题,缺乏从学生发展的可能性来考虑。老师要想做好教学,就需要去了解学生最近发展区的位置,通过教学实现学生的最近发展区。老师要知道,同一个班的学生不可能是整齐划一、齐头并进的,通过课程教学就能达到一个统一的教学目标,这是不可能的。我们的教学只能实现学生的有限发展,这个有限发展就是学生的最近发展区。所以,教学改革有许多问题值得研究、需要研究,如果我们的老师们,在座的教学院长们,能够多研究一下教学,在理解教学的时候就不至于将教学过程看得太简单。

教学改革需要研究的问题很多,今天是一个座谈会,我的抛砖引玉就此打住,我们把更多的时间用来做一些交流。

⊙ 互动与讨论

别教授:大家有什么问题,我们可以交流,包括自己对教学怎么看,对教学改革怎么看,在教学改革中有什么困难,都可以谈。

马校长:老师们,有没有要发言的?

刘蓉院长:听了别教授的讲座很受启发,因为学校教务处正在推动一个改革,就是关于本科人才培养方案的修订,你的讲座也提到了。我们学院是一个专业学院,即财政税务学院,有三个专业,包括财政、税务和投资,现在我们比较困惑的一个问题是,教学理念如何跟培养方案相衔接? 就培养方案而言,由于我们过去是苏联模式,像刚才别老师提到的叫专才教育模式,现在我国大学的培养方案中都有不少基础课,在这些课程不能动的情况下,学校要求各专业开出专业必修课和方向选修课,必修课大概只有24个学分。因此,学院和老师之间就出现了一个比较大的矛盾,就是一个专业到底要开设多少专业课? 因为专业老师都说自己的专业很重要,确实也重要。还有一个问题,在专业基础课里面,经济学、应用经济学(像宏观、微观),还有经济学相关的课程,比如,专业需要的财务管理、中级会计学等都需要开设,24个学分容纳不下。我们在讨论的时候就很纠结,也有些矛盾,虽然我们协商解决下来了,但不见得这个方案就是最优的。我的问题是,请别教授或者潘教授帮忙解答一下,我们是在专才教育基础上开展本科教育教学的,如果大学的目标要向通才教育发展,在发展的过程中,像我们这些纯专业的培养方案,有没有一个比较好的办法? 在通识教育中,有没有比较好的教育教学思想来指导通才培养与专业基础课程衔接的问题,因为我们要去说服老师,而老师们都强调我的专业课很重要,要成为必修。在我们达成的一致意见中,我们认为我国大学本科人才培养方案总体框架有问题。这让我感到困惑,想听听两位教授的意见。

别教授：我先说一点想法。我不太了解咱们学校进行人才培养方案改革的具体情况，但我知道，教学改革，特别是人才培养方案改革，只要一动就涉及了课程的调整，而课程调整直接涉及哪些课程要减少，现在不说增加的问题，主要是减少。这样的矛盾特别大，你要把哪一个老师所教的哪门课程动了，哪怕只是压几个学时，都会是一个问题。

刘蓉院长：甚至从必修调整到选修老师都有意见。

别教授：对，就是这个问题。这是涉及整个教学改革观念的问题，我们的教学改革观念往往比较模糊，有的还不太合理。另外，我们过去的一些做法也并不完全合理。这是什么意思呢？打个比方说，在咱们财经大学，我不知道我们是要培养通才，还是综合型人才，还是专才？从学校性质来讲，从学科的性质来讲，从整体学科架构来讲，咱们学校恐怕很难去形成一个完全意义上的通才教育的人才培养模式。为什么？通才教育模式往往是要在有比较强的文理基础学科的基础上来培养人才的，而我们学校主体上是财经类学科，虽然我们有一些文理科学科，但缺少比较全面的理科，也缺少比较全面的文科基础学科，在这种情况下，我们就是在一个具有多科性的、以财经学科为特色和优势的大学也来考虑人才培养的总体定位。我想你这个问题不仅是你们学院的问题，也可能是其他学院都面临的一个共同问题。

所以，在人才培养的总体目标的定位上，我们可能还是一个体现财经类优势的专才教育的人才培养目标，并以此为依据去构建人才培养体系。这是我们考虑教育教学改革的前提，我们可以在这个前提下去考虑拓宽基础，让我们的学生有更加宽广的学科知识面，或者有更好的其他学科素养。这是一个基本原则。至于说哪些课学分多，哪些学分少；哪些必修，哪些选修；哪些是基础，哪些是非基础，就不是特别重要了。有很多其实是两可的，并没有一个标准答案。我们讲的基础课和非基础课，公共基础课、基础课、专业课和专业方向课是在什么教育模式下的课程结构呢？很明显，就是专才教育模式。在专才教育模式下，政治理论课、体育课等是公共课，基础课一般包括高等数学、大学物理、大学语文等，然后就是专业课和专业方向课等。

马校长：借这个机会，我简单地跟潘老和别教授汇报一下，争取五句话汇报完毕。

第一，别教授和潘老都是专家，大家知道现在教育部正在调整，也就是大概 600 所由 1997 年以后专升本的学校，重新调整为应用型大学，这个好像已经成为定论。我们现在的定位是专业教育基础上的通识教育，或者是想在专业教育当中蕴含通识教育。这是学校这几年来做的一个探索。

第二，这一次我们的改革是"两减一稳"和"两转一增"。"两减一稳"，即减总课程门数，减总课时数，稳学分。这是基于一个什么考虑呢？就是给予学生在学校只待 3.25 年这样的现实。课程门数，我们现在的目标，就是把总课门数控制在 50 门，总课时数控制在 2100～2200 个课时，但给个别学院一定的自主权。有一点行政推动、乾纲独断的味道，但也是在广泛调研的基础上，尤其是在麦可思连续三年学情调研的基础上确定的。我们所说的"一稳"，就是稳学分。我们采取的最大胆的一个办法就是学分与学时不是恒定的，没有说一个学分一定对应 16 个学时或 13 个学时，要靠根均课程在人才培养体系中的重要性来决定。"两转一增"，跟别教授讲得有一点接近。我们在探索转变教师的教学行为，即课程教学范式的转变；转变学生的学习行为，即学习范式的转变。"一增"，即增加学业挑战度。

第三，我们着重打造的整个课程设置都是为了培养德智体美全面发展的人才，过去叫作又红又专，某种程度上依然是通识教育的概念，十八届三中全会叫作着力增加学生的社会责任感、创新精神、实践能力。实际上是一脉相承的。我们前段时间探索文化素质教育，后来演绎到素质教育，包括文化素质、身心素质、专业素质和思想素质。现在我们希望各学院制定人才培养方案时能画一个矩阵图出来，是一个大致的，绝对不可能一一对应的，就是哪些课程是培养社会责任感的，实际上专业课程也要培养社会责任感。我经常举会计的例子，不要做假账，实际上就是一个社会责任感的问题。横坐标是着重增强哪方面的素养、能力、知识结构，纵坐标是课程设置，通过一个什么样的方式来完成。

第四，我们的课程结构大概分这么几个模块。一是通识教育基础课，包括数学、英语、计算机、思想政治理论课等。现在教育部什么都叫我们开，我们胆子比较大，实话实说，我们把创业教育放在选修，把安全教育和国防教育整合在一起，这样就把原来的通识教育课程压缩了两门下来。还有职业生涯规划和就业指导，我们严格地开，但是分成两段。这就是要尽量控制课程门数。二是大学科基础课。我们有 6 个学科门类，经济学和管理学的大学科基础课只有1门课;法学按照法学培养路径来打造它的学科基础课;理科,像数学,按照它的学科基础来打造;工科也是如此。三是专业必修课。专业必修课控制在24个学分,确确实实6门课。举会计学院的例子来说,经过充分论证,专业基础课6门就够了。四是专业方向课。专业方向课我们现在给的是3门。过去在专业教育的背景下专业方向课是怎么做的呢?实际上就是细化,比如,学会计的我要去学银行会计、商业会计、交通与运输会计、政府预算政府会计,诸如此类。现在要打造专业方向课,我们是想依据学生在未来的发展,他可能有两种选择:一个选项是进入职场,一个选项是继续深造。我们的专业方向课是想按照这样一种路径进行分流。五是8选4的通识核心课程。正如别教授的判断,过去我们虽然也有很著名的杜诗研究者,有很强的人文底蕴,但现在师资队伍相对年轻,大部分是从人文教研室转过来的。我们是2006年成立人文通识教育学院,2007年正式运作人文通识教育学院,今年制定了一个关于通识教育的若干意见,其中就包括把这些教师送出去培训、跟教,然后我们要搞博雅讲座教授,就是聘一些人才当我们的老师,以期在这一方面有一个推进。六是两门跨类或者跨专业选修课。这两门我们想依然坚持通识教育理论。七是自由选修课。我们实际是想尽量减轻学生盲目选课和多选课的压力和混乱。与其他学校相比,自由选修课不多,我们要求学生5门就足够了。

第五,我们现在的的确确在考量一些深层的东西。学时与专业课之间的矛盾是存在的,有些是历史形成。比如,像财税学院,它的财政学、政府预算、税收筹划等课程,我们觉得都是属于它的专业课,但事实上,财税学院长期形成的传统是很重视会计和财务,它们有一个理念叫"精财税,通财会",这样,上面说的那些课程就可能放不进专业必修课,而放到选修课去了。如果放到了必修课,财税学的其他专业课就只能放到专业方向课里。原因就是前面的学科基础课这一块,因为财税学属于应用经济学,像中级微观、中级宏观是必须学的,计量经济学、货币经济学是必须学的。

我为什么要做这样一个汇报,其实是在想,在我们学校的背景下,怎么样才能做好专业教育基础上的通识教育,而且目标是把通识教育做强,原因是我们不太可能把自己建设成为1997年以后专升本性质的院校。另外,从《华盛顿邮报》的调查来看,一个人才进入社会,前10年是靠专业,后半辈子是靠通识,我们也要为我们的孩子考虑,为我们的学龄儿童考虑,所以大概是在这样一个基础之上考虑一些事情。请三位专家,当然也包括在座的老师们提出意见。

别教授:听你这样一介绍,我感觉你们的教学改革在全国还是比较大胆的,走在前面。

马校长:有一点大胆,但不一定在前面。

别教授:现在全国大学本科教学计划中,能够把学时降到2100的,可能就是你们。

马校长:不太多。

别教授:能够把课程降到50门的,也可能就是你们。

马校长:也不多,我们比清华大学少10门,这倒是事实,主要是考虑到学生实际只有3.25年的学习时间。

潘　老:过去我们是不管学时的、花了多少时间,过去一般只是140学分,现在都到180。你想想看,如果是按照学分的价值来算,180你受不了,140都到顶。

马校长:我们课堂学分156。

潘　老:156,你们还是多,我念书的时候是132学分。你知道这个是最低学分数,规定132学分,但没有一个学生修132学分。如果我是满打满算修132学分,很危险,到时候哪一门课通不过就完了,是不是? 哪怕一门选修课通不过就完了。所以,一般都要修到140学分,但你修到170学分、180学分,那你降低学分要求,是不是?

刚刚院长说减少必修课很难,把必修放到选修大家都不愿意,这个很难说是我们的制度造成的。我们从前念书时,对选修课更重视,必修课你规定我必修我只好修,选修课是我愿意修的,可能我的毕业论文都做在选修课上,而且选修课往往都是这个老师研究擅长的东西。为什么说是我们的制度有缺陷呢? 制度重视必修课,必修课不及格要怎样怎样,选修课不及格就算了,损失两个学分就算了。我们念书的时候,选修课与必修课同样重要。在开学以后,你可以选选修课,选了以后,你听听不合适,在两个星期内可以退掉,或者哪一门选修课你觉得很好,一个星期内可以增选这门课。也就是说一个星期内可以增选,两个星期内可以退选。如果你两个星期不退选,以后算账一样算,算成绩一样算,算绩点一样算。制度就是这样规定的,不是选修课不及格就算了。

由于制度的原因，现在很多人，包括年轻的教师，有这样的想法：我开课了，我还开必修课了，好像比较高级。事实上，选修课也应当包括指导学生，包括他的专长、兴趣、爱好，都可以在选修课上得到发展。选修课受重视的话，老师们就可以开出许许多多的选修课，让我们的学生可以从各个方面得到发展。

现在很多东西都是由制度的问题造成的。比如说，刚刚别教授讲的转专业问题。转专业，现在是优秀学生可以通过考试转专业，这是完全错误的。优秀学生也就是说他在这个专业学得好，那应该留他在这个专业发展。只有那些学不好的，或者不愿意学的才应该转。过去我们转专业非常自由，而且很多人转专业。你看，18岁的小青年，刚刚从中学毕业出来，他哪懂得哪个专业好，哪个专业合适，哪个专业不合适。进来之后，同学之间交流哪个专业好，我觉得那个专业好，你觉得这个专业好，让学生自己选。

但是呢？我们现在把转专业卡得非常死，一般不许转专业。为什么不许转，因为转来转去，太多的话，破坏了学校原来制订的计划。培养人才是有计划的，是计划性地培养人才，也就是用计划经济的方式来计划教育。既然经济要面对市场，但到现在，我们的教育还不敢面向市场。你们是财经类学校，你们的重点是应用经济学，我不知道你们有没有理论经济学，但生源好的肯定是应用经济，这个问题是要研究的。

我们的背景已经从计划经济转向市场经济，但我们的教育在拖后腿。也就是说我们研究教育，不能只研究教育，要从社会看，社会最重要的东西就是经济。

所以，我想要从教学改革的大背景来说。要考虑大背景，我从1950年当教务处长，年年都在谈教学改革。"文化大革命"前在教学改革，"文化大革命"后还在改革，改革是无止无尽的。所以，过去我当教务处长，是年年改革，级级过渡。今年改革，明年还要改革，那么明年的二年级怎么办？一年级改革，二年级的教学计划要搞一个过渡计划，第三年还得再过渡，所以叫作年年改革，级级过渡，一天到晚教务处在改，盲目改革。这是不对的，这样下去，改革是无止境的。

那么，改革的总目标是什么呢？总目标就是要适应社会经济的发展。现在我们的经济发展是个什么情况呢？从全世界来说，20世纪50年代之后，经济不断发展，科技带动经济不断发展。因此，在50年代之后需要越来越多的大学毕业生来适应经济的发展、转型，中国比较晚。

所以，过去夸大说我们的大学发展怎么快，事实上，在 20 世纪 90 年代以前，中国的高等教育非常落后。1950 年全世界的大学生只有几百万人，只有我们中国现在的一个零头，但是，全世界大学生人数每十年翻一翻，每十年翻一翻。50 年代到 60 年代翻一翻，70 年代翻一翻还多一些，80 年代翻一翻少一些，翻到现在还在翻。

2009 年的数据显示，全世界的大学生达 1.6 亿。对我们中国来说，用毛入学率来算，发展很快，但直到现在，我们仅仅达到了全世界的平均水平。全世界的平均水平既有欧洲美国这些发达国家，也有非洲的撒哈拉沙漠附近的那些小国家，但平均数据，毛入学率只有 30%。现在我们中国上去了。

为什么世界高等教育发展那么快？因为经济发展，经济发展要求生产发展，而中国到 90 年代还保守。在邓小平 1992 年南行讲话之后，也只快速发展了 2 年。一直到 1999 年才大发展，这次大发展有一点冒，这个阶段发展太快。现在我们的大学生是 1998 年大发展之前的 7 倍。发展太快了，不是说我们发展得多，我们现在只是世界平均水平，但速度上这几年发展得太快了，我们的大学生增加了 6 倍。大学教师数量没跟上，因此现在大学教育资源，尤其是优质教育资源赶不上，要保证质量。

现在关于教育发展有几种不同的提法，义务教育已经普及了，要均衡发展，因为城乡差别很大。对于高中教育来说，要加快普及，今年是普及高中的攻坚年，很难，现在已经普及到 88%，但要到 90% 很难；对职业教育来说要大力发展。只有对高等教育来说，是提高质量。那么，往哪里提高质量？一提到提高质量，我们往往就用精英教育的思想来指导，但是呢，高等学校数量增多了之后，不可能都搞精英教育。

我是 20 世纪 40 年代念大学，当时大学生数量最多的时候是 1947 年，全国大学生有 10 万人。10 万的规模是现在全国博士生人数的一半还不够，现在全国在学的博士生有 25 万人。我们当时本科生还没有现在博士生的一半，那当然可以说是精英教育。现在，大众化之后还是都搞精英教育，经济学还都是搞理论经济学，不搞部门经济学，不搞应用经济学，肯定是不行的。要大力发展应用经济学、部门经济学，而且不能老是以前的那些应用经济学，以前的应用经济学，老实说，还是精英教育。现在要真正搞好跟市场紧密结合的应用经济学、部门经济学。现在一切要考虑大众化,大众化的标志不能都是精英,精英还是要有。大众化阶段精英教育仍然存在并有所发展,大量是应用型,多种类型。应用第一要与市场结合,你在社会才容得下去;第二要多样化。所以,现在来说,2000年之后发展很快。说实在的,这些年我们的政策落在发展之后,未及时提发展应用,一直到2005、2006年,才开始提倡发展应用。我是比较早就组织人写了应用型本科教育的专著,中央现在应该说已经认识到位了,所以来了一个要求,现在全国本科一共1200多所,其中"985""211"大学一共100多所,新建本科,也就是2000年以后专升本的600所大学要重新回归到应用型教育。

财大是"211"大学,那么,财大仍属精英,但即使是精英,也不能完全关在象牙塔里面搞研究工作。虽然不属于600所的范围,但也要往应用发展,因为社会需求不同。比如说,数学,我们厦门大学有数学专业,过去都是数学理论,叫数学专业,我们曾有一届没有一个学生报数学,所以,赶紧改名叫应用数学、技术数学。所以,要看清楚这一点,不管什么学校,哪怕是你们学校、我们学校,即使是精英教育,也要有相当多的转变,往应用方向、社会方向发展。这样改革好一点。

这样的话,又有个问题来了,往应用方向发展,现在叫应用技术教育,应用技术高等本科,很多学校说应用技术本科究竟要求怎么办?这次我和郑书记、别教授、邬大光教授到成都来,专门造访四川影视学院,还带来了19个博士生,蹲在这里考察一个星期,就是研究专升本的特殊性。四川影视学院事实上早已是本科,只是名义上有特殊原因。四川影视学院是应用,但不能叫应用技术,应叫应用艺术。比如,我们财大,怎么能叫技术,技术一般是工科,那么不叫技术可以,叫应用艺术行不行?究竟叫应用什么更合适?

因此我觉得今后的改革应该实现开放,像马校长说的,有些东西该怎么想怎么想,只要不违法就干,当然如果上面完全是错误的,不对的,要报一下,但如果你没有规定我就可以干。现在连职称都可以下放到各个大学自己评。所以,刚刚马校长讲的一些改革,我觉得很好。但改革最主要的是,要根据实际情况,最好有所创新,有所不同,实事求是。你看,"不做假账"是朱镕基给国家会计学院的校训,比用几个文雅漂亮的字好得多,因为它有针对性。

马校长:谢谢潘老!

潘　老：我没有准备，来得比较急。

别教授：针对刚才财税学院院长的问题，我再简单补充一句，关于课程问题，必修选修，老师争课程的定位问题，这个问题怎么去理解？我给大家举一个例子，大家猜猜，在哈佛大学经济学专业本科培养方案中，有几门必修课？只有两门，一门经济学，一门统计学。其他的课程全部是限定性选修课，或者是模块选修课。培养方案要求学生在一定范围内选若干门课程，也就是说从这个模块选两门，从另一个模块选一门，等等，这样组合成学生个人的经济学专业培养方案。这个案例给我们的启发就是，不是说必修和选修之间有多么严格的界限，什么只能必修，不能选修，实际上，必修应当是极少量的课程。

潘　老：但有些是不能变的，比如，医学院的必修课不能随便变、自由选修，所以，还是要根据不同的情况。

别教授：我举这个例子，就是想说明我们可以探索，究竟什么是必修，哪些可以放在必修里面。还有一点就是，我们学校开展的跨学科跨学院的选修课，包括全校开放式的选修课，是非常好的。学院的领导应该有这个意识，学生到财大来上学，不仅是学院的学生，更是财大的学生，应该享受财大的教育资源，尤其是财大的优质教育资源。把学生限定在学院里面选课，并不是真正地关心学生，所以，学校的这几个改革措施我非常赞同。我现在担心50门课程的要求能不能压得下来，压不下来怎么办？现在学生选课一学期都在10门以上，如果能够压下来是很好的事情。现在老师做教学改革，学生的反映就是作业太多，课外花的时间太多了，没办法应付教师改革后的教学。我们如果把课程降到50门，就有可能推进教的行为改革和学的行为改革。哈佛大学经济学有32门课程，由于我们的特殊性，我们有一些特殊的课程，我们把这些课程放到50门可能是比较能适应现在的形势的。现在要求提出来了，真正做到了就是非常有价值的改革。

马校长：我们降了十几门课。现在，很高兴我们的情况接近潘老的思想，我们现在选课必须承担责任，也就是第一周可以增选，第二周可以退选，如果第二周没有退选，给你一次免费补考的机会，补考不及格该重修，也就是要承担责任了，不像原来了。另外，我们现在准备"东施效颦"，限定最高修读课程门数，每一学期最高修读课程门数，如果有一个学生确实觉得学有余力，要想增选，要么院长签字，要么找几个教授证明你确实学有余力。我们准备这样做。

潘　老:我们当时是需要医生签字,你要修的最少学分不得低于12个学分,最高学分不得高于20个学分,不过理工科,因为比较多一些,不得高于21个学分。如果要低1个学分或者高1个学分,第一关是要医生签字,然后再是系主任。现在系比较大,不一定要系主任,但至少要督导员或班主任。过去我念书的时候,我们最后一张选课表还要校长签字,每年我们都要跟校长见面,校长签字。当然,那个时候学生不多。

马校长:现在争取让院长签字。

潘　老:院长签字差不多。

别教授:关于院长签字,我谈一个看法。院长这个字最好是不签,为什么不签呢?我们实行学分制,并不是让学生想提前毕业就提前毕业,我们一直讲大学是一个文化机构,大学校园里面有文化环境教育,不像选择网络教育、慕课学习。学生在校园里面,就要接受校园文化的熏陶。就像泡菜,泡在坛子里,时间泡短了,你拿出来,还是生的不好吃,一定要泡到一定的时候味儿进去了正好可口;时间长了,泡过了也不好吃。所以,大学校园是一个文化组织,有文化环境。学生为什么在大学一定要4年才能毕业呢?他要经过4年的文化熏陶,不能说只要修满了课就可以毕业了。所以,规定最高学分和最低学分要求,就是要在4年中修满课程,接受校园文化的熏陶。所以,这个签字要特别小心。

潘　老:这一点,在中国比较好。中国历来都是4年学位制,理论上可以提前毕业,但实际上不可能,能够3年里面把学分修完不太可能。

马校长:现在是想创造条件,让学生能合理合法地推后毕业,不太想让学生提前毕业。太提前,第一是潘老提的社会认可度不一定够,第二是别教授形象的比喻,泡菜没泡到足够的时间不好吃。各位老师、各位院长还有什么问题?

刘晓晶老师:我想就教学质量保障提个问题。教学质量保障体系建设的着眼点在哪里?关键的几个方面是什么?另外还有,整个体系建设应当遵循什么思路?目前,我们学校的教育教学评估工作有以学院为对象的评估、以老师为对象的评估、以学生为对象的评估,教育教学评估工作在整个教学质量保障体系中应当扮演什么角色、发挥什么作用?

潘　老:你刚刚谈到的是教师发展还是质量评估?

刘晓晶老师:我的问题是教育教学评估工作在教学质量保障体系建设中应当扮演什么角色,或发挥什么作用。

别教授：教学评估是一种质量控制和质量保障手段。从学校内部讲，教学评估包括我们经常讲的学生评教，还有督导评教，领导听课也是一种评教。督导评教属于同行评教，但督导也带有行政性。从外部讲，有专业认证和国家教学评估。内部教学评估的主要目的应该是事后监督，对教学质量等进行监督，比如，督导评教，就是在教学过程中对老师的教学进行督导。教学评估要发挥的作用，从目前来看，主要还是侧重于教学改进或教学完善。

现在教学评估中存在一个问题，即评估理念和评估标准本身的先进性问题。刚才马校长讲学校的教学改革，课时降下来了，学时降下来了，课程门数降下来了，要转变教的范式和学的范式，那么，教学评估如何跟教学改革相配套？这就要有一套新的评估标准。什么样的教学范式是好的，什么样的学的范式是好的，需要我们把好的标准研究好。所以，教学评估既有指导教师进行教学改革的作用，还有指导学生学习改革的作用，同时也有促进学校整体教学改革、落实学校教学改革措施和政策的作用。

潘　老：评估是提高教学质量的一种措施，但是评估如果用得不好，可能抑制教师的积极性，抑制学校改革的积极性。从全国的教学评估来看，原先的做法不能说是成功的，在吸取了那些教训之后，现在的评估改进了。我有学生做评估中心主任，还有学生在做评估处长，我们经常交换意见。现在采取的评估措施改了：不是用我的规定来评估，而是我根据你的目标来评估。

正如现在提倡学校要以章程为准绳来办学。按理来说，既然你同意了我的章程，不管是教育部管学校，还是教育厅管学校，都要按照学校的章程来管，不能是按照你规定的东西来管。章程本不应该由教育部批准，应该由全国人大来批准。香港大学的章程、香港中文大学的章程都是由香港地区立法院审议之后批准的，不是由教育局批准，因为教育局就要执行这个章程，教育局要根据香港大学章程管香港大学，根据香港中文大学章程管香港中文大学。

现在评估也在改革，要用你自己学校的尺子衡量你的办学。评估什么呢？就是要自己跟自己比，今年比去年有没有改进、有没有改革，而不是把清华、北大和你们学校与600多所新建本科院校和高职通通拿一个标准来评估。不同类型的高校怎么能统一评估呢？清华的质量要求与高职院校完全不同，是两码事。所以，评估一定要合理，不能搞得太死，要评估大学的发展。

老师甲：教学改革最重要的一点是，教师怎么组织学生学的行为。别教授谈到要让学生在做中学,在实践中学,我也非常赞成这个观点,我们学校也特别重视这样的教学。这些年做教学改革,我也参与其中。在教学中,怎么能做到让学生从做中学,这里面涉及的教学方法、教学形式,甚至教学管理改革有哪些,两位教授在这方面能不能给予什么指导?

别教授:这是涉及教的范式改革和学的范式改革的关键问题。一门一门的课老师应该怎么教,学生应该怎么学?现在我们有 50 门课,要按照过去的人才培养方案,50 门中大部分是理论性教学,另一部分是实践性教学。理论性课程的教学方法主要是讲授,或者完全是讲授;实践性课程主要是实习、见习和做实验等。这是我们过去的做法,也是对课程教学的基本认识。现在,我们要让学生在做中学,不是一门两门要这样,而是要求每一门课都要在做中学。在一门课的教学中,老师的讲授占多大比例,需要有一个明确的要求,不能超过。如果有的课就一个学分,是专门的 lecture(讲座)课,只是讲授是可以的。但 50 门课全部是 lecture 就不合适了。一门一门课程的教学怎么去改,在做中教,在做中学,这是一个需要研究的课题。首先要把课程本身的性质界定清楚,不同性质课程的教学方法是不同的。当然,具体的做法还在于老师怎么设计教学内容和问题,怎么组织学生去学习,多少时间用于讲授,多少时间是学生研讨的,多少时间是调研的,多少时间是访问的,多少时间是 group work(小组工作)的,这些都需要在课程准备中设计好。所以,教师的教学设计是非常重要的。课程教学设计不只是准备讲课内容、制作 ppt,而是要把整个教学过程设计好,然后根据教学设计来组织教和学。这样做下来,我们的课程应该会有所转变。

潘　老:大学现在做课改,恐怕也不能"一刀切"。有些东西还是要系统地讲课,为什么呢?教师系统讲课有一定的好处,就是把前人的东西压缩到一定的时间内传授给学生。学生不可能把所有的东西都亲自从做里弄懂,哪怕是做的活动很多的学科,比如,化学就要做很多试验,但如果化学的所有理论都通过做去学习就很可怕,恐怕学生掌握的知识会很有限。所以,要辩证地看。另外,可以让教师开展各种各样的试点。比如,最近有大学正在推行翻转课程,课程教学本来是老师上课讲课,学生课外自修、做作业。现在把它倒转过来,叫作倒转课程,变成课外学知识,课内做作业、讨论、练习。有的倒转得很成功,但不是一下子就倒转成功,倒转失败的也很多,但老师们可以试,总归要有实验的勇气。再比如，现在很流行的慕课，有人就说要用它来代替大学，我看慕课开放一下可以，是不是可以代替大学有不同的声音。很多教学改革的东西，要让大家实验，集思广益。通过实验，好的东西会留下来，不好的会消失。

老师乙：我有三个困惑：第一，教师与学生地位的问题，有说以教师为主体，有说以学生为主体，还有说互为主体，国外在这方面有什么可以借鉴的做法？第二，我们学院是公共管理学院，有些课程涉及意识形态的东西，对于一些原生性的理论，各种课程价值理念关系怎么处理？第三，在很多课程内容中，很多理论都有预设和假定，但我们给学生的往往是静态化的东西，会让学生形成逻辑上一致性的关系，上课的时候如何分析理论背后的预设，如何让学生在课堂上养成应用和创新的能力？

别教授：这几个问题都很重要，要想几句话说清楚也不容易，由于时间关系我简单讲几点看法。究竟是老师是主体还是学生是主体，这是中国人的认识。欧美人有个概念比较好解释和操作，就是讲教师中心和学生中心。传统的教学是教师中心，到进步主义的时候，慢慢地形成了学生为中心的教学哲学。教师不再是中心，教师围绕学生转，怎样让学生学好，教师成为服务者、组织者、指导者、引导者，这是哲学层面的讨论。回到现实中考虑，就需要更有操作性。另外两个问题都是相关的，课程教学中的价值引领问题，在我们国家存在，在其他国家也同样存在，意识形态的问题是不可避免的。我觉得从客观介绍的角度是完全做得到的，让学生了解主要背景、精神、思想都是可以的，客观的评价它在中国的适用性也是可以的。另外，关于传承和创新的问题，我们过去老是讲要让学生懂，其实懂了多少只是教学目的的一个方面，更重要的是学生能做多少，特别是我们学校是研究型大学，我们要重视培养学生的创新能力和意识，这应成为我们的追求。

潘 老：事实上，有几个问题要明确。第一个是知识方面的问题。在一个学校里，教师是为学生服务的，没有教师，学生还可以自修，但没有学生，就不需要老师了，那你应该把教师摆在哪里？因此，我个人认为，还是双主体正确，两个主体共同作用于教育媒体，不是我这个主体对你这个主体的关系，而是我这个主体通过媒体作用于学生，学生通过这个媒体来理解教师传授的知识。第二个是价值方面的问题。教学有一条原则，也是第一原则，即科学性与思想性相结合。这个原则指的是什么呢？是对学生的思想政治教育、思想观念教育也好,价值观念教育也好,必须要通过科学的理论来培养,而不能用错误的东西来培养。这一条原则是所有小学、中学和大学都必须遵守的。但事实上,对中小学生,尤其是初中以下的学生,一般只给学生科学上正确的东西,而科学上不正确的,或者科学上有所怀疑的东西,最好不要给,也不必给,因为他的年龄特征、认知能力有限,你把错误的给他,他分不清楚。但对大学生来说,我们要培养专门人才,他就既要懂正确的东西,同时也应该懂得不正确的东西,还应该学会分辨正确与不正确的东西。因此,光对大学生讲正确的东西,也就是说只对大学生讲马克思主义不行,你必须也跟大学生讲非马克思主义的东西,甚至宗教的东西,或者你认为错误的东西,或者辩论中没有定论的东西。要让学生知道,为什么。我们把学生培养出来之后,他在社会上接触到种种东西,有许多是没有定论的东西,这样他才会有看法。而且你在正确与不正确的辩证关系之间,要起引导作用,但不能起强制作用。强制作用往往效果适得其反,你引导他,如果他有不同意见,应该尊重他,允许他保持自己的观点,不能把我们认为正确的东西强加给他。很可能这个时候你认为正确的东西,而"80后""90后"学生的想法不一样,要尊重他们,不能勉强,更不能说你有这样的观点就给你不及格。学生到了大学,尤其研究生阶段,只要言之有理,持之有故,你就应该让他持有自己的观点,也可能他是正确的。比如,我们的政治课,要尽我们的力量引导,虽然不是引导学生都会听,但是,你引导总比没有引导好。

马校长:好,各位老师,尊敬的潘老、别教授、郑书记,今天是一个精神大餐,确确实实,潘老高屋建瓴,提出了教育教学改革的总目标应该是什么,同时目前学校应该在什么样的背景下定位,这些都值得我们思考。同时,在后面的交流当中,也展现了潘老作为一位教育家对学生的爱,对教师的尊重。别教授今天从历史的角度以及从国外的经验和现在高等教育改革的趋势等方面为我们做了一系列的介绍和讲解,尤其是关于目前教育教学改革深层次的问题是教学行为与学习行为的改革以及相关的问题,对我们老师、教学院长和各个层面的教学管理人员在思考学校的教育教学改革时一定会起到积极的作用。

让我们再次以热烈的掌声衷心感谢潘老、别教授、郑书记一行的到来!特别感谢潘老对我们的指导!也希望潘老、别教授、郑书记以后多关注我们学校的教学改革。

第三讲

现代大学教学理念与方法 ①

各位新同事：

大家好！

本次培训课程的主题是现代大学教学理念与方法。在进入正题之前，我想问大家几个问题：在座的老师有谁是因为对教学非常热爱才到厦门大学来从事教学工作的？从大家举手的情况看，总体上来讲，人数是非常少的。因为对科学的热爱才应聘到厦门大学当老师的有多少？从举手的情况看，人数就比较多了。对科学的热爱和对教学的热爱虽有交叉，却是存在区别的，现代大学教学理念究竟是建立在什么样的职业志向、职业价值取向上的呢？大家应聘当老师，尤其是作为新聘的老师，第一次踏入大学教师职业的门槛，究竟是出于什么样的原始动机？这是值得我们思考的。今天我们主要探讨三个问题。

一、大学教学的发展

可以肯定，有了大学就有了教学。那么，大学是什么时候出现的呢？一般认为，与厦门大学具有类似性质的社会组织，即大学，出现于欧洲中世纪后期。我国是世界文明古国，有悠久的文化教育历史，但我国古代的学校，如太学、国子监等机构并不具有现代大学的特性。大学的源头要追溯到西方的中世纪，

---

① 本文是作者 2013 年 12 月 18 日在厦门大学新聘教师教学技能培训班上的报告文字整理稿。

即 12 世纪,距今大概有 800 多年的历史。在这 800 多年的历史中,大学教学有什么变化?不同时期大学教学存在什么差异?

根据教学的典型性变化,我们可以对大学 800 多年的历史发展进行分段。大致可以分为四个阶段:第一个阶段是 19 世纪以前,第二个阶段是整个 19 世纪,第三个阶段起源于 19 世纪后期和 20 世纪初期,第四个阶段是 20 世纪后期和 21 世纪初期。可以说,大学教学经历了四个阶段的发展,形成了四种典型的教学类型。

第一种教学是 19 世纪之前的教学,即 200 年以前的教学。根据历史学家的考证与描述:"教师上课必须在铃声响起时开始上课,并且在下次上课铃声响起前的一分钟内下课,在讲解课文的时候不能遗漏任何章节,也不能将任何章节的难点拖延到下堂课的最后。他还有责任在每个学年的每个学期进行系统的授课。当然,没人愿意把整个学期的时间放在导论和书目上。"这是关于 19 世纪之前的大学教学的描述,这个描述是具有可信度的,因为在其他的历史书中也可以看到类似的描述。据另一段关于一门课教学的文献材料记载,一位当时教授的描述是这样的:"关于教学方法的制度,是从古至今的老师,尤其我自己的老师所遵循的,并且这种方法也是我所一以贯之的,我将把这种方法概述如下:第一,在开始上课之前,我将概括每个章节的内容;第二,我将尽可能清楚明确地讲述本章所包含的法律(罗马法);第三,我将带着一种校正的目的来通读课文;第四,我将简要复述一下法律的内容;第五,我将尽可能解释一些自相矛盾的说法,附带补充法律的一般原理,统称为简短法则,并解释法律解答中的差异,如果有些法律因其重要性需要再讲一次的话,我将安排一个晚上进行温习,每学期我将安排两次辩论课,如果你们愿意的话,一次安排在圣诞节,一次安排在复活节前。"这就是关于 19 世纪前的教学记载。我们应该不会感到陌生,至于为什么,我们在后面会展开讨论。

第二种教学从 19 世纪初期开始成型,并影响了整个 19 世纪的大学,直到今天仍发挥着重要影响。这是科学在大学出现以后形成的。19 世纪之前,科学游离于大学之外,大学不教科学,科学家即便是大学教师,也只在大学之外进行科学研究,比如哥白尼。他们不把科学思想引入大学进行讲授,因为科学被视为与宗教相矛盾的异端邪说,宣扬科学会招致宗教裁判所的审判。19 世纪初期,科学在大学站稳了脚跟,因为科学的到来,大学教学开始有了新的形式。有一种形式叫习明纳（seminar），这是一种研讨式的教学，老师根据学生的状况与程度差异布置问题，让学生自己查文献、做研究、做实验，然后得出结果，到课堂和老师、同学一起探讨。通过这种教学方法，让学生得到发展，让学生掌握科学知识，学习科学方法，养成科学态度和精神。这种教学在德国大学产生后，很快成为欧美大学主流的教学方式，影响了整个 19 世纪的大学，在今天的大学中也常常可以看到。

第三种教学从 19 世纪后期开始萌芽，到 20 世纪初期、中期定型，一直延续到现在。这就是我们所熟悉的大规模大班教学。此前的习明纳一般规模很小，大概只有几个学生，至多十几个。19 世纪后期到 20 世纪中期以来，高等教育实现大众化后，学生多了，班额变大了，教学也发生了变化。那么，在大班中如何开展教学呢？美国人发明了一种教法，即在大班中引入研讨，成为现在欧美国家普遍流行的教学形式。

第四种教学是现代的信息网络技术与教学相结合，从而形成了新的教学方法。因为这种教学还没有完全定型，所以还无法对其进行明确的界定。所以，这里我们暂不对其展开专门讨论，只在必要时会涉及。

那么，历史上已经成型的教学分别有什么特点呢？

第一种教学：老师讲，学生听和记，这就是其基本的教学形态。

第二种教学：在问题的引导下，在老师的组织下，学生自己探讨、探索，可以叫作学生探索、教师指导、共同研究的教学。

第三种教学：在学生人数增加的情况下，在大班的集体中，学生在教师的指导下进行研究、学习的形式，与第二种有相似性，只是在规模上有了变化，当然在组织形式上也有了细微的变化。

根据这样的描述，可以得出一个结论：我国大学今天的教学总体上还处在大学教学发展的第一个时期，也就是 19 世纪以前的时期。这个结论各位老师是否认同？我承认，我国大学教学中有先进的成分，也有教得很好的老师，但总体上还是以老师的讲与学生的听和记为基本的教学形态。

以上就是大学教学整体的发展过程。讲这个问题是为了明确大学教学的发展进入了什么阶段，我国的教学又处在什么样的发展阶段。

二、现代大学教学理念

一般来讲，现代大学不仅仅是时间上的问题，更有一定的价值判断在其中,是用现代的价值来选择与组织人才培养和教学工作。根据国际上的共识,现代大学从 19 世纪初期成型并制度化,成为一种取代古典大学的组织形式。由此可以看到,现代大学已经有 200 多年的历史了。现代大学经历了两种教学,即小班研讨式和大班研讨式,两种教学所秉承的教学理念是什么?它想要达到什么目的?就第一种教学而言,它试图让学生自己学会思考,学会发现问题,学会自己查阅文献资料,学会自己做实验并获取数据、归纳结论,学会自己组织材料,学会研讨,学会口头表达。也就是说,教学的全过程都是在学生自己的主体活动中完成的。教师是在帮助学生,他既在设计教学过程,又在设计教学问题,还在指导学生,参与研究,与学生共同探讨问题,这就是习明纳式的教学。这种教学的基本理念就是探究,探究的理念贯穿始终。学生的主体性在其中得到了重视和发挥。探究的目的是为了让学生掌握科学知识和方法,形成科学态度和精神。因为这时的学生大多数都是衣食无忧的人,学习对其而言是一种特权,学成后也主要进入大学工作,这样的人往往天生对学问有爱好,并非是为了通过学习、奋斗来取得社会地位。他们家庭条件较好,有很多资源来支持他们的学习,不需要其从事其他事业,即生来可能就是做学问的。这是第一种教学的基本理念。

对于第二种大班教学,它的目的发生了变化。19 世纪中后期,高等教育开始面向社会中下层,向大众群体发展,进入大学的人有了更多的功利性目的,科学技术也越来越发达,不再仅仅停留在实验室阶段,而是进入了社会生产领域,而且越来越为社会各行各业所接受。这时的大学教学如果还只是在实验室、课堂、研讨班上进行已经不足以解决问题了,大班研讨有了更多的现实问题,甚至用"产学研相结合"的方式进行。所以,现代大学的目的不再那么纯粹和单一,具有了更多的功利色彩。比如,大学的人才培养以就业为导向,意味着大学生毕业后都要走向职场,大学生是为了谋生的目的才来接受大学教学。教育与实际相结合,与社会生产相结合,与社会需要相结合,意味着大学培养的人要走向各行各业,促进社会生产,让生产部门的利润得到增长。这是一种非常功利化的目的。我们常说高等教育要为社会服务,培养社会需要的高精尖的人才,为国家竞争力做贡献。这也是一种政治性或经济性的功利目的。这样的人对于学问的要求,对于大学的认识,对于与教师关系的要求与此前的大学有了不同。所以,学生对老师的要求,是要老师给其"真知识",即那些在职场和生产中有用的知识，那些讲职场是什么样的、生产中如何运用的知识受到学生的欢迎，在现实生活中用得上的知识受到学生的重视。相反，那些纯科学、纯原理的知识往往无法引起学生的兴趣。这是教学的目的发生的变化。这时的教学组织形式虽然还是班级教学，但大班的教学也开始出现了变化，因为在大班之中整体性的研讨已经很难再组织起来，只能班中再分班，把班再分为更多的小组组织研讨，一个数十人、百十人、几百人的课堂，可以分出七八个，十多个小组进行研讨。这种研讨就不具有前一个时期研讨班的性质了，前一个时期的研讨班是老师和学生之间紧密沟通的交流互动式研讨，这个时期的研讨则是老师指导下的学生自己的研讨。很显然，这种研讨的主题和前一个时期相比也有了很大的变化，前一个时期的主题可能更科学、更纯粹、更深奥，基本的原则就是"寂寞"。只有老师和学生耐得住寂寞，在这种心态和心境下才能探讨纯科学问题，才能以科学净化心灵、陶冶心智，才不会为社会世俗所干扰和侵蚀，耐得住寂寞就意味着要与世隔绝。这种教学在今天已经很难见到，今天的教学恰恰要开放，要和社会需求紧紧结合起来。所以，现在研讨的主题更有应用性，更具有实际问题导向，更侧重于解决现实问题。

两种教学所处的阶段都属于现代大学时期，两个阶段教学的历史继承性主要表现为后者继承了前一个阶段教学研讨的形式，但没有继承其"寂寞"的原则。所以，现在老师的心"浮躁"了，学生的心也"安静"不下来，就是因为这个原因。但这并不能说明这种变化不对，只能说是教学价值观发生了变化。现在更看重科学、技术、文化的实际价值和功用，把前一个阶段看重的"无用之用"暂且放在一边了。其中，有些被其他的教育所完成，如放到研究生阶段；在有些国家则放在一部分大学，这些学校努力在与社会之间建立"防火墙"，营造有利于学生心智培养的环境，使学生不要太多地受到社会需求的诱惑和干扰。在美国，包括哈佛大学、耶鲁大学、斯坦福大学、加州大学伯克利分校等都受到了来自社会需求的强烈诱惑，但它们也试图建立自己的"防火墙"，它们的"防火墙"主要在本科教育，包括建立本科生学院等机制，为本科生营造潜心学问的环境。比如，哈佛大学的哈佛学院、耶鲁大学的耶鲁学院等，它们的本科教育是相对比较纯粹的"人的教育"，而非"人才的教育"。更典型的是美国小规模精英化的文理学院，也在进行比较纯粹的"人的教育"。"人的教育"和"人才的教育"有共性，但也有显著差别，两种教育在高等教育史上是有分水岭的，

19 世纪中期之前大学着重于"人的教育",之后大学越来越倾向于"人才的教育"。我们今天的口号与文件常常只提"人才"而少有"人","人才"主要着眼的是"才",主要并非是"人",甚至包括道德品质也都是从"才"的角度来要求的。有人讲"先做人后做事",主要不是从"人"的角度要求的,没有人能把"人"和"事"分开,关键是怎么做事,用什么态度和方法。从 19 世纪中期以来,大学的教学开始着眼于培养"人才",这是对的,没有人才则科技和经济等方面都无法发展,人才的需求是现代社会的特征。

总体上来讲,高等教育发展到现在,整体的教育教学理念究竟是什么呢?概括来讲,这种理念是一种"实践理念"或称"实践哲学"。19 世纪中期以来大学教学都是在实践哲学的主导下实施的,这种实践在 19 世纪初期更多的是科学实践,19 世纪中后期以来则是面向社会生产领域的实践。这就是现代大学的教学理念及其演变过程。

三、大学教学理念与方法创新

如前所述,我国大学教学主要处于 19 世纪中期以前世界大学教学的发展阶段,落后于欧美发达国家至少 200 年的历史。虽然这并不意味着我国大学教学没有一些先进的地方,但总体上我国大学教学与 19 世纪初期以前欧美国家大学教学的状况更接近一些。为什么出现这种情况?问题究竟在哪儿呢?很可能在于我国大学教学理念发生了偏差。各位老师可以思考一下,我们自己现在的教学是在秉承什么样的理念?我们运用的方法是从哪里来的?我们试图或者希望我们的教学成为什么样的教学?理想中的教学应该是什么样的?究竟什么样的教学是好的教学?通过对这些问题的回答,我们有可能认清今天的大学教学出了什么问题。

下面这段话是一批在曼彻斯特大学的我国留学生对教学的描述:

"实验室报告(lab report)想要得 55 分都不容易,80 以上是 first class,70 以上是 second class Ⅰ,60 ~ 70 是 second class Ⅱ。有位学习 TST 课程的学姐介绍经验说,她第一次写报告只得了 55 分,开始以为很低,后来看到老师的一摞 lab report,大多都是 30 至 40 分的分数,最高 80 分,最低 20 分,顿时觉得自己的分数在其中已经鹤立鸡群了。没有一节课预习的资料和老师对得上号,更绝的是,曼大有个很 nice 的网页叫'我的曼大',里面有一个很 nice 的界面叫'我的黑板'，每次上课的 PPT 老师都会提前放到网站上方便学生预习。这本来是件非常 nice 的事情，可以让我们提前预习课件，但结果是老师经常改变思路，临场发挥，和我们的预习对不上号，这是最郁闷的。"这是英国大学一门课的教学，虽然是特例，但也有其普遍性。

那么，我们又是如何进行教学的呢？我们可以对老师的教学过程进行一下大致的分析，即分为备课环节、上课环节、辅导环节和考试环节。

备课环节，要写教案、做课件，要自己查阅文献资料，搜集教学材料，把材料准备充分，使上课不至于没有内容或内容不足，因为教学评价表中有一项就是备课认真、准备充分。

上课环节，除实验课外，大致都是老师来讲，老师把上一次讲过的东西进行简单回顾，然后讲新的内容。在此过程中，学生如果提问（虽然很少提问）则进行回答。多数情况是老师提几个简单的问题让学生回答，这是为了：第一，表明教师有"启发"学生思考，第二，怕有的学生开小差，提醒学生听讲。但这样的提问一般都不具有实际意义，无法引导学生学什么、研究什么，都是应景性、即兴性的问题。之后教师进行总结，布置复习与预习的内容。虽然个别老师在课堂上会组织交流活动，但并不多，主要还是教师自己讲，从第一分钟讲到最后一分钟下课。

辅导环节，现在很多老师都已经省略了，所以，很多学生抱怨老师上完课就走了，根本看不到老师。好的老师会留下电话、邮箱等联系方式，帮助学生解答问题，但很多老师连这个都不做，因为怕学生打扰太多增加负担。有的老师会在考试前通过辅导课给学生重难点指导。

考试环节，一般是以期中考试、期末考试的形式，无论是否"划重点"，都会告诉学生考试内容（主要是讲过的），只要按照课件和教材复习好了就可通过，教师也怕学生不通过来找老师。

从学生的角度看，学习过程也包括四个环节，即预习、上课、复习和应考。

第一个环节，预习。自觉的学生会在老师上课前看看教学内容，去熟悉、理解老师要讲的内容，把重难点标示出来，有不理解的也标示出来，等上课的时候找老师提问。另外一部分学生只是大概看一下，了解一下，还有不少学生没有时间、精力看，或根本不屑于看。

第二个环节，上课。带着教材、笔记本和相关的书籍进教室的是很不错的学生;边听讲边记笔记的,也是不错的学生。更多的学生只是在听,还有的学生在上课的时候做其他的事情,甚至利用手机做其他的事情,有的干脆趴在桌子上睡觉,更有甚者连课都不上,期末通过复印笔记和拷课件来对付考试。

第三个环节,复习。多数学生主要是针对考试的内容进行有重点的复习,目的是为了应考。

第四个环节,应考。主要是检验教材知识的掌握情况,学生也希望得高分,是因为高分和某些功利性的目的是高度相关的,比如,评奖学金和先进、保研、出国推荐等。当然,也有同学只是为了通过考试。

综合教师的教和学生的学来看,我们明确了我国大学教学主要是个什么状态。老师在课前要好好准备,学生也可能在准备,二者的内容大致是一致的;上课阶段主要是老师讲,而且是充分细致地讲。因为教学要求和评价标准就有教学内容的系统性、教学内容的充分性和新颖性等。而学生只是听老师讲,和老师讲授的内容完全合拍;学生复习、应考的内容和教师讲的内容也是完全一致的。所以,我国大学教学是以教师为主体的,学生围着教师转。教师是主动的,教学围绕着教案、教材、讲义展开,而不是发散性、开放式的。从教学目的来讲,是希望让学生掌握教材上的东西,掌握老师讲授的东西。这就构成了教学的三个中心,即以教材、教师、课堂为中心。教学主要是课堂上的活动,其他的活动只是辅助性的,也不会计教师的工作量,工作量只是计上课的时数。

这就是"三中心理论"的典型表现。抽象地看,这种教学主要是教师的表演性活动,其中,教师扮演了主角,学生扮演的是观众和听众,学生只能有限度地参与教学。老师很"辛苦",学生很"潇洒"。老师在课前要大量准备,如制作 PPT。很多老师 PPT 制作水平并不高,只是把原来讲授的东西完全放上去,没有用技术技巧使其能表现得美观、吸引人,多数人都是很原始的水平,甚至对字体、字号的设置都没有掌握。归纳起来讲,这种教学就是一种"表演哲学"指导下的教学。老师追求的是表演水平的高低,教务处所追求的也是表演性的教学质量。教务处考核教师的标准,主要看教师表演得好不好。我曾经观摩青年教师教学技能大赛,有几位青年骨干教师展示他们的教学,似乎教学都很好,但都只是会表演,并不是我们真正所希望的现代意义的教学。教师表演水平高可能会获得教务处的好评,获得省级教学名师,甚至国家级教学名师。

在"三个中心理论"的评价标准下,当一个好老师其实是很简单的:第一,把 PPT 做漂亮，稍微有点技术含量，做得好看就行；第二，学会表演，要讲得能够引发听众的兴趣，有点幽默感，准备几个小故事，以调节课堂教学氛围；第三，把教学内容准备得充分一些、丰富一些，注意根据学科知识逻辑来准备，有一定的系统性；第四，练好口才，要会讲，口齿要流利，注意抑扬顿挫，保持高昂的情绪。做到了这几点，就可以成为优秀教师，甚至是名师。实际上，这样的教学主要是考验教师的表演天分。这种表演性教学适合今天的大学吗？这样的教学符合今天学生发展的需要吗？

这种表演哲学主导的教学充其量只是 19 世纪之前大学教学方式的升级版，因为 19 世纪之前不讲究技术，也不大讲究激发兴趣，生动幽默，那时的学生不学习也没有其他事可做，而现在的学生面临的诱惑太多。这种教学仍然是在向学生传授知识，这是一脉相承的，只是加了一点点现代的色彩，如电脑辅助等。这种教学的结果是什么呢？举个例子来看，我国留学人员在国外是非常受人尊重的，一般来说，我国留学生的优势在于基础知识掌握得比较好。这可能与我国大学教师是怎么教的、学生是怎么学的有很大关系。在我国大学教学中，老师反复地讲教材，学生反复地学教材，预习、上课、复习、考试阶段看了无数遍教材，概念、公式、定理，甚至书本上的原话都记得清清楚楚，这都是教学所要求的。所以，我国学生基础知识掌握得比较好。这很容易让我国学生取得申请留学第一关的胜利，但一进入国外大学就开始不适应。第一个是学习方式不适应，第二个是学习要求不适应。就学习方式而言，因为国外大学教学在课前学生要做大量的准备工作，尽管如此，到了课堂上还是不一定能适应教师的教学要求。每一次课都要阅读大量的参考文献，每次课都要有明确的学习目的，还有明确的教学任务，要解决什么具体的问题。也就是说，在课前就要围绕问题进行研究和学习。上课也不是教师从头讲到尾，把每个细节都讲清楚，且并不按照教材顺序和一般逻辑体系讲授。就学习方式不适应而言，每次上课都要交流、讨论、写作业，老师讲授时间只有 30 到 50 分钟，其他时间都是学生的。每次老师上课都是抱着一大摞书籍进教室，这样的教学令中国学生很难对付，所以，不太适应。

我国大学和国外大学的教学虽然都是大班，形式上差不多，但是过程和实质内容完全不一样。我们的教学结果是什么呢？是把人类所创造的最基本的东西继承下来，是一种灌输式的教学。从人才培养的角度看，我们培养的人才是一种传承性、继承性的人才,即继承了人类所发现和发明的各种知识和技术,这些知识技术主要体现在教材之中。我曾遇到一个大学教师,虽然是知名大学化学系毕业,并在大学教书,但她连什么是专著都不太清楚。我们可以回顾一下,在我们的老师中,并没有多少在自己的课堂上要求学生阅读学术专著的,通常只是老师自己读专著,并在讲课中体现,学生在大学 4 年之中可能完全接触不到专著,也完全不需要查阅和阅读专著。前几年,有一次《长江日报》记者采访我怎样看待大学教学的改革。我便问他在大学期间上了多少课,其中又有多少门课老师说在教材之外还要看一些学术专著,他很肯定地回答大多数课程教学都没有要求阅读学术专著。第二天采访文章刊发出来了,题目为"别敦荣教授认为一本书的大学必须改革"。这一本书就是教材,我国大学教学就是教一本教材,老师教一本教材,学生学一本教材,学完后毕业。这就是"一本书的大学"。

今天我们讲培养的人才要有一定的创造性,但创造性是很难仅仅通过老师的讲授来培养的。所以,我国大学要培养学生的创造性思维是很困难的。表演哲学主导下的教学是一种传统的教学,与时代的要求格格不入。那么,应该如何改革呢?教育部所属大学成立教师发展中心,要让教师掌握新的大学教学理念,学习新的大学教学方法,通过教师培训让大学教学发生变化。2008年开始,我担任华中科技大学教师发展中心常务副主任,负责组织教师教学能力培训。当时我们的一个基本设想就是要培养新生力量,主要针对学术之路、教师生涯还很长的年轻老师,通过自愿参与、集中培训,让他们具有现代大学教学理念修养,学会现代大学教学技术和方法。有媒体曾经报道,有个中国人民大学的本科毕业生到了耶鲁大学的管理学院学习了一年,毕业后发了财,为耶鲁大学捐了一大笔钱。为此,有人认为其不爱国,但他在捐赠后讲了一段话,说耶鲁大学改变了他的人生。由此可知,正是因为我们的大学是教书本的,让人死读书,而不是让学生的思维活跃起来,不能使学生的思维具有灵活性和创造性,所以,我们很难培养出创造性人才。这样的大学教学必须要改革。

那么,什么样的教学方法是现代大学所需要的呢?

第一,要明确我们的学生是什么样的学生。大家可以反思一下,我们在接到教学任务时,有没有了解我们的学生是什么样的学生,有没有研究过学生的基础、发展状况、兴趣爱好、职业理想和未来发展意愿。在多数情况下,我们不关心是什么样的学生来学习我们的课程，我们关心的只是学生能不能到课，只顾课表上关于上课时间的要求以及如何准备课件等。这样是不行的，现在的学生是多样化，有差异性的，要弄清楚学生的个性，上课要目中有人，这个人就是学生。要了解学生、研究学生，要能根据学生的特点来进行教学。

第二，要看到学生发展的多样性。在表演哲学下，教学只是为了让学生学会教材上的东西，只是为了让学生掌握知识和技术。这些是重要的，但只是教育教学的一个目的，甚至不是现代大学教育教学的主要目的。教育教学要使学生心性、品德、修养、个性、人格和才华得到发展，虽然这些都是由知识和技术发展而来的，但我们的教学不能止步于知识和技术的掌握。要让学生学会认知。认知不仅仅是知识，也不仅仅是技术，要让学生学会运用知识和技术看待、观察、分析和评价问题。在认知的层次链条中，掌握知识和技术属于最基本层次的能力，是学生记忆能力和理解能力的反映。较高层次的认知能力是应用分析能力，更高层次的认知能力是评价和创造能力，让学生掌握知识和技术是为了达到了发展学生最高层次的认知能力。我们的教学要发展学生的高级认知能力，即应用知识解决问题的能力、对问题进行评价的能力，还包括创造能力。那么，是不是专业课教学只负责解决学生认知发展就可以了？这是不对的，专业课教学还要解决学生认知以外的价值观和态度等的发展问题。价值观和态度、世界观靠哲学不能解决全部问题，必须靠科学来解决。每一门课程都要着眼于学生多方面的发展。如果一门课程只教学生科学知识和技术，不教会学生应有的科学态度和情感，这样的教学就没有实现其本质的意义。此外，学生的社会化能力和素质以及集体观念、团队精神和团队合作能力等，都要在每一位老师的每一门课程中得到发展。只有这样，学生将来才能适应社会，做好工作并取得成功，生活的幸福指数更高。这些素质如何培养呢？组织课外活动、体育文艺活动无法解决根本问题，因为专业上的合作才是真正的合作，要让学生在专业工作中学会求同存异、和谐共处、相互理解，这才是最重要的东西。教育学、心理学上有一种"多元智能理论"，可以给我们启发。这一理论认为，每个人的智能都是多样化的，学生之间的智能差异是客观的。教学应当尊重学生的智能差异，不能用一个标准、一把尺子要求智能各异的学生。我们把学生的智能看成单方面的，教学和考试都只关注学生的某一种智能，不符合教育学和心理学的要求。每一个学生的智能都是不一样的，每一位教师的每一门课程都要着眼于学生的多元化智能的开发和发展,这样才能实现个性化教学。否则,教学就是缺少个性的,一定是呆板的和缺乏创造性的。

第三,要把学生变成中心,以学生的多样性发展为中心,以学生的主动参与和积极行动与实践为中心。在教学过程中,老师要成为学生行动和实践的辅助者,虽然教学的环节不变,但准备环节除了自己查文献资料和梳理教学内容外,老师还要为学生准备问题,每节课都要给学生准备一些问题,有的还必须是有一定挑战性的问题。任何一门课程都只是促进学生发展的一种力量,只是整个教学过程中的一个"点"。所以,课程教学需要设计好各种有关问题,让学生不只是用这门课程的知识和技术,还要运用其他课程的知识和技术,融会贯通,最终才能形成解决问题的思维方式和解决问题的综合能力。不管社会问题,还是工程实践问题,都涉及多种课程知识和技术的相互作用以及各门学科知识的综合运用。所以,教师要能提出问题来,给予学生有挑战意义的工作。

第四,不能包办教学,不能一讲到底。除了少数演讲课和报告课可以这么做外,其他的课程教学都不要这样做,否则,就不可能是好的教学。应该让学生在课前"累",要让学生看杂志、专著、文献,做调查、做研究、做思考,不能让学生"轻轻松松"。否则,会导致学生与教师的知识水平差距悬殊,学生心里没有知识的火花,就很难拉近与教师在课堂上相互讨论的距离。学生在"无知"的状态下是不会有学习兴趣的,也很难在课堂上与教师进行有效的交流。所以,要让学生在课前主动去学习,不是以前意义上的预习,而是真正意义上的学习,是让学生在课前的学习中得到一定的发展,然后再进入课堂互动交流。教师再通过讲授,提供新的信息,给予学生新的启示。

第五,不要照本宣科。只是按照教材上的知识体系教学,很难说是高质量的教学。高质量的教学,应该是结合书本,不脱离书本,但要超越书本,要把相关的知识,包括相关的历史、发展、应用等方面的知识都纳入教学中来。在国外大学课堂上,教师总是会带着一些新的期刊或报纸、著作等到教室,为学生讲授新出版著作的内容,介绍期刊报纸的文章,很少有教师是按照教材上的要点照本宣科的。可以说,照本宣科、照屏宣科的教学都不是好的教学。在课堂上,怎么讲,讲什么,是非常关键和重要的。在学生指导环节,老师不能怕麻烦,学生只要找到你,就要热忱地给予学生指导和帮助,不能表现出不愿意或不耐烦。我们的热情和指导有时甚至可能改变学生的人生。对于考试而言，不能用传统的期中考试与期末考试加权的方法，现代的教学考试应是对整个教学过程的检测，包括学生的课堂出勤、课堂表现、平时作业、期中测验、期末考试等，每一种要求都有不同的功能，都是针对学生的某种状况和发展的检测。从以上几个方面要求学生，考核才是比较有效的。

第六，要让学生在课前就下相当的工夫准备课程、学习课程，心甘情愿地、主动地去学，形成好的学习态度、学习习惯和学习精神。在课堂上，要启发学生提问、质疑和批判。现在的很多学生问题太少，或者没有问题意识，现代的教学理念和教学方法要求教师激发学生的批判精神。如果我们的教学不能达到这个目的，也很难说是高质量的教学。老师要很智慧地激发学生提出问题和疑惑，在课前要有系统的设计，课后要让学生进一步发散性地思考问题，而不是要求学生反反复复地看教材。任何教材都主要是最基本的知识，先进性的东西往往都在期刊和专著之中。不要限制学生的视野，要让他们开放式地看问题和看世界。只有这样，教学才有变化，才有现代性。对于教师而言，这样的教学能够使我们逐步建立起对教学的热情和热爱，建立起对教学的忠诚感、价值感，能使我们的学术生命因此得到传承。

我要跟大家交流和探讨的就是这些。

谢谢大家！

第四讲

通识教育与人才培养 [①]
——以哈佛大学为例

尊敬的叶校长、各位领导、各位老师、各位同学：

  非常高兴有机会参加上海大学的教学沙龙,跟大家探讨关于通识教育的一些问题。我一直是研究高等教育的,对通识教育问题也特别关注,对国外世界一流大学进行过跟踪研究,并且对国内一些大学的通识教育改革进行过专门的探讨。我知道,近几年上海大学正在力推通识教育,进行人才培养模式改革,工作做得非常扎实,不仅建立了通识教育的工作机制和通识教育的课程库,而且在不断进行通识教育问题的研讨。这说明了在通识教育问题上,我们做了很多工作。那么,改革工作进行到了哪一步?这些改革对整个人才培养带来了什么影响?未来该如何进一步推进?这些都是需要进行思考的问题。今天,我主要是结合哈佛大学通识教育历史与现实的情况,从三个方面来跟大家分享我对通识教育的看法。

一、通识教育的价值追求

  为什么要实施通识教育?这是大学开展通识教育之前就要思考的问题。而当通识教育已经开展之后,也还需要进一步思考:通识教育的目标或者价

[①] 本文是作者 2013 年 12 月 25 日在上海大学第六期教师教学沙龙上所作演讲的文字整理稿。

值追求是什么？通识教育能解决什么问题？谁需要通识教育？要回答这些问题，需要把通识教育的历史了解清楚。

通识教育的英文是 general education，这个词最早出现在 1919 年的哈佛大学。1919 年以前，由于推行学分制和选课制，哈佛大学的教育由传统的博雅教育（自由教育）进入了无序的状态。哈佛大学的博雅教育承袭了英国大学住宿学院教育传统。英国式的自由教育盛行时，大学中科学不发达、知识不多，在培养人的时候主要是通过住宿学院的师生互动和思想交流来实现的，因此，博雅教育的本质是师生互动和人文环境教育。这种教育到了 19 世纪后期就不适应社会发展了，因为科学技术越来越发达，大学越来越重视科学技术，学生在大学需要学习的知识太多了，不但包括传统的人文学科知识，而且包括了不断出现的新的科学技术知识，为此，大学开设的课程不断增加。在这样的情况下，学生是无法在大学四年中将大学所拥有的知识都学完的。时任哈佛大学校长查尔斯·威廉·艾略特根据当时的情况，在学校进行了学分制和选课制两项改革，学校开设一大批课程，不分专业和学科，学生可以依据自身意愿选修，只需修满学分即可毕业。这两种制度的推行，彻底改变了哈佛传统的博雅教育模式，也使学校教育进入了无序或混乱的状态。据统计，由于没有限制，当时有 50% 的学生只修概论课，轻轻松松地就毕业了，但是，这些学生走进社会之后却不被认可。正是由于出现了这样的情况，哈佛大学开始反省：如何才能改变这种无序的状态？应该如何解决好知识的剧增与有限的学习时间之间的矛盾？经过研究，哈佛大学采取了两个方法：第一个是 concentration，第二个是 distribution。concentration 即"聚焦"，意思是说学生不能无序地学，最终需要聚焦到一个领域；distribution 即"分布"，意思是说学生不能完全被限定在某一个领域，需要对不同的学科领域的知识都有所涉猎。可以这样理解：前者是为了培养学生一定的专业素质，后者是为了培养学生共同的基本素质。显然，后者具有所谓通识教育的性质。为了开展分布式教育，哈佛大学设计了一个总体的课程框架，将课程框架中的各领域课程学习要求分配到各个学系，由系来组织开设相关课程，这样就重新构建了哈佛大学本科生的教育基础。这就是哈佛大学最初的通识教育模式。

哈佛大学这个通识教育模式的价值选择是什么呢？可能包括以下几个方面。第一，要改变当时学生无序发展的状况。现代社会对专业化的要求越来越高,特别是科学技术在社会生产中得到广泛应用之后,学生走向社会需要一定的职业倾向,无序的发展不符合现代社会对大学人才培养的要求,毫无职业倾向的学习对于学生的职业发展也是不利的。第二,20世纪初期,人类经历了第一次世界大战,美国社会不仅面临着科学技术发展对社会和人民生活的冲击,而且经历了极其残酷的现代战争所带来的人员伤亡和深重破坏。除此之外,还有世界性的经济危机对民众生活带来的恶劣影响。所有这些都对大学教育提出了新的挑战。大学应当培养什么样的人?大学应当为解决人类和国家经济社会发展面临的危机发挥什么作用?哈佛大学的通识教育改革就是回应这些挑战的一种尝试。通识教育就是既要使大学教育避免陷入无序的状态,又要使它在专业主义和职业化日益受到重视的背景下,为学生的社会化提供帮助,使他们成为优秀的社会公民,担负起解决社会问题的责任。因此,通识教育的目的在于解决当时美国社会的现实问题与大学教育的专业主义和职业化倾向问题。这两种价值取向聚合到一起,就构成了哈佛大学第一代通识教育模式的价值追求。虽然哈佛大学的教育模式只代表了一所学校的选择,但是,当其把通识教育的概念提出并推行之后,其他大学就开始效仿了,其中,最积极的当属哥伦比亚大学。哥伦比亚大学也提出了一套通识教育模式,与哈佛大学有相似之处,却也不尽相同。它的通识教育是着眼于培养具备基础学科知识的美国公民,而基础学科知识又是以经典著作为基础的。之后,由于哥伦比亚大学校长和教授之间的矛盾激化,一批教授辞职,去了芝加哥大学。因此,芝加哥大学也开展了通识教育,形成了第三种通识教育模式:以经典名著为基础的通识教育,即著名的"伟大的经典著作计划"。教授们精选了100本世界经典著作,作为学生必读的书目。这个时期通识教育主要在美国大学得到发展,实际上也只是在部分美国大学得到实施。三种通识教育基本模式可以看成美国大学第一代通识教育,大约持续了40到50年时间。

　　20世纪中期,美国社会又发生了一些重要变化。当时美国已经成为世界的头号强国,经济、政治、文化等对世界的影响很大。第二次世界大战结束后,世界开始走出战争的阴影,医治战争的创伤,世界经济开始全面复苏,世界局势进入和平与冷战并存的时代。美国高等教育发展面临着前所未有的变局,一批一流大学开始引领世界学术发展的方向。哈佛大学开始反省自己的教育,尤其是通识教育的一些问题。哈佛大学之前的通识教育是针对第一次世界大战后的国内形势，为解决当时高等教育的问题而设计的。在美国走向强盛以后，哈佛大学人才培养的目标转变为培养具有功底深厚的领袖人才。它开始把通识教育的方向调整到基础学科教育上，将通识教育定义为：学生在整个教育过程中，首先作为人类的一个成员和一个公民所接受的那部分教育。后来又将通识教育计划改为"核心课程计划"，提出了一套主要围绕人文、社会和自然科学三大领域的核心课程，以使学生具备人文、社会和自然科学基础学科的强大基础，之后再聚焦在某个学科专业领域发展。哈佛大学的核心课程计划影响了美国其他大学，很多大学模仿哈佛大学的核心课程计划，虽然有的名称不同，但结构和功能大同小异。例如，加州大学伯克利分校对本科生的文理学院的基本教育要求是：本科生要学习文理学科基本知识，这方面的课程学分占总学分的 50%。这表明，美国大学将培养基础扎实的人才放在了非常重要的地位。这可以看作美国的第二代通识教育。

20 世纪末期，信息技术的发展、科技的进一步升级、国际互联网的影响、国际化和全球化所带来的世界的新变化以及世界格局的重新调整，使主要国家高等教育发展面临新的形势。美国仍然保持了世界头号强国的地位，美国大学仍然是世界高等教育的中心，但在全球化浪潮中，美国大学也开始进行重大变革。哈佛大学自 21 世纪以来便开始研究自身的教育改革，2007 年提出了通识教育改革的任务。从其发布的《通识教育工作组报告》可以看出，哈佛大学对通识教育进行了重新定义，它所提出的八个通识教育领域包括：美学与诠释性理解、文化与信仰、经验推理、道德推理、生命系统科学、物理宇宙科学、世界的社会和世界中的美国。由此可以看出，哈佛大学的通识教育不再是单纯的学科知识教育，也不是基础学科的核心课程普及教育，而是着眼于一些跨学科、跨文化领域的意识和素质培养，以造就能够解决世界复杂问题的美国公民为目的。哈佛大学的改革反映了美国通识教育发展的新趋势。哈佛大学新的通识教育不再是一种孤立的学科教育，基础知识的目的已经式微，一种整合性的、适应新世界变化趋势的通识教育已经发展起来。这可以看作美国第三代通识教育。

对于我国大学而言，通识教育的价值应该是什么呢？我国大学在通识教育的价值追求中需要考虑哪些因素？从哈佛大学等美国大学通识教育的价值追求来看，把学生的发展与社会变化的需求紧紧联系在一起，社会需求的变化就是通识教育发展的脉络,这种适应性可以为我国大学通识教育的价值选择提供一种参考思路。另外,美国不同大学的通识教育是不同的,例如,麻省理工学院(MIT)开展的"人文社科学院教育要求",与美国其他大学开展通识教育的原因就存在差异。在很长一个时期,麻省理工学院人文社科学院是不招收和培养本科生的,也不授予文学士学位,但现在有了。麻省理工学院重视人文社会科学方面的通识教育在一定程度上受到了其他大学经验启示。据说,在普林斯顿大学一次校庆典礼上,麻省理工学院校长作为嘉宾在致辞中为了表明对普林斯顿大学的尊敬,带有调侃性质地说,他很遗憾看到太多的麻省理工学院的毕业生是在普林斯顿大学毕业生的领导之下工作。麻省理工学院校长的这番表白说明他看到了两校之间的差距,意味着普林斯顿大学培养出来的学生素质更高,影响更大。但是,这怎么可能呢?麻省理工学院是世界一流的理工类大学,在工程技术领域发挥的影响应该是最大的,为什么在专业领域还会处于普林斯顿大学毕业生的领导之下?普林斯顿大学只有一个很小的工学院,创办时就设计了依靠强大的文理学科来培养工程技术人才。几十年后,就出现了麻省理工学院校长所说的结果。这也给予了麻省理工学院一个启示,即不能单纯地开展理工科教育,还必须对学生进行人文社科类的通识教育,必须让学生具备比较完整的学科基础知识和素质。因此,麻省理工学院进行了转型发展,虽然仍旧保持了理工科的优势和特色,但已经发展成为一所综合性大学。它的人文社会学科学院最初主要为理工科专业的本科生提供通识教育,不提供专门的人文社科本科教育。美国还有几百所小型文理学院,基本上沿袭了精英化的博雅教育,对专业教育是比较排斥的,好的文理学院是上流社会少数人享受教育的奢侈品。美国大学通识教育很好地反映了各校自身的办学特色,很难找到两所开展相同的通识教育的学校。

不同的大学在通识教育价值上的追求也是不同的。每所大学的办学定位不同,希望通识教育发挥的作用不一样,人才培养方式和通识教育的模式自然有所不同。我国相关高等教育政策要求各大学建立通识教育基础上的专业教育体系,这就有一个如何体现各校优势和特色的问题。哈佛大学的改革也许能够给予我国大学一点启示。哈佛大学有 13 所学院,包括一所本科生学院,即哈佛学院,12 所专门学院。专门学院的任务不包括本科生教育,只开展研究生教育。其实,哈佛大学的专门学院过去也有进行本科生教育的。1900 年,哈佛大学专门学院中有一半是招收本科生的,但在进行通识教育改革时,哈佛大学就把哈佛学院定位为本科生教育,而专门学院的职能定位在研究生教育。哈佛学院是文理基础学院,所有学科都是文理基础学科,是哈佛大学规模最大、最有影响的学院。哈佛大学的发展政策基本是受哈佛学院主导的。例如,哈佛大学有400多亿美元的社会捐赠,其中,超过1/4是捐赠给哈佛学院的。哈佛大学将哈佛学院定位为本科生院,并且为人才培养目标确立了一个明确的方向,即在通识教育的基础上进行聚焦教育。另外,哈佛大学在进行通识教育改革时,总是针对最重要的教育对象,即学生。它考虑的是自己的学生应该是什么样的,学生走向社会之后应该发挥什么作用。在进行通识教育改革以前,由于教育的无序,导致哈佛大学的学生走上社会之后很难为社会所认可,为此,它采取了通识与聚焦相结合的方式,使得人才培养的目标清晰了,学生的未来发展值得期待。也可以说,哈佛大学的通识教育是着眼于学生终身发展需要的,因为在哈佛大学进行通识教育改革,美国出现了一股重视专业教育的趋势,哈佛大学并没有迎合这一趋势,只是通过聚焦把学生定向到一个学科专业领域。可以说,哈佛大学的通识教育是依据自身人才培养目标而设计的一种教育。

我国大学在进行通识教育改革时,必须根据自身的人才目标设计来考虑。目前,我国大学通识教育多数仍旧是在基础学科知识教育上进行尝试,着眼于让学生更多地具备基础学科知识。尽管这一着眼点有客观的背景,即我国大学因为长期实行高度专业化的本科教育,导致学生的基础学科知识修养严重不足。不可否认,这种教育价值追求是存在缺陷的,主要表现在对我国社会发展与变革缺乏敏感性。例如,经过改革开放以来的发展,我国经济社会现代化水平有了显著提高,我国不但成了世界第二大经济体,而且已经成为世界治理的重要力量,成为全球化的重要推动力量,中国制造和中国力量已经遍布世界各地。这些变化和发展向我国大学人才培养提出了新的要求。我国的大学生不但要成为德才兼备的社会公民,还应当具有影响世界的素质和才能,但这些很少出现在我国大学的人才培养目标中,通识教育改革似乎也没有关注到这些要求。在进行通识教育改革时,还有一个问题应当引起重视:通识教育是国家对所有各级各类大学教育提出的要求,那么,不同类型和层次的大学应当实施什么样的通识教育?不是所有的大学都应当实施同样的通识教育,也不是所有的大学都有条件实施同样的通识教育,实施通识教育改革应当因校制宜。在高等教育大众化、普及化时代,不同的大学应当明确自身通识教育的价值追求,积极探索不同的通识教育模式。

二、通识教育的基本范畴

尽管各大学通识教育存在诸多相同之处,但由于各大学通识教育的目标不同,通识教育的基本范畴也存在差异。哈佛大学经历了三代通识教育,但与哈佛大学相比,多数大学的通识教育主要还是第二代的,即实施文理基础学科背景下的通识教育,主要是给予学生比较好的人文社科和自然科学的基础教育,它的基本范畴是学科导向的,即通识教育范畴的界限就是学科知识的分类。这种通识教育的目的是使学生在得到一定的专业定向教育的同时,能够具有较好的基础学科功底。毫无疑问,这种通识教育主要是由综合大学和文理学院实施的,因为其他类型的大学往往不具有完整的基础学科设置,难以依靠自身的学科力量为学生提供文理基础学科的通识教育。

另外还有一种通识教育范畴划分的标准,即能力标准。它有时与学科范畴共同发挥影响,有时又相对独立地存在。一些大学中,能力范畴受到了高度的重视,尤其在以下几个方面。一是交流能力。交流能力主要表现在写作、演讲和外语上,几乎所有实施通识教育的大学都开设了写作课和演讲课,在它们看来,写作能力和演讲能力是学生必不可少的社会化能力,没有这两样能力,学生走向社会以后与人沟通会非常困难。二是思维能力。很多通识教育至少会设计两类思维类课程:一类是定性和定量的思维,这是一种培养学生理性的思维能力;另一类是价值观或道德伦理思维,这种思维对形成学生的态度具有导向作用。思维能力培养在美国通识教育能力中占据十分重要的地位。三是社会交际能力,包括团队合作能力等。美国大学通识教育有一系列的课程来训练学生的这种能力。

目前,哈佛大学通识教育范畴也包括了能力导向价值选择,从其基本范畴划分看,更多地表现为培养学生解决人类社会所面临的复杂问题的能力。例如,过去范畴中的数学和自然科学不见了,现在呈现在我们面前的是"生命系统科学"和"物理宇宙科学",显然,这里的"科学"是带有应用性和整合性的。由此可以看出,哈佛大学的通识教育并不简单地追求学生的某一门或几门基础学科素养,而是融入了一些相互关联的新的元素,以培养一种整合性的能力。

从我国大学通识教育情况看,能力范畴似乎还未能引起高度重视,我国大学更多地还是着眼于人文、社会和自然学科领域的教育,追求设计一套比较系统、全面、综合的通识教育课程。其实,我国社会的一些变化或现象是可以给予我们启发的。例如,旅游已经成为我国民众比较重要的一种生活方式,国内旅游和国外旅游越来越火爆,但是,很多人在旅游中并没有多少收获。很多人到了不同的城市就是购物,尤其是赴国外旅游,"扫街"现象屡见不鲜。不少人去一些名胜古迹旅游,一趟下来的感受往往是除了看到几座庙、几块石碑、几棵古树外,剩下的只有累和人挤人的尴尬。人们为什么发现不了旅行的意义?为什么不能从旅游中体验文化的神奇、自然的造化和社会嬗变的传奇?原因可能是多方面的,但如果从教育角度看,人的精神的贫乏可能是内在的原因。精神的贫乏必然使人们难以对自然、社会和文化的奇妙及深厚的意蕴产生共鸣。精神的贫乏使人们不懂体验和欣赏,更难以发现和创造美的世界。解决这样的问题,既需要我国基础教育进行改革,更需要高等教育发挥更大、更好的作用,尤其是通识教育要担负这方面的责任。我们的通识教育要能让大学生的精神世界更充实、更丰富一些,更具品味一些。再如,现在中国强大起来了,不仅中国需要世界,世界也需要中国,中国与世界已经紧密联系、结成了命运共同体。如何参与国际事务?如何才能在全球治理中发挥更大的作用?这不仅需要新的知识,而且需要新的思维和能力;不仅我们需要了解世界,而且需要让世界了解我们。显然,这是传统的高等教育所不能实现的,我国大学教育必须改革。我国大学不但要改革专业教育,以使学生具有更优异的专业素质和能力,而且要改革通识教育,让学生具备更高雅的品位和更宽广的视野,掌握处理国内和全球复杂问题的能力。因此,我国大学通识教育范畴设计不能太过狭隘,要从我国大学教育面临的新形势和新任务出发,把握世界先进高等教育发展趋势,在全球化视野下谋划通识教育。唯其如此,我们才不至于拾人牙慧,跟在人家后面亦步亦趋,才能建设兼顾符合国家需要和人才成长规律的通识教育体系。

三、通识教育的一般路径

通识教育应当采取什么方式来实施?传统上博雅教育或自由教育主要是

通过亲切而紧密的师生交往进行的,住宿学院不但是学生居住的场所,更是大学开展师生交往的场所,在这里往往有一种精神在影响和陶冶每一个学生。通识教育是由美国大学在 20 世纪推行的一种教育教学改革,经过一个多世纪的发展,已形成比较稳定有效的实施路径。与住宿学院的博雅教育或自由教育相比,通识教育不仅重视校园环境和文化的教育意义,更形成了比较成熟的课程体系和教学活动。概括来讲,通识教育的教学路径一般包括以下几个方面。

第一,教学任务的承担机构。20 世纪 20 年代,在研究通识教育的责任单位时,哈佛大学曾经考虑过两种方案:一是成立专门的通识教育中心,由中心组织开课;二是将通识教育课程放到系里开设。经过激烈的争论,哈佛大学最终选择了方案二,即由系来承担通识教育的课程任务,这就是所谓的分布式课程教学要求。但在很多大学,通识教育往往是由专门的机构负责组织和开课。

第二,通识教育课程学分在总学分中的占比和要求。哈佛大学在实施教学改革时,为学生制定了一个学习菜单,要求学生在 4 年中要修满 32 门学期课程或 16 门学年课程,平均每学期 4 门课程。课程门数虽然不多,但每个学生都学得十分辛苦,因为课程的内容很多,内涵很丰富,且获得优秀十分困难。哈佛大学授予的学士学位有两种:一种是普通学士学位,另一种是荣誉学士学位。后者要求学生在大学 4 年中每门课程都必须得到 A,两种学位的获得者走向社会或申请研究生时是有差别的。在 32 门课程中,哈佛大学要求学生必须修满 8 门通识教育课程,在另外一项规定中,专业课程最多不得高于 16 门课程,即不能超过 50%,有的专业要求的专业课程低于 50%,其余课程都由学生自主选修。在这部分自由选修的课程中,还有部分通识教育性质的课程,因此,学生选修的通识教育课程实际上往往超过 8 门,即通识教育课程在哈佛大学学生的总课程中占了 25% 以上。在有的大学,通识教育课程学分要求甚至达到总学分的 50%。

第三,通识课程的修习时间。通识教育在大学的哪个年级开设,这是大学不得不考虑的问题。哈佛大学学生的 8 门通识教育课程是在什么时候完成的呢?早期,哈佛大学把这 8 门课放在本科一、二年级,但在 2007 年通识教育实施方案中,将这 8 门课程调整为 8 个学期完成,即持续 4 年,每个学期都可以修习通识教育课程。通识教育是放在一、二年级还是 4 年不断线,哪一种安排更好还没有研究证实。但可以肯定的是，通识教育在大学低年级学习曾经是所有大学的共同选择，部分大学选择4年不断线的办法正是在对前者进行反思以后采取的改革措施。但改革以后是否产生了更好的效果，还有待检验。

第四，通识教育课程的认证。通识教育课程可以在其他大学选修吗？如果可以的话，什么样的课程、多少课程是可以被接受的？美国大学之间相互交流很多，同层次大学之间大都建立了学生互相选课之后的学分认证制度，因此，跨校选课的学生很多。正因为如此，哈佛大学规定，8门通识教育课程中的6门必须在本校完成。这就是说，学生可以有2门通识教育课程到其他大学去选修。

第五，通识课程的开设方式。通识教育课程班额大似乎是一个国际性的问题，如何处理因班额大而带来的教学效果欠佳的问题，是各大学提高通识教育质量不能回避的课题。哈佛大学最受欢迎的通识教育课选课人数超过了1000人，其余通识教育课程选课人数多在100人左右。哈佛大学一般不限制通识教育班额，只在部分通识教育课程属于比较专门化课程时，则将选课人数限定为60人。哈佛大学的通识教育课程并不是很多，只有170多门，全部课程都是采取总体设计的方式进行规划，即学校将通识教育的目标以及不同领域的不同课程设计出来，向各系征求意见之后，由各系去开发、开设课程。所以，哈佛大学的通识教育课程体系是由各系开设的不同领域课程组合而成的。

第六，通识课程的教学方式。美国大学课程教学是以学生学习为中心，而不是以老师的讲授为中心的，它要求每一个学生都要自己完成学习任务，只有这样，通识教育课才有可能达到它的目的，才是有效、有质量的教学，才能够确保通识教育目标的实现。麻省理工学院曾经有一门300多人选修的通识教育课程，课程责任老师、辅导老师以及相关助理共有37人之多。300多名学生分为10多个组，每个组都配有一名负责组内事务的指导老师，且由于学生的多样性和差异性十分明显，学生面临的问题有所不同，因此，还配备了一批学生助理。由于课程作业任务十分繁重，并且贯穿在整个学期的学习过程中，还有一些专门负责作业批改的助理。教学助理可以是博士生、硕士生或选修过该课的高年级本科生。这门课程的教学就是由一个教学团队共同完成的。课程教学工作由一个教学团队负责，既是通识教育的教学方式，也是其他课程的通用的教学方式。

我国大学通识教育教学应当如何实施值得我们好好研究。现实地看,我国很多大学在实施通识教育改革时,主要考虑的还是开什么课的问题、开多少课的问题,对其他问题关注较少。深化通识教育改革,既要重视通识教育的价值,又要重视通识教育的范畴,还要重视通识教育的实施路径。上海大学在通识教育改革方面已经迈出了重要步伐,相信上海大学的通识教育改革经验将不仅让上海大学的学生受益,而且会对其他大学发挥示范作用。

我要与大家分享的主要内容就是这些。谈得不对的地方,请大家批评指教。我也很愿意听听大家关于通识教育的看法。

谢谢大家!

⊙ 互动与交流

教师甲:别老师,您好！我是来自经济学院的通识课老师,您刚刚提到哈佛大学是通过顶层设计来设计目标,那么,学校顶层设计有没有教师和学生参与呢？另一个问题是,哈佛大学的170多门课程,课程内容和内涵很多,那么,我们的课程需要讲什么内容,比如,经济学的课程,专业性很强,如何才能既让学生理解,又满足社会变化和学生发展的需要呢？

别教授:哈佛大学是属于教授治学的大学,像通识教育这样的教育教学问题,是教授们决定的事情。因此,无论是1919年的还是1945年的、2007年的通识教育改革方案,都是通过教授委员会制定的。哈佛大学的教授委员会有一个通识教育的工作组,全部由教授组成。这个工作组根据学校人才培养目标来设计通识教育方案,再提交教授委员会讨论。但是,据我所知,通识教育方案的设计没有学生的直接参与,但是,他们通过一些途径去了解学生的意愿则是完全可能的。

关于教学内容的问题,在美国大学中,没有一门课程是单纯由老师讲授的,在课程教学中老师发挥什么作用是非常有讲究的。19世纪后期,美国建立了新的教学模式,即大班研讨模式。这是符合工业化对人才的需求以及大众化和普及化高等教育发展的要求,学生很多、课堂很大,但还是需要研讨,因为没有研讨,学生就缺少自主学习。如果学生在课堂上只是靠听和看来学习,要想学好是不太可能的。我们的学生听了、看了,也背了,基础知识掌握得比较好,却缺乏创新思维、动手能力和实践能力,这就是我们教学中的问题。通识教育恰恰就是要把这个问题解决好。通识教育不能是知识的灌输和学生记忆知识的教育，通识教育的范畴中不是以"知"为目的，而是以"通"为目的的。

教师乙：中国和欧美国家大学的通识教育差别很大，欧美大学通识教育最大的特点是学生的主动性，而我们的问题是学生是被动学习的，制定通识教育相关政策的团队以及任课教师都不知道学生到底需要什么，也不知道课上好之后有什么效果。如何在中国特色下解决这个问题呢？

别教授：这是我国大学通识教育面临的重要困境之一。很多学生是为了凑学分才选通识教育课程，这就与我们设计的价值目标背道而驰了。这不仅是通识教育的问题，它还与整个学校的教育体系有关。从老师的角度看，如何让学生喜欢通识教育课有一定挑战性。开设了通识教育课，不能只是好拿学分，学生拿了学分就算了，应当是老师认真负责，课程有内容，这是通识课程教学要解决的。要解决这个问题不容易，这包含了老师如何教、学生如何转变学习方式，以及教学管理部门转变评价方式等多方面的问题。从教学管理部门的管理手段上看，现在一些需要学生打分的教学评价表中，很多项目并不是引导我们进行教学改革，而是查看课是不是讲了、是不是讲得好，并没有从学生的角度出发看学生学习的效果，这就是需要改革的地方。从学生学习角度看，我国大学整体的学习方式都要有变化，但是，不能等到学习方式转变了再来改革通识教育课程教学。因此，通识教育教学问题的解决，要从每一门课、每一位老师和每一个学生开始进行探索，过程中可能会有困难，也可能受到非议或不公待遇，但是，只要我们认为教学就应当这样，就要这样去做，坚持下去就会逐渐受到认同。

教师丙：别老师，您好！我是来自音乐学院的老师。刚刚您提到通识教育和专才教育的选择是根据学校的人才培养目标而定，也就是说有些人需要通识教育，有些则需要专才教育。那么，什么样的人需要的是专才教育？

别教授：这个问题是通识教育推行过程中的一个根本问题。先谈谈什么样的人需要通识教育或专才教育吧。例如，在商业谈判中，一般到了企业经理以上才需要进行谈判，在技术人员层面可能不需要，这就要求不同的教育服务于不同层次人的需要。上海过去有一所学校叫立信会计，是专门培养会计人才的，它并不实施通识教育。这就涉及学校的选择。教育大众化和普及化之后，什么层次的人接受什么样的教育、什么样的学校发展什么样的教育，成了越来越重要的价值判断和选择。我认为,要建设高水平大学,学校应当充分重视通识教育,这些学校的学生应当能够在整体上引领社会方向,而一般院校的学生则应该更专业化。因为通识教育是比较奢侈的教育,学校要开设更多的课程,要聘用更多的教师,一般的学校可能负担不起。通识教育也是高水平的教育,要求有很强的文理学科基础。从学生的角度看,本科4年中修了通识教育课,专业课程就少了,而企业对一般专业人员的要求可能更重视专业素养。因此,不同的大学在推行通识教育改革时需要从学校情况出发,要从学校发展定位和学科专业结构来考虑应当为学生提供什么样的教育,包括是否开设通识教育课程、开设什么样的通识教育课程等问题。有些不具备条件的大学,可以利用互联网和信息技术为学生提供通识教育,比如,进行网上课程认证,或者从校外请老师开设课程讲座,开阔学生的眼界。

教师丁:您之前提到哈佛大学本科教育主要由哈佛学院承担,研究生教育则由其他的专门学院承担。那么,哈佛学院的师资是如何配备的?此外,哈佛学院的通识教育主要是培养文理基础,而不是专业性的教育,那么,哈佛学院的学生走向社会时的出路是什么?

别教授:哈佛学院老师的配备可以说在国际上是最强的之一,哈佛大学之所以质量高,主要是哈佛学院的质量高。哈佛学院招生和培养的整个过程在美国是一流的,师资也是自配的。关于哈佛学院的通识教育,过去哈佛学院与其他专门学院是分开的,在2007年的通识教育实施方案中,部分专门学院的课程也被纳入了通识教育中,实际上是将部分研究生课程与本科课程打通,让一部分具有通识教育性质的研究生课程也成为本科生的通识课程。从学生的毕业流向看,70%左右的学生会选择深造,30%左右的学生则走向社会。但是,这部分学生在政府部门工作的居多,真正进入企业的很少。那部分进入企业的学生也并不会不适应,一方面,由于学校实验设备比较齐全,专业课程的教学都和应用紧密相连,把学生动手和自主学习放在非常重要的位置,所以,学生课程修完,对于企业的很多东西都具备了一定的实践能力。另一方面,美国企业的培训制度非常完善,学生上岗之前都要接受比较好的岗前培训,这足以让学生适应相应的工作。

教师戊:美国大学与中国大学的情况差别很大,请问您认为中国大学通识教育定位与人才培养目标结合较好的学校有哪些?

别教授：我国通识教育开展比较早的大学主要有清华大学、北京大学、中国人民大学、北京师范大学、武汉大学、浙江大学、复旦大学等，上海大学的老校长也是最早认识到通识教育意义的领导之一，学校在通识教育中的一系列做法在总体方向上是比较积极和有效的。但是，就目前而言，我国大学通识教育的"模板"还没有形成，即使是较早实施通识教育的大学，也在不停变化中，因为学校还没有特别明确的通识教育理念，也没有一种特别成熟的通识教育方案。这与我国教育的改革进程是一致的。到目前为止，虽然通识教育已经开始成为教育部关注的事情，但是，教育部没有明确的关于通识教育的指导思想，更多的是各校自主的摸索。

教师己：科学技术本身会对通识教育的内涵、内容和发展产生影响，近年来，类似 Moocs 这样的网络开放教育课程，对我们的教育产生了一定影响。这种大规模开放性的网络教育资源会对于校内的通识教育发展和改革产生什么样的影响呢？

别教授：信息技术和国际互联网与高等教育资源的有机结合是信息时代世界各国大学教育努力的方向，且已经成为一种新的高等教育发展趋势，甚至有些人产生了大学迟早将被网络教育替代的想法。我的看法是：一方面，短期内 Moocs 不可能取代大学；另一方面，即便这种教学形式发展了，校园式的高等教育依然会有生命力，校园式的高等教育对环境和文化氛围的营造是互联网难以做到的，这也是高等教育最深厚的传统之一。但是，Moocs 对大学教学的挑战也是极大的，校内的课程一定要营造良好氛围，不能仅仅成为一个信息流，而要成为智慧相互碰撞的课，否则课程教学就没有生命力。因此，与其说网络课程会取代大学，不如说大学要自我改造。

教师庚：请问您哈佛大学通识教育课程的教学是如何进行的？

别教授：在通识教育教学改革中，这是个特别突出的问题。在国外大学，老师也会在课堂上讲授有关内容，但是，不会包办全部课时。比如，36 学时的课程，老师可能讲授一半的时间，而且老师是不会完全讲书中内容的，很多都要学生自己看，老师不会代替学生去学，老师的任务是组织教学，针对不同学习阶段的难点进行讲解。总之，学生处于教学的核心地位，老师则处于辅助和支持地位。通识教育课程更重视学生自主学习和师生互动，教学不以知识的掌握为目的，而是以形成学生的态度、情感、思维以及能力等为目的。因此，同时教育教学的工作量往往很大,一门课程常常需要一个团队来共同承担。

教师辛:现在当本科生导师真的十分困难:一方面,是一对三个班;另一方面,是要求在课余时间指导。请问别老师,怎么在一对多的情况下改进工作?

别教授:在学校没有配备助理的情况下,老师只能自己去调动资源。例如,寻找一些负责任、能干的学生来协助完成工作,或将自己的研究生动员起来,让他们参与到学生的指导中,形成一个工作团队。这样,兴许能够解决一些您所说的问题。

教师壬:现在上海大学从顶层开始设计一套"核心通识课",这是一个规范化、正规化的过程。我们计算机学院最近在进行"大班上课、小班研讨"的改革,主要是针对学生的表达能力和团队合作能力进行的。这个改革刚开始遇到了来自学生的很大阻力,但是,一年下来,效果逐渐显现,学生也慢慢接受了。我的问题是,能力培养与中学教育之间的关系是什么样的呢?

别教授:这是高等教育与中学教育的衔接问题。我要问的是,这些问题全都是中学教育的问题吗?有些是,有些可能不是。比如,写作中的标点符号、语句不通问题,是中学的问题,但是,写作中的问题意识、论证方式则是大学教育的问题。因此,能力是有层次之分的,中学教育可能主要是解决记忆和理解问题,大学教育则要追求应用、分析和创新,这样,大学教育和中学教育的衔接就可以实现了。但是,实际情况也不尽然,中学教育也需要关注学生的创新意识培养。现在很多中学教育的任务没有解决好,大学教育不得不"补课",包括写作、语言表达等。在座很多同学如果不当学生干部,极有可能在大学四年中没有机会公开讲话,这种情况下,走向社会之后,如何与人交流呢?因此,通识教育还应当让学生会讲话、会写作、会沟通交流,这是人的社会化的基本要求。

教师癸:中国大学通识教育的设计问题应该由谁来设计?设计者和课程的承担者又应当是什么关系?

别教授:设计者可能是承担者,也有可能不是。之前提到"教授治学",课程问题一定是教授的事情,不是哪一个教授的事情,应当是一批教授或全部教授的事情。因此,要根据通识教育的范畴,选择符合通识教育要求的学者们组成教授委员会,来进行通识教育的顶层设计。几乎所有美国大学都是通过教授委员会来设计通识教育课程的。当然,在我国大学存在行政化问题,所以,在通识教育课程的设计中,行政人员的发言权很大,教授们的发言权有限,这个问题是要引起重视的。但另一方面,有时候还不能完全排除行政部门,通识教育如何融入现在的人才培养体系中,包括学时的安排、学分的分配、选修的技术性要求等可能是教授们不熟悉的,这时就需要行政部门参与。因此,在我国大学中,以教授为主体,行政部门共同参与设计,可能会比较好。

学生甲:别教授,您好! 我是本科一年级的学生,通识教育是要求老师讲一些专业性不是太强的东西,但是,有时学生又感觉老师讲的东西太浅,学不到知识。我想请问您该如何协调授课内容,让学生既能学到东西,又不会专业性太强?

别教授:在教学中,老师如何能够知道学生哪些懂了,哪些不懂呢? 懂不懂只有学生最清楚。因此,应当让学生去学,只有学了,才能知道哪里不懂,再把不懂的东西提出来,与老师同学交流、探讨。所以,要提高课堂教学的质量和水平,不单要提高老师讲课的水平,更要提高学生学的质量。大学教学改革应当以学生为中心、以学生学习为中心、以学生发展为中心,而不是以老师为中心,不是以教学内容为中心来进行。只有这样,通识教育才能真正发挥作用。把这个转变过来了,其他问题也就有可能解决好了。

第五讲

研究性教学的理论与实践 [①]

尊敬的李书记、尊敬的于校长、各位领导、各位老师：

大家上午好！

目前学校正在贯彻执行第十四次党代会的精神，党代会提出来要建设教学研究型大学，同时在"育人质量工程"中提出来要推行研究性教学。那么，研究性教学与教学研究型大学是什么关系？为什么要推行研究性教学？研究性教学对教师有什么要求？对学生又有什么要求？教学管理如何服务于研究性教学？这些问题可能是领导、老师们都比较关心的问题。我想围绕这些问题谈一谈我的一些研究和思考。

一、研究性教学与教学研究型大学的关系

昨天，我在报告中谈到了教学研究型大学是我们这类学校发展的必然选择，也可以说，我们没有其他的道路可走，只能走教学研究型大学这条道路。昨天还谈到了教学型大学与研究型大学的关系，研究型大学还不是我们这个阶段可能追求的目标，而教学型大学也不是这个阶段我们应该选择的发展道路，我们八一农大应该走教学研究型大学这条发展道路。

教学研究型大学对人才培养有特定的要求。教学研究型大学与研究性

---

① 本文是作者 2012 年 4 月 6 日在黑龙江八一农垦大学（简称"八一农大"）全校干部教师大会上所作报告的文字整理稿。

教学之间是不是有一种逻辑关系呢？是不是建教学研究型大学就必然要推行研究性教学？我认为，这两个问题既有逻辑关系，又是我国教学改革的必然选择。因为，教学改革进行到现今这个阶段只能走研究性教学道路，不管是从教育部文件要求还是从其他大学在教学改革上的选择和做法来看，推行研究性教学都是必然的。说它是必然的，这是我们对改革开放30多年来我国大学教学改革进行总结后的结论。

到目前为止，教学改革究竟改了些什么呢？

首先，进行了教学制度改革。教学改革最初是从选课开始的，在座的一些年长的同志念书的时候是没有什么选择的，一般都是一套固定的课程。在"文化大革命"结束以后，部分大学开始给学生增加一些选修课，最初只有几门课，后来慢慢提升到5%，再后来提升到10%，现在最高的已经达到了30%左右，给予了学生一定的选课自由。接着，感觉这样还不够，只选课还不行，学生进校毕业都是齐步走的，能不能让他们有更多发展的可能呢？于是，学分制的探讨就出现了，只要把学分控制住，让有的学生可以提前毕业，有的学生可以推迟毕业，有的学生修了这门课觉得不好可以换一门课。当然，学分制推行到现在还有一些问题，这也是许多学校正在完善的一项工作。再后来，认为学分制也不能解决各种教学问题了，于是，有的学校开始推行双专业、双学位或转专业的制度。不过，转专业制度实行得不太好，有的做到反面去了。转专业制度原本是一种救助措施，即如果一个学生在这个专业学得不好、不爱学，那么，换一个专业说不定可以学得好一点、爱学一点，这样就符合了学生的兴趣，满足了学生自身发展的需要。但是，很多学校并不是这么做的，它们会给转专业确定一定的指标，只有在专业排名中比较靠前的学生才具有转专业的资格。也就是说，只有学得好的可以转，学得不好的不可以转，这样一来，就出现了学得好的不用在这个专业学下去了，学得不好的只能待在这个专业混到毕业。所以，转专业制度并没有让学生有更多的选择，不是一种避免短处、发展长处的制度。它成为一种奖励制度，而不是原本的救助制度。因为转进来的学生要从头开始，他们要学到最好肯定还是有难度的。因此，我说转专业制度改革改到反面去了！

其次，进行了教学模式改革。很多大学推行了应用型人才的培养模式改革，产学合作的人才培养模式改革，还有的进行了学校内部的课程平台建设或学科大类的课程建设等。还有的学校进行了课程体系的改革,不断调整和完善专业的课程体系,建设专业模块课程等。近些年,很多大学发起的内部教学评估、学生给老师打分,也是一种教学改革。很多大学还进行了教学基础设施建设和完善,包括配备一些现代化的教学设施。现在,各大学都有很多多媒体教室,在上一轮的教学评估中,还要求大家更多地运用现代教学技术,包括PPT教学。而PPT教学又把教学引导到另一个问题上了。过去是照本宣科,现在是照屏宣科,就是照着PPT来念。

总结一下这些改革,究竟改的是什么呢?改的基本上都是教学资源的重新组合搭配。在大学四年的学习中,学生有学时资源、学习内容资源、教师资源、教学条件和设施资源等。以往的改革大多是把学时、课程、教师等进行重新组合,在一定程度上完善了人才培养体系。教学资源的重新组合可以达到一定的目的,因为我们的教学资源配置出了问题,通过重新组合,让我们的教学更有效率,更符合学生的需要,是必要的。客观上讲,这些改革还只是在教学的外围做工作,尽管它们既是必要的也是有效的,但是,教学的重心在课堂,教学改革最后必然还要落实到课堂上来。

在座的老师们,无论年长的还是年轻的,可反思一下,在我们的教学中,在教室里除了多媒体教学设施辅助教学以外,我们还进行了什么样的教学改革?只要反思,我们就能发现在这一方面做得确实很不足。列宁曾经说过一个很经典的思想:决定教学质量的不是教育方针,也不是校长,而是课堂中的教学。把门一关开始上课,老师怎么上课,学生怎么学习,质量便开始体现。教育方针描述得天花乱坠,如果不能落实到课堂教学中来,是没有实际意义的。不是说这个东西本身没有意义,而是说它只是一个指导思想,如果不变成行动,不变成老师和学生的教学行动就是没有实际意义的。学校领导怎么号召,文件怎样制定,最后都要深入课堂。如果不能在课堂中发挥作用,那么,教学改革始终还是游离于教学之外。这就像搭积木似的,最终很难真正建成我们理想的建筑。

综上所述,我们说过去的教学改革改了制度、改了资源组合方式,现在就要越来越深入教学的核心——课堂教学中去。如果课堂教学的基本方式、基本模式不改变,说要教学质量还是一句空话。近年来,教育部所发布的各种高等教育政策文件,包括刚刚发布的"高教30条",都特别重视课堂教学方式的改革。教育部领导和有关专家学者都把教学方式改革或教学方法改革作为教学改革能否取得成效的最关键影响因素。前教育部副部长周远清就持这个看法，并一直推动教学方式改革。

研究性教学就是改变课堂教学基本方式的指导思想，是我国教学改革发展到现在这一步的必然结果。教学改革最终必须落实到课堂教学上来，研究性教学是教学改革的关键点。那么，它与建设教学研究型大学又是什么关系呢？我认为，研究性教学思想与教学研究型大学发展目标是高度吻合的，教学研究型大学必须做好研究性教学。昨天我们谈到了，在教学研究型大学发展目标中，人才培养是一个重要因素。建设教学研究型大学，不只是说要做好研究工作，也不只是说要做好研究生教育工作，它还包含了本科教学和人才培养，大学的全部人才培养活动都要在教学研究型大学的建设中有新的转变、新的内容。我们学校提出了"育人质量工程"，我认为，这是抓住了建设教学研究型大学的根本。通过推行研究性教学，可以达到提高育人质量的目的。这个问题稍后我们再展开阐述。

总而言之，这里我想谈的就是两个思想：一是研究性教学是教学改革在现阶段的必然选择，二是研究性教学是建设教学研究型大学不可回避的主要任务，二者是高度统一的。

二、欧美国家大学的教学

打开一扇窗户看看外边的世界，看看欧美国家大学的教学是什么样的，我们就有可能更加深刻地理解研究性教学。在座的很多领导、老师可能到国外考察、留学过，对欧美国家大学的教学有所了解。我们之所以要讨论欧美国家大学的教学，是立足于一个基本的看法，即当今世界，欧美国家大学的教学还是引领着高等教育教学方向的，还是世界高等教育的样板。它是先进的，在人才培养上有独到的地方，要不然在今天这个全球化时代，当我们说到留学的时候，不可能说首选是到美国，后面英国、法国、德国、澳大利亚、加拿大、日本、俄罗斯等依次排开。留学教育是一个国家高等教育发达与否、是否先进的风向标。当外国人都愿意到中国来留学的时候，那我国大学的教学水平就是位于前列的了。

欧美国家大学教学究竟是怎么回事儿，我不想过多展开，只给大家谈一个思想。欧美国家大学的教学,从历史发展来看,大致经历了三次大的变革,实施过四种教学模式。昨天我们谈到过欧美的大学,特别是欧洲的大学,它的历史发展一脉相承,到现在有800多年的历史。如果把这800多年的历史做一个纵向分析,它大致经历过三次大的教学变革,分别发生在19世纪初期、20世纪初期和20世纪后期。19世纪初期,欧洲大学开始由古典大学模式向现代大学模式转变,这时教学也发生了一个根本的变化:19世纪以前的欧洲国家大学,采用的是一种简单的讲授式教学模式。19世纪前科学不发达,科学也没有完全进入大学。大学还是人文的大学,不像今天有工科、社会科学等,那时大学里只有一般人文知识的学习,还有少量的医学、法律等经验学问。由于那个时候的传播手段、教学媒体不发达,还没有像今天的教材等资料,更没有今天的信息技术,所以,书写技术和资源都是很稀有的。一般只有老师有书,学校仅有少量的藏书。美国哈佛大学图书馆是世界上藏书最多的图书馆,在初建时学校也只有400多本书,那时就算是一个非常大的图书馆了。学生没有书本,只能凭记忆,老师讲,学生听,最后考试要求学生把老师讲授的东西复述出来,复杂一点的就进行辩论,没有书写的要求。这就是在19世纪以前采取的第一代教学方式。

进入19世纪,科学开始发达起来了,科学慢慢地进入了大学。最初的科学并不在大学里,那时大学并没有要求进行科学研究,并且排斥科学。因为早期大学都是和宗教结合在一起,在教会的基础上发展起来的,而科学发达了,就可能冲击神学的地位。后来,随着科学慢慢地进入大学,大学也开始改变自己的性质,变得世俗化了,和社会生活结合起来。所以说,科学进入大学便改造了大学。我们知道,科学需要研究,需要做实验。今天大学里若不建设实验室,大学的科学水平就不可能高。实验室还不能是一般的教学实验室,而是科学研究的实验室。一所大学的科学研究实验室有多少,规模有多大,这所学校的科学水平就有多高。一所学校里没有科学实验室,只有教学实验室,那这所学校就只是一所简单地履行教学职能的大学。要建设高水平大学,要建设教学研究型大学,各院系都要谋划建设高水平的科学研究实验室或试验基地。科学在大学发展之后,对教学模式产生了影响。过去老师讲、学生听的模式下是不强调质疑精神的,但是,科学是必须质疑的,是要不断发展的。质疑的精神就这样在大学学习中培育出来了。

在 19 世纪初期，大学出现了一种新的教学模式，这就是 seminar，翻译过来叫课程研讨班（会）或习明纳。当时，欧洲大学普遍采用 seminar 教学模式。seminar 是什么意思呢？它不再是简单的老师讲学生听，记好再复述的信息传输过程了。这时，老师要给学生提出问题，学生下去探讨，探讨出结果后老师再和学生一起讨论，这就是 seminar 的教学。这种教学是欧美国家大学的第二代教学方式。它有一些基本的条件限制，规模要小，人数要少，因人多了没办法做 seminar，所以，三五个人，最多十来个人，围绕着老师做一些问题的讨论。

到 19 世纪后期，美国大学开始走向大众化。传统上，欧美国家上大学的都是衣食无忧的人，家里有地位、有资产，又有闲情雅致，想学一点东西才来上大学。普通老百姓上不了大学，家庭支撑不了，另外，学习的内容都是服务于贵族生活方式的，对老百姓没有意义。但此时的美国大学开始逐渐转变，它们既要为上流社会服务，又要为普通的老百姓服务。19 世纪后期，美国大学进行了一场革命性变化，这个变化就是它开办了一批农学院或者农工学院。高等教育开始与农业结合起来，服务于社会的最基层，把高等教育推向大众，接受教育的人回去之后当农场主或农民。美国高等教育在 19 世纪就走了一条和农业相结合的发展道路，当时每个州都建了一所或若干所农学院或农工学院，美国人把它叫作赠地学院。当时，它只有农科，跟我们八一农大过去差不多。经过 100 多年的发展，到今天这些大学都变成了综合型大学。现在美国几乎没有一所专门的农业大学了，但农学学科在州立大学却是很重要的一科。大学的性质变了，学生增多了，学生毕业后直接去农场工作，学校就开始考虑怎样教这些人，seminar 已经不太适应了，这就要考虑在大规模的教学中采用什么样的教学方式是有效的。美国人进行了创造，把 seminar 的基本精神和大班教学的要求结合起来，创造了班级研讨教学，就是在大班中进行研究性教学。另外，还有现场教学。因为我今天讨论的重点不是现场教学，所以这里暂且不涉及。从 19 世纪后期开始，美国大学进行摸索，到 20 世纪初期逐渐形成规范，此后欧美国家大学大多是按照这个模式组织教学。这是第二次大的变革。

第三次大的变革发生在 20 世纪后期。当信息技术发展起来，互联网技术进入日常生活以后，欧美国家大学又开始进行教学改革。这时，大量的信息技术进入课堂教学，也包括对课程资源的开发。欧美国家大学很早就开始在网上公开它的课程视频，把一部分课程做成视频在网上发布，向全世界发行，任何人都可以上网去看去学。其实，这当中还有另外的意味，就是大学自身在做宣传、做广告，同时也在做文化普及的工作。视频公开课包含了丰富的信息技术内容，现在欧美国家大学教学正在通过信息技术进行改造，不单单是视频公开课，像麻省理工学院把所有的课程教学资源都放在网上。你只要注册，就可以免费学习。这样一来，麻省理工学院就不只是在美国剑桥市的一所大学了，而是变成以剑桥市为基地，面向整个世界的一所大学了。信息技术对大学教学的影响还只是初步的，还远没有达到定型的程度。对这种变化，我们要关注，要关心，要掌握其发展趋势。

理顺欧美国家大学教学方式三次变革的思路，可以总结如下。第一代教学方式，老师讲学生听，我们可以将其归结为简单的讲授式教学。第二代教学方式，是小规模的 seminar。这时上大学是上流社会的人的特权，不可能有那么多的学生，人比较少，到一名老师名下的也就几个人，甚至一两个人学习，所以，有利于进行所谓的 seminar 的教学。第三代教学方式是大班的研究性教学。大班就像我们现在的二三十人，五六十人，七八十人，甚至更多，都叫大班。第四代就是信息技术主导的教学。我们把欧美国家大学教学方式发展的线索整理出来以后，再来反思我国大学的教学，反思我们八一农大的教学，如果用欧美大学的发展脉络来衡量我国大学教学的话，我们处于一个什么样的阶段？没有比较就没有鉴别，当我们不与欧美国家进行比较的时候，或许可能还觉得我们大学的教学各方面都挺好的，课程开设都很规范，老师上课、学生学习，秩序井然。但一比较，我们就有点坐不住了，大家有没有发现，今天我国大学的教学可能还主要是 19 世纪以前欧美国家大学的教学状态。或许下这个结论武断了一点，但事实就是如此！

如果我国大学现在的教学主要不是老师讲学生听，或者老师讲学生记，而是有各种各样的教学，有研究性的、探究性的、设计式的、启发式的，有信息技术含量，有效率，有质量，那么，我们的教学就是先进的，是好的。但是，事实不是这样，就我对全国大学的总体了解来看，无论是北京大学、厦门大学还是华中科技大学，还是一般的学校，我们的教学基本上还处于讲授式阶段。讲授式教学会带来什么问题呢？为什么我说我们的教学必须要改革，而且必须要改革课堂教学呢？因为课堂教学决定教育质量，决定学生的培养质量。这种讲授式教学，类似于 19 世纪以前欧美国家大学的讲授式教学，主要是培养传承性的人，培养继承了已有的或现有文化知识的人。这是 19 世纪以前对人才知识素质的基本要求。如果在大学接受教育以后，还能拥有更好的品德和上流社会生活所必备的一些技能，比如，跳舞、骑马、击剑等，就达到了上流社会培养绅士的目的。上流社会对绅士的要求就是有品德、有知识、有风度。当科学成为社会进步的动力之后，社会对人才的要求发生了变化，要求人才具有创新精神和创造能力。只有 seminar 这样的教学方式才能培养有创新精神的人，培养能够进行科学创造的人，培养掌握了研究方法和研究规律、富有科学精神、能够进行探究活动的人。

所以说今天的教学问题还不是一个小问题。从学生的角度来看，今天的教学主要是把学生培养成一个简单化的、接受现有书本知识的人，成为知道有些什么知识、有些什么学问的人。这样的人才已经不符合我国发展战略转型的需要。今天我国发展已经进入了一个新的阶段，要转变发展方式，要走自主创新道路，建设创新型国家。现在我们有了必要的基础、必要的条件，是完全有可能做到的。在国家发展战略转型之后，我国大学的人才培养工作也应当进行适应性改革，尤其是在教学方式上，必须进行彻底改革。如果还继续沿用过去的教学模式、教学理念的话，那么，我们的大学就落后于时代要求了，就可能满足时代发展所提出的新要求。在这个时代，需要有新的、更有效的、更符合社会进步要求的教学，要有更先进的人才培养。我国大学的人才培养，应该是让学生富有创新精神，掌握科学创新的方式、方法和规律，要具备这样的素质。我们八一农大需不需要培养这样的学生？我们的学生需不需要具备这样的素质，应不应当具备这样的素质？应当如何让我们的学生具有这些素质？这是我们需要深思的。

毫无疑问，我国所有大学都应当做到这一点。我们不一定要培养像顶尖大学那样做基础研究创新的人才，但对于我们八一农大来讲，学生需要有创新的素养，需要有创新的精神，需要掌握科学的方法。科学的方法就是创新的方法，科学方法并不是神秘的，其实，它就是一个认识自然的过程，研究事物的基本流程或程序。从这个角度来讲，今天所有大学的人才培养，都要着眼于创新性人才的培养，这是对人才基本素质的要求。所以，不管是《国家中长期教育改革和发展规划纲要（2010—2020 年）》、"高教 30 条"，还是各级政府所发的相关文件，都要求大学培养创新性人才。我们过去的教学不是培养创新型人才的,当然,也不能说我们过去的教学完全没有培养出创新型人才。现在,我国大学的办学条件,所承担的使命,与历史上任何一个时间里,包括改革开放30多年的时间里,都有着重大的差别。我们要在培养创新型人才上有大的突破,这是时代的呼唤!

我们再从教师的角度反思一下我国大学教学。我们可以在现场做一个统计,在座的老师有多少是特别喜欢教学的,从教学里感受到乐趣、感受到幸福了,感到自我价值得到了实现?有多少老师能够有这样的情感体验?我们有多少老师只是在完成自己的工作任务,因为这是不得不上的课,不得不承担的教学任务?还有多少老师感觉很痛苦,感觉上课没意思,带不来乐趣,也不能从教学中得到积极的情感体验?根据我对大学教学情况的了解、对老师的了解,大学教师普遍存在着职业倦怠问题。职业倦怠是指教师在教学工作中没有热情、没有激情、没有乐趣体验的现象。老师第一年教课可能还会感到紧张和压力,而后逐渐感到无趣,缺少了积极性。具体表现在:上课无成就感;没有激情和热情,没有动力;有的只是痛苦感,很烦上课,对学校要求一味地抱抵触情绪。有人说上课是一个良心工程,认真上课完全是凭一点责任感。其实,教学不仅是个良心工程,更是我们自身立足的根本。出现教学倦怠的根本原因,是教学本身不足以让我们产生激情、动力,产生积极的情感体验、幸福感。因为在教学中,教师只是简单地给学生讲授枯燥的概念、原理、公式等所谓的知识,没有和学生交流并产生更多的体验,更没有任何的挑战性。欧美国家大学教学从 seminar 到大班教学,教师的教学都有丰富的情感体验,会有各种各样的挑战。如果做不好,教学就不能继续下去。我们的老师们,过去照本宣科就特别容易,现在有了数字投影技术,将课本内容做成 PPT,看着屏幕讲课,照屏宣科就更容易了。这样的教学又能有什么好的情感体验,有什么挑战呢?所以,从教师的角度讲,我们大学的教学和欧美国家的差距就在于教师不能从教学中获得积极的情感体验和成就感,没有什么兴趣,没有挑战,因此,产生职业倦怠就是必然的事情了。

从社会角度看,社会对人才的要求是各种各样的,既有传承型人才的要求,又有创造型人才的要求。所以,培养传承式的人才,也是社会所需要的,也是有益的,但是,如果所有大学培养的都是这种人才,这个社会就难以发展了,不会有很大的进步。在建设创新型国家的今天,要培养创新型人才,大学必须改革教学，必须推行研究性教学。

三、研究性教学的若干认识误区

研究性教学在我国大学刚刚得到提倡，它具体有些什么形式？有什么要求？如何去做？大家还不是很清楚，认识上还有一些偏颇的地方。

第一个误区是研究性教学是研究型大学做的事情，不是一般大学做的事情，我们做不了研究性教学，只有北京大学、清华大学、中国农业大学这样的学校才可以做。从欧美国家大学教学变革的过程可知，不是只有好的大学才可以做，研究性教学是历史发展到一定阶段后所有大学基本的教学理念和模式，所有大学都要开展研究性教学。

第二个误区是研究性教学就是让学生在教学之外做一些研究，平时的课堂还是讲授式的。这种认识还比较普遍，它的问题在于简单化地把教学与研究分裂开了。不错，大学教学与研究确实是有分工的，教学主要是人才培养活动，研究主要是科技探索活动。但在研究性教学中，教学与研究的关系不是分裂的，而是一体的。研究性教学是教学，而不是在教学之外做研究，是在教学中做研究。

第三个误区是只有一部分课程可以开展研究性教学，不是所有课程都可以做。上一轮本科教学工作水平评估标准中对综合性、设计性实验提出了要求，综合性、设计性实验毫无疑问是研究性教学。但并不是说只有实验课才可以做研究性教学，理论课就不可以做。理论课也同样可以进行研究性教学。

第四个误区是只有一部分老师可以，不是所有老师都可以做研究性教学。只有研究工作做得好的老师才可以做研究性教学，而其他的老师，工作经验少，在研究上相对还比较弱，就不能做研究性教学，这也是一个认识误区。研究性教学不是说只有研究工作做得好的老师才可以做，而是所有的老师都要做的。它是大学全体教师的基本教学方式，所有教师，无一例外，都应当开展研究性教学。

澄清了这些认识误区以后，我们再来探讨什么是研究性教学。如果从概念上讲，研究性教学是一种在教师的组织指导下学生自主学习、自主实践的教学。我们可以把它看成一种教育思想观念，也可以把它看成一种教育教学方式。当将它看成教育教学方式的时候，不同的老师、不同的课程、不同的学校可能会有不同的表现。不同的老师从事研究性教学的方式是不一样的,但都是研究性教学。不同课程有不同的要求,当然也都是研究性教学。只要是体现教师指导和组织,尤其是体现学生自主学习和自主实践的,就是研究性教学。研究性教学的目的是培养具有创新素质的人才,这种创新素质是学生在自主学习、自主实践的过程中获得的,而不是在教师照本宣科、照屏宣科的教学中可以获得的。学生既需要学习过去已有的知识,包括书本上的知识,又要学习教师的经验体会。知识分为书本知识和经验知识。书本知识是显性的,经验知识就是实践经验。有的教师掌握了农业知识和农业现场工作经验,他不仅可以把书本知识传授给学生,而且可以向学生传授经验知识。这两类知识都是不可缺少的。在学生身上,也需要有这两类知识,既需要书本知识,还要有自主学习、自主实践的经验知识。培养具有创新素质的人才,就要使其靠自主学习获得书本知识和经验知识。讲授式教学的构成要素主要包括教师、学生、书本、课堂等,研究性教学的构成要素主要包括已转换了角色的教师和学生、书本和实践活动。讲授式教学中教师是绝对权威,霸占了所有的教学时间,而研究性教学中教师的角色是多种多样的,他既是讲授者、指导者,又是组织者、答疑者,是多种角色的综合;讲授式教学中的学生是被动的听众、有限信息的接受者,研究性教学中的学生不再是被动的听众,不只是信息的接受者,而且是积极的参与者、主动的学习者和问题的探究者。

研究性教学还有几个要素是讲授式教学中所没有的,其中之一就是问题设计。在研究性教学中,教师要设计问题,组织学生进行自主学习和研究。每一次上课都要布置下一节课的研究问题,让学生去自主学习、自主研究,然后带着研究的结果以及对问题的疑惑再来听课,并在课堂上与教师、同学一起交流和讨论。在讲授式教学中学生就是被动的听众,正因为如此,在我国大学中,学生在四年大学生活中,如果不当班长或团支书,不当学生会干部,是没有任何机会在正式场合讲话、正式地表达思想的。学生步入社会后需要会表达、会讲话,这样才能更好地与人共事、与人合作。语言表达能力是学生素质中非常关键的一个因素。欧美国家大学的每一门课,都特别注重培养学生的表达能力,学生通过对问题的理解,同老师及其他同学进行交流,表达自己的思想。问题研究既要训练学生的科研方法,又要训练学生的表达能力,包括书面表达和口头表达能力。课堂交流让学生有机会在课堂上学会说话,学会在正式场合有逻辑地、用规范的科学语言来表达思想。我们的学生习惯于宿舍"卧谈"，却在公开正式场合讲不出科学的、规范的语言。我认为，这不能说与课堂上单纯的讲授式教学没有关系。

第二个要素是自由的环境，即教师和学生在课程教学过程中共同自由讨论问题的氛围。讲授式教学是没有多少自由可言的，要么是书本上的知识，要么是教师对知识的理解，答案只有一个。在研究性教学中，学生和教师都是自由的，教师提出问题后，学生可以超越书本、超越教师所讲授的内容去自由探索。每个学校都有图书馆，一座好的图书馆就是一所好的大学，图书馆的质量决定着大学的质量。在讲授式教学的背景下，图书馆只是学生的自习室和考前辅导室，考试前图书馆往往人满为患便是证明。图书馆本应是研究性学习、学术探索、学术争鸣的地方，学术研究不止针对教师，更针对学生。图书馆藏书要丰富，既要提供丰富的学术养分，又要提供各种各样学术活动机会，让学生进行研究性学习。我们很多大学图书馆藏书的学术含量比较低。我曾经访问过一些大学图书馆，常常会问馆长除了教材、教学辅导书之外，图书馆还有多少书。我得到的答案是还有 50～60％ 学术书籍。这还算是不错的，有的图书馆去掉教材和教学参考书后就所剩无几了，没有什么学术含量。我在美国大学访学时，为了弄清楚美国大学本科教学的奥秘，专门去修了两门本科生的课。因为教材很贵，我便去图书馆借书，但根本找不到。当我找到图书管理员时，他告诉我图书馆不收藏教材，收藏的都是学术著作。图书馆是供大家探讨学问的地方，教材中一般的基础知识往往没有多少需要探究的意义。为了活跃学术研究气氛，国外大学图书馆常常设置很多的研究室、讨论室、各种讲座，而我们的图书馆在这方面就很欠缺，基本上没有，所以，便成为预习室、考前复习室，这样就缺少了自由探索的元素。我国大学生学习的东西局限于书本上的东西，甚至是教师讲授的东西，考试就是考书本上的、教师讲授的。考卷里正确的东西都来自于书本，来自于教师的讲授，权威主义统帅了我们的教学，学生没有自由探讨的余地。而研究性教学是必须要有自由的环境和氛围的，这个自由的环境和氛围就从教师的问题设计开始，然后延伸到整个教学过程。所以，学生的学习是在自由的环境中实现的。

第三个要素是相应的物质设施。研究性教学还需要有一些相应的配套设施。例如，要有相应的讨论室、活动室，特别是讨论室。在欧美国家大学中，除了大的报告厅外，教室很少有固定桌椅板凳的，而是可以灵活拆卸、灵活组合的，各种大大小小的教室服务于各种各样的研究学习。研究学习既要做学术报告和讲座，也要有小组、个人活动。教师在七八十人的课堂，甚至上百人的课堂授课的时候，就需要有大的报告厅。但是，研究和讨论时是不能有这么多人的，做研究就需要有小组，需要有小组的讨论室，需要有个人的研究室。大学就要提供有三五个人的、10多个人的、二三十人的很灵活的讨论室。所以，在研究性教学中，教室的概念不是固定的，不都是一种模式，有各种各样的模式。教室是服务于教学工作需要的，应当适应教学的特点。

研究性教学还需要其他条件以及相应的制度，例如，教学管理中的教师工作量制度、教师教学评价制度等。现在，教师评价制度要求学生给教师打分，学生打分表一般包括教师的出勤、教学内容、教学方法以及教学效果。出勤情况看教师是否按课表准时上下课，是否拖堂和迟到，是否有不上课的情况；教学内容主要看教师上课内容是否新颖、科学、系统，教师是否讲解透彻等；教学方法主要看教师是否采取启发式教学，是否采用了现代教学技术，启发式教学也没有什么特别要求，就是看课堂上有没有提问。有提问就算是启发式吗？课堂上做了PPT就算是运用了现代教学技术吗？教学方法还要看教师讲课是否声情并茂，是否严谨，学生是否可以全部听懂。教学效果主要看教师传授的基本理论和基本技能学生是否掌握了。这种教学评价是完全针对讲授式教学的，对研究性教学不适用。美国大学评价好的课堂教学，第一看课堂教学是否促进师生互动，第二看课堂教学是否促进学生之间的交流与合作，第三看是否促进学生主动勤奋学习。由于讲授式教学盛行，我国大学教学中学生很少有相互之间的合作学习，很多都是学生之间进行私下合作，而且私下合作主要是在考试中合作，其他时候主要是个体化的学习。美国大学还讲究课堂教学要鼓励学生主动勤奋学习。有的人认为美国大学对学生要求不多，所以，学生学习质量不算高，而我国本科教学比欧美国家大学要求的课程更多，所以，我国本科教育质量并不差，甚至要更好。这是一个大大的误解！欧美国家大学生的学习负担其实是很重的，比我国大学生要重得多。我国学生去欧美国家留学的，文化不适应或饮食不适应还在其次，这些对很多年轻的男孩、女孩来讲都不成问题，可以很快适应，他们最大的不适应就是读书。我们的学生虽然从小学读到大学，但到了欧美国家之后还是不会读书，不适应那里的读书要求。

我国学生从小学开始读教材，到了大学还是读教材，而到了欧美国家大学之后，除了读教材，还要读大量的学术著作、学术文献。各位老师可以想一下，我们自己上课时除了让学生读教材之外，是否还曾经要求学生读一些专著以及教材所涉及的学科领域的其他学术著作或期刊文章呢？在我国很多大学，基本上是以教材为本，不要求学生读教材以外的东西，学生到了欧美国家，得自己找书去读，需要广泛地阅读各种各样的学术文献，需要会读学术文献。我们教师在做课题设计、报课题的时候，每一个课题设计里都有研究现状，研究现状其实就是学术文献综述。我在评审课题的时候发现，只有很少的教师会写研究现状。教师都不会写研究现状，不会做文献综述，学生就更不会了。

学生上课学教材是必要的，因为最基本的东西，包括最基本的概念和原理公式都在里面。但是，教材只反映本领域里最基本的东西，后面还有庞大的知识体系，还有相关的知识和技术以及应用问题等，这些都要学生自己学习。这就需要教师设计问题，引导学生去读书、去研究。所以，在欧美国家大学里，一个学生一周的课外读书研究时间为40小时左右。我们很多学生到了国外之后，最大的不适应就是读书，有时彻夜读还读不完，外语差一点就更麻烦了。国外大学课堂教学不像我国大学学好教材就可以了，课前不预习就可以上课，整堂课听下来就行。在国外这是绝对不行的。所以，我国学生的学习、大学教学和国外大学差别很大，虽说我们课程开得很多，学生似乎抓得很紧，但其实我们学生的学习质量不高，学术含量低。

作为一种教学思想观念和教学方式，研究性教学的组织形式主要包括以下几种。

（一）教师讲授与学生自主学习相结合

欧美国家大学教学也有教师讲授，有专门的讲授课，还有配套的讨论课、研讨课，类型很丰富。但是，在课堂上老师讲的往往是重要的、学生难以理解的、新颖的东西。我国大学教师的讲授往往是从章节目开始的，从概念及其内涵一直讲下来。欧美国家大学教师一般不讲学生能看得懂的内容，讲授的是学生可能看不懂、看不到的、理解起来有难度的内容，还有教学内容中关键的东西以及一些新的发展。有的教师上课带着很多工具书、学术文献，上课的时候从中找资料给学生讲授，挑选学生一般看不到的以及新的文献内容来讲。

所以,讲授是有学问、有技巧的,不只是照着教材讲。欧美国家大学没有很多课,学生每周上课时间比我国大学生少很多,所以,课堂时间非常宝贵,教师要节省时间,教授最有价值的东西,同时还给学生在课堂上自主探讨的时间。教师讲授与学生自主学习紧紧结合在一起,这是一个基本的组织形式。

(二)课内教学与课外教学相结合

一门课程的学习不只是在课内,我国大学主要按照课堂教学时数来统计学生的学习量,包括总学时和各类课程所占学时等,都是以课堂教学时数来统计的。其实,各门课程本身还应有课外学习时间,大学课程设置应当以课内和课外总学时数来计算。我们把教学简单地理解为上课,只计算课内教学时数,这样学生课外的自学时间、研讨时间就被排除在教学之外了,课内教学和课外研讨被割裂开了。欧美国家大学把课内教学和课外自主学习研究紧紧地结合在一起,课外和课内学习是有机统一的,课外学习在课内学习中得到反映和体现,课外学习既是课内学习的延伸,又是课内学习的展开,是一体的。

(三)书本知识学习与经验知识学习相结合

书本知识是必要的,不只是教材,还包括其他书本、专业的学术文献。经验知识包括教师的经验,还有学生自己的经验,学生自主学习的过程和探索过程也是经验,英文叫 experience,是有经历、经验的意思,我们用 experience 一般是在有益的时候用这个词,其实 experience 更多地是指整个的过程。学生自主学习的过程很重要,学生自主学习的过程就是问题探究的过程。问题探究不一定就是探究理论上没有解决的新问题,也可能在教师看来都是书本上已经解决了的问题,但是,教师把它们设计成问题让学生去探索,再经历一次科学发现过程。学生通过这样一种经历和体验,掌握科学探索的过程,了解各个环节的要求,包括怎样查文献、怎样做实验、怎样归纳数据资料、怎样提出问题的结论,等等。这是一个必要的过程,经历了、体验了就是学习了,这是书本知识和经验知识的结合。有了书本知识和经验知识的结合,学生就有了创造的素质。

四、如何开展研究性教学

什么是研究性教学?如何开展研究性教学?其实,在上面的讨论中已经讲得很清楚了。我们八一农大推行研究性教学是作为学校的一项行动，还不只是教务处的要求。它不只是某一个教学环节、某一些课程的要求，而是一个全校行为，是一个具有战略意义的重要举措。为什么说是具有战略意义的举措呢？如果我们学校经过几年的努力，可能三年、五年，甚至更长一点时间，把基本的教学模式转变过来，确立了研究性教学的地位，我们所有教师和所有课程都能够遵循研究性教学的要求来做的话，那么，八一农大所培养的人才将会是具有高度创造性的人才。我们的学生走上社会以后，不管在什么岗位上工作，不管在什么地方工作，他们都能够对社会、对他们的专业领域做出重要贡献。到那个时候，八一农大将迎来一个人才辈出，尤其是创造型人才辈出的时代。现在，全国高校只是刚刚开始推广研究性教学，如果我们的工作做得扎实，做得细致，做得有效的话，那我们就有可能领先一步。所以，做好研究性教学对于学校办学和发展是有战略意义的。要做好研究性教学的推行工作，可以着重从以下几个方面做工作。

（一）树立、普及研究性教学的思想观念

要在全校普及研究性教学的思想观念，不只是党委发文件号召一下，不只是校长在会议上要求一下，要把研究性教学作为学校的基本教学思想观念，让全校干部教师牢固地树立起来，并自觉地在实际工作中实践，干部做好服务支持工作，教师做好教学改进工作。具体来讲，可以从四个"全"上做文章：一是全校行为，二是全体教师的行为，三是全体学生的行为，四是全部课程的教学要求。要扭转关于研究性教学的认识误区，从"四全"上普及研究性教学的思想观念，为全面推行研究性教学创造条件。

（二）鼓励教师开展研究性教学

教师要能够主动、积极地去开展研究性教学。研究性教学关键靠教师，能不能做出来，做到什么程度、什么效果，都需要教师积极主动地去实践。教师应当如何积极主动地实践呢？可以采取各种各样的办法，每一个教师都可以有自己的做法，也可以大家共同交流和学习、共同探讨该怎么做及怎样去适应研究性教学的要求。我们八一农大有农科、工科、经济学、管理学，还有法学、文学、理学，不同学科专业的课程性质有差别，教学要求也是不同的，要组织教师一起来研究探讨如何开展研究性教学。

从教师个人来讲，要有这样一种信念，即研究性教学是我们自己的事情！尽管它是学校号召鼓励的事情，但也是我们自己的事情。讲授式的教学尽管简单，很容易就对付了，但是，对我们个人来讲，没有什么好处。做好研究性教学，我们可以从中获得情感上的安慰，还可以在自己的学问、专业上有很多意想不到的收获。根据我对研究性教学的调查，很多教师通过研究性教学，把教学与研究有机结合起来，相互促进。一个班几十个学生，要是把这几十个学生组织好了，他们就是教师的助手。学生的探讨刚开始可能要教师多做一些工作，但是，到了后半段，他们就自己会做了，还可以帮教师做很多的事，可以做到师生共同探讨，共同发展。比如，很多问题教师可以要学生去搜集资料，让学生去进行初步研究，这都是可能的。学生在研究探索的过程中会发现各种各样的问题，那些可能是教师自己一个人研究思考所不能获得的。所以，研究性教学做得好的教师往往能够把教学和研究有机结合起来，使它们相互促进，在教学中既培养了学生也丰富了自己的研究。

教师具体应该怎么做呢？办法很多。教师可以从第一堂课开始就布置学生做研究，做问题研究。有人说，"我的课堂比较大，课程是纯理论性的，不适合这样做"。其实，根本没有那回事，任何课程都可以开展研究性教学。那些纯理论的东西也是研究出来的，是前人研究出来的，我们把它们设计成一个个小课题，让学生重新去做一遍，让他们有这个 experience（体验），那么，他们就不只是知道结果，还知道整个过程了。所以，几乎所有的课程都可以进行研究性教学。课堂大的可以把学生分成小组，多分几个小组；课堂小的，学生分组少一点。不管课堂大小，都是可以进行研究性教学的。除了小组教学以外，还要布置学生个人研究、思考的问题。有些问题就是强迫学生阅读文献的，并不是说做个实验或做个调查而已，就是强迫学生去多读几本书，多看些期刊文章。学生只要超越了教材的学习，天地就广阔许多。从设计第一节课的教学开始，从抓一个小组的研究开始，从抓一个课题的研究开始。教师如果是第一次开展研究性教学，就可以只设计一个研究问题，让学生一门课学下来就做一个问题的研究，试一试，摸索一下研究性教学的规律。据我调查，很多研究性教学做得好的教师都是这么做的，非常有效。

（三）培养学生自主学习的能力

做好研究性教学，教师是关键，学生是直接的实践者。研究性教学最后要落实到学生身上。研究性教学的直接结果就是研究性学习，如果学生的学习行为、方式不改变，研究性教学就没有达到目的。研究性教学就是要让学生的学习行为方式发生根本的变化，学生要由单纯的听课者变成在所有的教学过程中都是主动积极的参与者、实践者。所以，推行研究性教学，要培养学生自主学习的能力。

第一是培养阅读文献的能力。过去，我们要求学生从头到尾地读教材，记概念，记要点，要把这些东西牢记住。研究性教学要求学生将整个知识进行综合化的理解，然后再进行联系。而且要通过他们的主动行为、探索过程将知识内化到自己的认知结构中去，变成自己的东西，也就是把书本上的东西内化为自己的素质。所以，要让学生学会阅读文献。

第二是培养学生搜集文献、资料的能力。很多学生不知道文献在什么地方，也不知道什么文献是有价值的，哪些期刊是重要的。很多学生对查阅文献资料完全没有概念，得要让他们学会收集资料。

第三是要让学生学会小组学习。学生不只会一个人学习，还要在或大或小的团队中学习。学会小组学习，就是要学会合作、学会互助、学会求同存异、学会宽容忍让。这些能力和素质都是学生走向社会所必备的。

第四是让学生学会表达。学会表达包括两层意思：前面讲了语言表达问题，学生要会讲话；还有一个是书面表达。我们很多学生会考试，但不会写自己的东西。书本上的东西他会考，只要背下来他就可以考好，却不会写自己的东西。我经常发现一些研究生写的东西除了打引号的话是通顺的以外，其他的文字大都不通顺，很多标点也不正确，我相信很多老师也有这种体会。为什么会出现这种情况？因为学生从小学到大学都是考书本，我们的教学从来就没有要求学生写自己的想法，没有要求他们在专业问题上有什么思想，所以，他们不会书面表达自己的思想，不会用科学的术语、概念来表达问题。研究性教学要学生不仅学会口头表达，而且要学会书面表达。这样的学生走向社会才能与人相处，才会有竞争力。不会讲又不会写，一脑袋的知识有什么用？所以，培养学生自主学习的能力非常关键。

（四）更新教学和教学管理制度

很多教学和管理制度是制约研究性教学的。这个问题教务部门的同志要研究和关注。什么样的制度会限制研究性教学？研究性教学要求学生有大量的课外学习时间，如果要求学生修习课程太多、课堂教学时数太多、学分要求过高，学生就不可能有时间来自主学习，教师也难以组织研究性教学。当学生一周的时间都被上课占用了的时候，怎么做研究性教学？所以，有些大学在推行研究性教学时，学生怨声载道。研究性教学要求学生课外看很多文献，开展很多研讨活动，如果课程太多，每门课都这么要求，学生根本不可能有时间进行课外自主学习，那就只能应付老师了，这样达不到研究性教学的效果。所以，要把研究性教学和教学制度改革结合起来考虑。不仅要求教师改革教学，还要在教学制度上来进行相应的调整和改革。如果工作量的计算只包括课堂教学时数的话，教师只需要把课堂教学时数要求应付下来，就算完成了教学工作量，这也是不符合研究性教学要求的。还有评价制度，如何评价优质教学，研究性教学是有标准的。原来的教学评价标准重点考察教师讲课，讲得让学生满意就好。这样的标准与研究性教学的要求是不一致的，所以，也需要改革。

（五）为教师和学生开展研究性教学提供支持和服务

支持和服务是做好研究性教学的重要保障。研究性教学对教师和学生的要求很高，有时候这种要求往往是教师和学生不能自己解决的，需要学校和教务部门提供相应的支持和服务。这种支持和服务不只是精神上的，还有实实在在的。比如，如何组织大班的研究性教学，教师没有经验，教务部门应当组织相关探讨，提出一些规范，指导教师的教学，也可以组织相应的教学培训。教学督导、老专家们要在研究性教学上给教师指导，不能按照传统教学的要求来指导，而是要更加注重教师是怎么组织教学的、学生是怎么学习的、学到了什么、学生得到了什么样的发展，要从这样的角度来指导教师的教学、学生的学习。

研究性教学不是说布置几个问题就完事了，教师要给学生提供大量的文献信息资料，那么，院系就要给教师提供相应的支持，有些资料网上有，就要开通网络以便普遍使用；有的著作杂志只有一两本，数量有限，教务部门就要提供相应的资料服务工作。学生方面，过去学生不会自主学习，推行研究性教学，教务部门、学工部门，能不能不只是管学生的学籍、考试、思想政治、表现、评奖等工作，还来关注、关心学生的学习，为学生进行研究性学习提供各种各样的辅导和帮助？很多大学在学生的整个学习过程中，不关心他们的学习困难，不关注他们为什么挂科。学生挂科甚至退学究竟是学习基础问题，是学习方式问题，还是学习态度的问题？很多大学丝毫不了解。在大学我们似乎有一个基本的假设，就是学生上大学应该会学习，应该学习好。如果学生学不好，那是学生的责任，与学校无关；如果不能完成学校的学习要求，学生就得走人。其实，事情不是那么简单。在欧美国家大学里大都有一个重要的部门——学生学习支持部门。针对不同年级学生的学习情况和可能出现的问题，该部门都会提供不同的支持与帮助，做得非常细致。总之，在推行研究性教学的同时，我们的学工部门、教务部门是有大量的工作可以做的。

除了学生支持和服务外，学校还应提供相应的环境条件保障。学校要有各种各样的教室、各种各样的讨论室；学生也应有自己的研究室或工作室；图书馆可以设置各种各样的小隔间，供学生个人学习、研究使用；图书馆可以设置各种规模的讨论室，教师和学生都可以申请使用。有了这些环境条件，研究性教学就有用武之地了。

研究性教学是一个新生事物，全国大学都是刚刚开始推行。欧美国家大学的经验很多，但这种经验是不是适合于我国大学，还需要研究探索。现在，八一农大领导决心那么大，学校高度重视研究性教学，我相信，只要我们扎扎实实地推进，从每一位教师开始，从每一门课程开始，从更新基本教学制度规范开始，就能保证研究性教学的推行。它就能对学校人才培养产生积极的、重大的影响，为实现教学研究型大学的发展目标做出贡献。这是一件长期性的工作，需要不断地总结经验，持之以恒地推行。将来如果学校有需要，我们还可以共同研究探讨。我真诚地祝愿八一农大在研究性教学改革方面取得重大的进展和成就。

我要给大家讲的就是这些，谢谢大家！

第六讲

大学课程原理与教学设计 ①

主持人张老师：

别教授，您好！

这次我们前来与别教授探讨学习，主要想了解的是厦门大学高等教育最新的科研成果，尤其是怎么去进行新教师培训方面的问题。所以，今天特别邀请了别教授给我们进行一个专题报告。我们本身作为培训的老师，需要开阔视野，所以，有了此次厦大之行。这是我们的初衷之一。另外，我们和厦门大学在接下来一段时间在高等教育学这个领域也会有合作，所以这也算是我们的一次探索之旅。通过这次学习，我们可能会在高等教育这个领域形成若干个专题，也会邀请我们在座的老师去主持这些专题，我们要利用这个机会与别教授进行充分交流。谢谢别教授！

别教授：

谢谢张老师！

首先，欢迎大家来到厦门大学教育研究院！厦门大学和华东师范大学两所学校关系非常密切，渊源很深。历史上，厦门大学曾经有一些老师和学生因为与学校发生了矛盾冲突，他们到了上海新办了一所"大厦大学"，这就是华东师范大学（简称"华东师大"）前身的一支。这是其中的一个渊源。另外，厦门

---

① 本文是作者 2015 年 9 月 12 日为华东师范大学高级管理者发展与培训中心（EDP）"高校教师培训师培训班"在厦门考察学习期间所作报告的文字整理稿。

大学教育研究院是以高等教育为主要研究领域的研究机构，也是全国最早设立的高等教育研究机构。我们研究院30多人都从事高等教育方面的研究，其中，有一批老师是华东师范大学毕业的。我本人也和华东师范大学有不解之缘，因为我硕士是华中师范大学毕业的，学习教育管理，和当时华东师范大学教育管理的老师有密切联系，后来也和陈玉琨老师等人关系比较密切。过去，我在华中师范大学工作的时候，我们和华东师范大学之间还有一条不成文的协议：当时，全国各部属师范大学都有一个教育管理干部培训中心，中心之间的关系比较密切，我们两校中心之间的人员来往所需的住宿是免费的。我当年考厦门大学的博士之前去华东师范大学参加一个国际会议。会议之后有一周的空闲时间，我就住在华东师范大学培训中心，之后直接来厦门大学参加博士入学考试。所以我说我们和华东师范大学有不解之缘。后来我读高等教育学专业，也和华东师范大学高等教育的一些老师有了很多交流，关系很密切。有了这些密切的联系，也为我们下一步的交流工作奠定了基础。在此，我很热情地欢迎大家的到来。

根据我们的讨论和安排，大家来学校主要有两个活动：第一个是上午的大学课程原理与教学设计的交流会；第二个是下午王洪才教授和大家进行进一步的交流。刚才张老师做了介绍，大家是做新教师培训的老师，我们自己在教学方面上都是深有体会的，教学经验也是十分丰富的。我们基于这些经验进行进一步的探讨，有重要的意义。今天上午主要围绕大学课程原理与教学设计来进行讨论。这方面我自己有无数个问题要和大家交流，也希望大家可以和我积极地探讨。

首先，我把自己关于这方面研究的一些收获和感悟跟大家分享，然后，大家如果有问题，我们可以进一步地探讨和交流。

一、大学课程的功用

每年学校会给学生开出很多课程，每个院系也会开出大量的课程。作为老师，我们自己要承担一些课程教学。关于课程的定义，至少有三种解释：第一，也是最广义的课程定义，基本上等同于大学教育，即一所大学所提供的整个教学活动、教学内容和安排。为什么可以这么理解呢？在大学中，学生这四年怎么度过，学校会有一套完整的教学计划和安排，这些计划安排会随着时间的推进付诸实施,这就构成了大学的课程。这是课程最基本的含义。在拉丁文中,课程的含义类似于一条跑道。在教育中,所谓的跑道就相当于教育教学的活动和方案。这个最广义的解释对我们老师有重大的启迪意义,课程是一种教育,我们对学生的培养要通过课程来实现。第二,是相对狭义但还是属于广义的解释,即一套课程体系,一套 program。比如,培养土木工程师所提供的一整套的课程体系;进行学生素质培养所提供的一套课程体系;学校要求学生的基础打得扎实,就要开设一套基础教育课程。在这个解释中,课程不是具体的,而是属于一套知识体系。第三,最狭义的解释,即具体的教学科目。

三种不同的课程定义对于我们理解课程的功用很有帮助。从大学教育的历史演变过程来看,最初大学并没有一门门的课程,只有最广泛意义上的大学教育,学生到大学来主要是和老师进行一些正式的和非正式的交流。那时候,书籍还是十分难得的。老师跟同学们讲授书籍,主要不是通过讲课的形式,学习的时间也不固定。这就是最早的课程教育形态。

那么,什么时候有狭义的课程教育呢?具体时间现在还不可考证,但应该是在科学化时代,就是从大学开始接受科学开始。最初大学只是提供教育环境,科研并不是在大学做的。后来科学慢慢进入大学。因为科学是专门化的,所以,教育的知识需要进行分类,这时候才能形成具体的课程。从可操作的意义上来讲,课程是一种教学组织形式。实际上,在科学成为大学课程之前,大学的教育主要是人文的。比如,天文学是一门科学,但在历史上,天文学是非常人文化的,是和祭祀以及人们的日常生活起居密切联系的。课程的真正分化是在 19 世纪,因为在 19 世纪技术教育开始成为大学教育的需要。19 世纪,人们的观念开始发生变化,当机械被应用于生产,它带来了更大的生产力,而且像土木工程学科给人类建筑带来更大的辉煌。最早进入大学的工程技术学科是土木和冶金学科。在土木工程方面,因为西方资本主义的扩张,修路、架桥和城市建设等工程活动需求大,对于工程建筑师需求量也大,所以,需要大学培养相关人才;在冶金方面,随着能源和机械需求增加,开矿活动以及钢铁和枪支机械生产扩增,冶金人才培养成为当时的主要需求之一。

这时大学的课程出现了一些分化,而且也出现了一些问题。过去的大学都是小规模的,到了 19 世纪中后期以后,随着规模的扩大和不同课程师资的引进,师生比例严重失调,老师的数量远远少于学生,而且大学的学制也逐渐稳定下来，学生的学习时间有限。针对这些问题，德国大学采取的方法是：建立一些专门学院，让大部分学生到专门学院学习，修完课程后就可以毕业。但是，美国大学认为这种做法限制了学生的自由，所以，给予了学生选择课程的自由，学生在规定的学时内完成了要求的课程学习就可以毕业。但是，刚开始，美国大学的规定忽略了一个问题，没有考虑到学生毕业后该在社会中做什么工作，发挥什么作用。因为早期的大学教育完全不用考虑学生的就业，学校要发挥"父母替代"的功能，就是学校替代父母看管和教育学生。大学不用担心学生的就业，这些学生也没有就业的后顾之忧，因为他们的家长都能保证他们的职业和社会地位。但是，19世纪中期以后就不一样了，上大学的学生增加了，很多毕业生必须要就业。由于大学教学制度改革滞后，学生在大学教育中没有进行针对性的学习，可以说是盲目学习，所以，大学教育没法为学生的就业积累知识和技能。在这种情况下，美国大学开始对教育教学进行改革，对学科进行更清晰的分类，课程开设开始更多地考虑社会需求。同时，对大学教育教学进行计划，制定更周密的培养方案，让大学生不盲目地选课，而是聚焦到某一类学科中。这样就有了最早的"专业"的概念。这时大学也开始有了普通教育课程和专业教育课程的分野。

不管是从广义还是狭义理解课程，大学课程的功用主要表现在四个方面。

第一，课程具有环境的功能。大学课程为学生营造一个教育的环境，来保障教育目的的实现。教育环境的要素很多，主要包括知识、人际交往、场所等，这些都是课程必不可少的要素。

第二，课程具有教化的功能。大学课程延伸的功用就是教化作用。人们一般比较重视道德方面课程的教化作用，也重视人文社科类课程的教化作用，其实，专业课的教化作用也是极其重要的。专业课的教化作用，一方面表现为专业伦理教育。比如，机械专业开设的课程就有助于所培养的人才实现人机和谐，建筑专业开设的课程有助于实现人居的安全。另一方面表现在为人处世、人际交往方面的教育。专业课不仅仅要让学生掌握专业的知识和技能，还要让学生在这种人际交往的氛围中，和老师、同学形成良好的人际交往关系。

第三，课程具有形塑的功能。大学课程要把学生按照设计的教育模式塑造成能够满足社会和专业需要的人才。其实，有一些专业并没有特别明确的职业指向性，比如，数学专业主要不是为了培养数学家，历史专业主要不是为了培养历史学家,文学专业主要不是为了培养文学家,等等。这些学科专业不是形塑某一种模式的人。但是,工科、医科、农科等专业都和经济社会发展息息相关,就要把学生形塑成各行各业的高级专业人才。

第四,课程具有启发激励的功能。课程能够把学生的潜能和希望激发出来,能够让他们走向社会后自强不息、终身学习。

大学课程四个方面的功用缺一不可,是大学实现教育使命和要求的保障。

二、大学课程逻辑

大学课程曾经历了一个漫长的变化过程,主要是因为各种各样的社会需求进入大学,比如,经济产业发展对各类专业人员的需求增加,大学教育不得不开办许多新的专业,大学课程由此越来越复杂而多样;由于高等教育大众化和普及化的推进,进入大学接受高等教育的民众越来越多,为了满足学生不断增加的需要,大学不得不增加大量的课程资源。教育需求增加和高等教育的不断扩张,带来了大学目标的多样化和复杂化,引发了大学教育的诸多冲突和矛盾。其中,与课程相关的矛盾主要是以下几点。

第一,人与知识的矛盾冲突。有人说,历史上曾经出现的"百科全书式"的大师级人物现在很难见到了。这是为什么呢?其实,现在的社会上有学问的人所掌握知识的深度和广度比之前任何时代的人所掌握的都要好,但是,为什么人们会感到现代缺乏大师呢?这主要是因为现在的知识领域和社会环境变了。比如,辛亥革命后的一段时期,我国文化教育十分落后,那时大师的思想在当时的社会环境下是先进的,但是,若放在当今社会,人们可能就不会那么看了。在历史中,确实曾经存在被誉为"百科全书式"的一类人,他们上知天文,下知地理,似乎无所不通。但是,这些人的存在是因为当时的知识内容和书籍有限。今天的学问领域和知识领域是一个人花一辈子的时间也没法完全研究透彻的,所以,现在的知识与过去的知识存在很大的差异,知识与人的关系变得非常复杂。因此,要解决这个问题,大学就需要有新的课程逻辑。

第二,社会需求与知识的矛盾。随着社会职业数量和需求的增加,它们对大学生知识和技能的要求也越来越高。大学所包含知识的容量是有限的,所开的课程数量也是有限的,不可能满足社会的所有需求。在这种情况下,大学的知识与社会需求之间不可避免地存在尖锐的矛盾。这就对大学的课程开发有新的要求。

第三，时间与知识的矛盾。学生在大学的时间是有限的，本科生在大学的学习年限，在有的国家是三年，在有的国家是四年。在学生有限的大学学习时间里怎么设置大学的课程能够达到人才培养目标，成了教育教学面临的关键问题。另外，教师与知识有矛盾，学生与知识也有矛盾，学校能够包容的知识内容与社会知识需求之间也会有矛盾。这些矛盾交织在一起，对学校开设课程来说是很难办的。即使难办，大学也要想办法解决这些问题，因为大学必须提供适当的教育教学环境，教育教学环境的好与坏直接影响到人才培养的质量。为此，大学课程开设需要遵循一些合适的逻辑。

为了解决上述问题，化解各种教育教学矛盾，我国大学课程的开设一般遵循以下四种逻辑。

第一，人本逻辑。即以人为本的逻辑，是大学课程开设最主要的逻辑。"人"主要指的学生，要根据学生在不同学期发展的可能、认知特点、心理和知识的需求而设置相关的课程。如果一所大学忽视人本逻辑，那么，这所大学就背离了教育的本质。

第二，学科逻辑。任何社会需求都是以知识为基础的。这些知识既包括书本知识，又包括经验知识，也可以说显性和隐性（默会）的知识。隐性知识不存在于书本中，而是存在于老师和学生的经验中，存在于社会实践之中。把这些知识组织起来，能更好地开设相关的课程。很多大学开设的课程都遵循了学科逻辑，比如，名称中带有"原理""思想""学"等的课程，往往就是学科逻辑的课程。

第三，职业逻辑。大学生毕业之后，要走向社会成为特定职业的专业人员，为此，他需要掌握与特定职业相关的知识技术。为了满足学生这方面发展的要求，大学就要根据职业所需要的知识和技术来进行课程建设。在专业教育受到重视以来，这一类课程在大学课程中的地位愈益凸显，而在一些职业院校、应用型科技大学等的教学体系中，表现得更加明显。培养应用型人才，离不开依据职业逻辑开设的课程。

第四，政治逻辑。这个逻辑在我国等一些国家大学中对课程开设有重要影响。大学思想政治理论教育课程以及相关的价值观教育课程就是遵循政治逻辑开设的。思想政治理论课程的教育目的和要求突出地体现了政治的需要。

四种逻辑在大学教育课程开设中发挥着重要的作用。四种逻辑如何有效地协调,是大学课程开设面临的重要课题。这个问题不但与大学的类型和人才培养目标密切相关,而且与国家高等教育政策密不可分。所以,大学课程问题不只是大学自身的问题,也不是大学能够单独决定和解决的。当然,在不同课程逻辑的应用中,有些课程开设可能是大学和相关教师能够发挥较大作用的。

三、课程教学设计

课程教学设计是教师教学工作中最重要的一环。以往我们讲究备课,要做好课前准备,但并没有多少课程设计的概念。备课的过程主要是准备教案、教学材料、讲解内容以及习题等。这是过去的教学中与课程教学设计相关的教学要求。当今,这些教学要求还是必要的,但仅仅有这些要求是远远不够的。我国大学教育要走向现代化,课程教学必须进行重大改革。为什么? 因为时代变了,这个时代对现代大学教学的要求也发生了变化的。概括来讲,主要包括以下几个方面。

第一,研究与教学相统一。最初的大学只有教学这个功能,没有研究等其他的功能。当科学进入大学后,才有了研究。但是,当时的研究也不是出于科学的目的,不是为了发展知识,而是出于教学的目的,有教化的功能,通过科学研究的过程让学生体验科学的魅力,净化他们的心智和灵魂,来培养学生的学科理性。所以,科研与教学是统一的。如果不通过科学教育培养人的理性,那么,社会的文明水平是难以不断提高的。在今天的大学,教育与研究的关系变得非常复杂,既有联系又相割裂,很多教师也不能很好地把握二者的关系,面临很大的困扰。

第二,以学生为中心。在大学最初发展的时候,有所谓学生的大学,也有所谓教师的大学。后来,学生的大学消失了,教师的大学存续下来了,这些大学成为以教师中心的学术共同体。19 世纪末 20 世纪初,在进步主义思想影响下,一些美国大学逐步发展起以学生为中心的教育教学思想。后来,这种思想成为欧美各国大学共同的办学思想。

第三,教、学、做相统一。大学教育最初只是要求教与学,教与学的统一是由教师主导的。19 世纪中后期开始,美欧部分大学将教师指导下学生的实践引入教育教学过程，以适应培养社会专业人才的需要。在学生中心教育教学思想的影响下，教、学、做逐步统一于学生的自主学习，使现代教育教学又有了新的内涵。

第四，学生的自我建构。"建构主义"这个理念最先在建筑学、美学等领域得到体现，后来为大学所接受。大学为什么会接受建构主义呢？在早期大学教育中，学生的学习是被动的，老师教什么学生就学什么。但是，心理学和教育学的研究成果显示，学生的发展过程是其自身主动建构的过程，没有自我建构，学生难以得到真正高质量的发展。

从上述要求看，我们的课程教学是不是还有很大的改进空间？传统的备课已不足以实现上述要求，引入课程设计非常重要。那么，究竟什么是课程设计？又该如何进行课程设计呢？所谓课程设计，是教师在上课前对课程教学目标、教学过程和教学效果等进行的全面系统的设计，如同建筑师对建筑物的设计一样，不仅要有设计概念，还要有设计图纸和模型，这样建筑工程技术人员就可以依样画葫芦，将所设计的建筑建造出来。所以，课程设计就是课程教学方案的设想、构思和描绘，是教与学的各种活动的预设和组合，或者说是虚拟的课程教学过程。要做好课程设计，需要做好以下四个方面的工作。

第一，设计教学内容。课程教学中的关键问题之一是如何处理知识。在我国大学课程教学中，按照教材来组织教学是最普遍的形式，有些教师也会在教材之外多看一些书，教给学生一些前沿的东西。这种教学形式无疑是对的，但仅仅做到这一点是不够的。知识有人本的、学科的、职业的和政治的，它们的目的是有差异的，教师要清楚每门课应该按照什么逻辑来设计课程教学中学生应当学习的知识。要做好教学内容设计，有两点是很重要的：一是一门学科和其他学科知识之间要融会贯通。在课程体系中，每门课程的知识就如一座座孤岛，是碎片化的，组合起来的必要性是不言而喻的。如果不进行组合，就没办法解决实际问题。越是高层次、高水平人才的培养，越需要知识的融会贯通，这就需要在知识的教与学这一环节中解决好。课程和教材本身一般不会涉及其他的课程内容，很多教师教学也只管自己的课程和教材的教学，那怎么才能解决这个问题呢？要由问题来解决。教师要带着问题教学，而且这些问题是给学生的。学生解决问题的时候不仅要运用到本学科、本课程的知识，还要用到其他学科、其他课程的知识，这样不同学科、课程的知识就可能融会贯通了。二是显性知识和隐性知识之间要相互联系。显性知识存在于各种书本中，固然重要，但隐性知识也是非常重要的，尤其是要培养应用型人才，是必不可少的。怎么做好这方面教学内容的设计？这就要求把教、学、做结合起来。如何结合？第一，课程教学不能局限于自己的教材，要联系现实。第二，让学生自己去做事情。只有在做事情的过程中，学生才能掌握隐性知识，体会到隐性知识的重要性。第三，将学科逻辑与职业逻辑结合起来。比如，工科教学改革所采用的 CDIO 改革模式，在课程知识的设计上做到了注重项目和问题的设计，很好地达到了专业教学的目的。

第二，设计教的活动，即设计教师自己在课堂中的教学行为和教学活动。如果课堂上完全或大多数时间都是老师在唱独角戏，一般来讲，这样的课程教学是不成功的。这样的课程只适用于讲座课这一类课程。我国大学，从严格意义上讲，是不存在讲座课的，只有讲座，很少有大学开设专门的讲座课，并将其列入教学计划，由学生修读，计算学分。教师要改变唱独角戏的教学方式，采用综合性的教学方式，来完成教学任务。这就需要对教学的活动进行认真和周密的设计，将讲授、指导、辅导等贯穿于整个课程教学活动过程。指导和辅导是指对学生个体和团队自学、表演、展示、调查、实验、研究等活动开展的教的活动。做好教的活动的设计，有几条基本的要求。一是老师不包办全部课程教学时间。每次课程教学最好都要安排学生自己的活动，这样才能把学生的注意力始终集中在课堂上，在教学过程中学生才不会走神。心理学研究发现，大学生注意力最集中的时间一般在 20 分钟左右。教师讲课时间的限度也应当遵循心理学的研究发现，把其他时间交给学生。这样有助于学生转变学习方式，提高学习的自觉性。无论什么性质的课程，教师的讲授都要有限度，不能包办全部课时。二是教师在每次课程教学中都要发挥积极的组织作用。对于不同特点的班级，教师都要有驾驭能力，在整个班级的学习氛围与分组协调上要有有效的驾驭，这无疑是对教师教学能力的考验。学生在课程教学过程中所有的学习活动都应该在教师的掌握之中，不能失控。教师要控制好学生的学习进程，给予学生的学习有效的指导。

第三，设计学生的学习。以往我们教师开展课程教学的时候是不用管学生的学习行为的，或者说我们一般是不怎么关心或注意的。实际上，这是一个重大失误。学生的学习行为与我们教师教的行为同等重要，甚至更重要，因为教学的目的就是让学生学习。课程教学不能忽视设计学生的学习，要做好这一工作要做到以下几点。一是应该了解学生，掌握学生的特点。无论修课的学生数量有多少，教师都要把每一个学生的情况了解清楚，要让每一个学生在其现有的基础上得到发展。对于教师来讲，要了解学生现在的学习基础、学习习惯、学习方式、学习兴趣、学习中的困难以及未来发展意愿，要研究怎样才能让这些学生在现有基础上得到一定的发展。关于研究学生，有很多心理学、教育学的理论，教师要学习和了解。只有了解学生，教学才能做到目中有人。二是要用"做"来引导学生"学"。每一门课程教学都要设计适当的问题和项目，不能把学生的注意力集中在教材知识的背诵和记忆上。只有在做的过程中，学生才能更好地理解一些概念和原理。三是每一次课都要为学生设计他们需要解决的问题，不能到课堂的最后才给学生问题，要在课前布置。我国大学每一门课程的学习难度不高，这对教学质量是有重要影响的。要给学生问题和课题做，增加每一门课的学习量，加大学习的难度。学习设计有一个基本原则，就是学习的内容要由浅入深，循序渐进。

第四，教学条件和考核设计。课程教学设计还要把学生解决问题需要的教学环境和条件设计好，以便教学管理部门提供支持和服务，保障教学的顺利进行。课程教学设计还包括考核方式和要求的设计。过去我国大学课程教学的考核方式常常是一次期中考试和一次期末考试，现在有些教师加上了随堂考查。其实，这里还有一个考核目的的问题，如果我们是考核学生的学习过程和发展，那就应当从第一次课开始考核；如果只是考核学习结果，那么，考两次就够了。过去，我们比较注重"终结性评价"，而现在，更注重"发展性评价"或"过程性评价"，强调要从一开始就对学生进行考核。

我想，我已经讲了很多了，我的讲解就到这里。下面进入互动交流环节，大家有什么问题和想法，我们可以进行进一步的探讨。

⊙ 互动与交流

教师甲：别教授刚才提到以学生为中心，这个原则让我有点意外。之前，我当大学生的时候，特别想当老师，因为那时候是以老师为中心。但是，现在不一样了，现在以学生为中心后，教学过程受到学生的影响很大，有些老师的教学甚至受到学生的控制。我觉得也许应该让老师收回在教学过程中的主动权。

别教授：这个问题非常好！这涉及师生关系在教学过程中"度"的问题。无论是以教师为中心还是以学生为中心，目的都是要让学生得到更好的发展。现在我国大学课程教学中确实存在一些所谓的以学生为中心的现象，怎么理解？我认为，实际上，在我国大学教学中，学生的地位并没有什么大的改变，所谓的以学生为中心的现象离真正的以学生为中心的教学相差甚远，我们的很多教师在教学中并没有考虑学生的需要，对学生在学习中出现的问题也没有给予充分的关注，更不要谈学生积极主动地学习了。

教师甲：我觉得，学生的需要就是能通过这门课的考试。

别教授：这就是现在大学教育可悲的地方。当学生的非理性、非正当的需要左右教师教学的时候，大学其实已经没有什么意义了。我们很多学生只想拿到学位证，他们不追求学习过程，也不追求学习的体验。去年我去莫斯科大学访问，有老师和学生给我介绍，说中国留学生在那边的声誉不太好。我感到很奇怪。进一步了解后才明白，因为有的中国留学生学习不求上进，只求老师给他们通过，于是出现了一些非常不好的现象：抄袭、剽窃、贿赂，甚至要挟老师。最近，我又到美国去，在美国也存在这个问题。要知道之前的中国留学生是非常受欢迎的，现在一些留学生把国内大学一些不好的风气带到了国外，造成不好的影响。这可能不是我们老师能解决的问题，是整个教育系统的问题。大学领导的职责不只是在开学典礼、毕业典礼上的致辞，他们应该真正深入课堂，与老师和学生交流，商讨对策，阻止这种不良风气的蔓延。当大学成为迁就学生、容忍学生无理取闹的地方，大学已经不复为大学了。我始终认为，老师应该坚持自己的教学，哪怕是学生去学校告状，也要坚持。这是我们作为老师的信念。

教师甲：不过，在现在学校的考评体制下，这种坚持自己教学的老师很容易被淘汰。我们学校有一位物理老师讲课非常好，但是，在教学评价中是排在靠后的位置的。

别教授：我们老师也要正确看待学生的评价。这种问题老师也可以向系里和学校反映，问题总是要解决的。明明这样的评价没有什么积极的意义，却还要执行，这不是以牺牲教育教学质量为代价吗？我相信我们的大学还是有正义的，我相信教育中正义的力量。您说到老师讲课讲得好评价却较低，我想这个老师也应当反省自己的教学。

教师乙：我们只能传递正义的力量。但是，这种以考评要挟老师的做法一旦一个学生得逞，会传递给其他的学生。

别教授：造成这种情况的原因很多，这也反映了教风和学风的问题。我国大学课程设置不尽合理，有一批课程存在的意义非常小，学生认为这些课程没有学习的必要，学习态度就难以尽如人意。我们的大学还是要从严治学，如果一个学院以"严格"出名，就能为老师严格要求学生创造条件，老师就能坚持正义。老师在自身的教学中也要有艺术，比如，在第一节课上讲清楚对学生的要求，"愿者上钩"。在教学过程中，有节奏地引导学生以较高的标准要求自己，使学生不至于对老师的教学产生反感。习惯成自然，把学生的习惯改过来了，教学改革就成功了一半。

教师丙：您讲的知识逻辑的问题，我深有体会。一方面，我们要教一些基本概念和原理，这是非常重要的。另一方面，关于职业逻辑，也需要我们教一些生动的案例。我们学校有一些老师讲课非常有趣，我也曾经向这些老师请教过。他们说："你回去看一下脱口秀，其实是一样的，我们讲课也是一种表演。"其实之后想想，这些生动的课除了有趣之外，好像自己也没有从中学到很多东西。另外，我认为，是不是我们华东师范大学的学生要按照学科逻辑来授课，而一些职业类大学的教学则要按照职业逻辑来授课呢？这两方面怎么去平衡？

别教授：这两个问题非常重要。对于华东师大的学生来说，虽然有一部分学生需要职业和应用，但课程的设计大多数遵循学科逻辑，因为华东师大培养的主要是研究性和理论性的人才。所以，课程的学科知识体系很严谨，原理方面的内容会比较多。而一些"二本"院校，更多的是培养应用型人才，教学要求就不一样了。在前一类院校，"教、学、做"中的"做"更多体现在实验室中，而后一类院校的"做"是体现在实训中心和工程中心，甚至是生产现场。这两类教学的要求差别很大。前一类大学的老师要教得很严谨，后一类大学的老师需要注重学生的实践能力培养。两者都需要用一些幽默的表达来激发学生的兴趣，但是，脱口秀式的教学并不是最重要的。最重要的是掌握课程教学的逻辑和目的。很多优秀的老师在上课过程中的表达并不是幽默的。现在，很多学生喜欢一些幽默的表达，喜欢一些贴近他们生活的语言，无可厚非。作为老师，我们要尽力而为，但严谨还是最重要的。相比之下，华东师范大学的学生水平是比较高的,而一些二本、三本大学学生的学习能力可能问题更多一些,这就需要老师在课程设计的时候了解学生,有的放矢。

教师甲:我非常赞同别老师的观点。我们主要做教师的培训,我有这样的感受:一些老师严谨的教学并不能引起学生的兴趣和关注,反而一些哗众取宠的老师因为迎合了授课对象而受到欢迎。虽然这些老师的教课现场很热闹,但是,实质上,他们可能是用华丽的语言来掩饰他们专业知识的不足,课程教学并没有什么实质性的内容。

别教授:还有一点,我们培训老师不能只要求他们会讲就行。我们不是在培训演讲者。要让他们学会设计学生的活动,设置学科知识融会贯通的教学活动,因为老师同时也是课程的设计者和组织者。

教师丁:我有个问题。我认为,我们在课程教学安排中,课程安排太满。但只有这样,学生才能拿到足够的学分。所以,老师布置作业以后,学生每天很晚才能完成作业,怎么办?

别教授:学生在大学是比较固定的,与知识的增加相比,学时永远不够。在这种情况下,如果所有的课程都按照我们要求的难度来教学的话,教学改革是进行不下去的,因为它需要增加学生很多的学时。显然,这又是行不通的。所以,教学改革要两手抓:一手抓减课程门数,减少课内学时,这样就把更多的时间腾出来,还给学生,以便于他们自主学习;一手抓课程教学改革,增加课程学习的难度和挑战度,提高每一门课程教学的质量。前者主要是学校要做的事情,而后者则是我们能够大有作为的事情。我们要把培训的老师培养成为第一批教学改革者,让他们引领改革,使越来越多的老师进行课程教学改革,进而推动整个学校的课程教学改革,形成良性循环。我们需要一些教学改革的种子,要特别注重青年教师的教学改革,向青年老师传授新的教学理念和教学设计方法,让青年老师首先做起来,成为教学改革的先锋。

教师乙:我认为,现在学习方式有很多变化。很多学生把大部分的课堂时间花在手机和电脑上,不过,也有学生是在学习。厦门大学的学生是否也存在这个问题?

别教授:这是这个时期我国大学生共性的问题,在厦门大学的课堂上也是存在的。尽管这种现象的存在有客观原因,但无疑是不符合时代发展要求的。正因为如此,教师的课程设计意义重大。照本宣科,讲授教材上的内容,想拴住学生的注意力是很难的。

教师戊：我认为可以将现代科技应用于教学。当老师需要同学用手机查阅一些资料的时候，可以让他们使用手机。

别教授：这也是一种教学设计。教师应当善于利用现代科技手段辅助教学，如何利用却需要好好设计。有的大学要求学生上课时将手机集中管理，这是一种人为地将现代技术手段与教学割裂的做法，据说这样做的学校并非个别。手机对课程教学是福还是祸，这个问题需要教师有理性的态度。如何在课堂教学中用好手机，使手机成为学生学习的伙伴，还需要教师在实际教学活动中进行积极的试验。

教师己：您刚才讲到教材的延伸问题。但是，现在每学期学校给学生安排7到8门专业课，我们布置作业和进行延伸都很为难，怎么办？

别教授：我国大学对学生每学期的学习量关注不够，所以，为了完成人才培养方案对总学分的要求，每学期为学生安排的课程门数过多，客观上给教师的教学改革增加了难度。但也并非没有改革的空间，因为现在大多数课程的教学还是比较传统的，对学生学习的要求主要是学习和掌握教材上的内容。在这种情况下，部分教师在课程教学中开展改革，还不至于给学生增加太多的学习负担。但可能开始的时候学生会不太适应，会有些意见，教师应当做好心理引导工作。部分教师的课程教学改革可能成为学校教学改革的破冰之旅，倒逼学校对人才培养进行全面改革。从这个意义上讲，教师个人教学改革的意义不只在于教师本人的课程教学上，对大学教学整体改革还有示范和推进意义。

第七讲

增加课程内涵：高校人才培养模式创新的根本 [①]

　　课程内涵，看似一个微观的小问题，实则意义并不小。改革开放以来，为了提高人才培养质量，提高学生素质，高校做了很多的改革，比如，学分制改革、双创教育改革、开设通识课程，还有推行慕课，等等。可以说，所有这些都是在进行结构性改革，或者说是形式的改革，效果怎么样？质量和水平有没有变化？这个问题恐怕是很多人缺少关注的。一些高校领导、部门领导在做教学改革的时候有没有考虑到这些改革改下去以后，是不是真的产生了实际效果？这个实际效果应该通过什么方式体现出来？应该体现在什么地方？这些问题是检验改革效果绕不过去的。改什么东西、怎么改是一方面，究竟改的是什么，最终影响什么，这些问题我们需要去关注。至于改了什么，影响了什么，从高等教育的整体来看，有第一课堂方面的，也有第二课堂方面的。不管第二课堂的作用有多大，我们都不能忽视第一课堂的作用。有人讲，课外活动多，课外活动好，学生获奖很多，就代表学校的人才培养质量。这些可以讲是一种质量，但是，如果课堂教学、课程教学没有实质性的改革，没有根本的改变，没有提高质量，可以说，这个改革不是成功的，而是失败的。高校人才培养的主渠道不成功，则高等教育难言是成功的。所以，课程教学问题，应该受到更多的关注，但恰恰就是在这一点上，高校可能并没有予以应有的关注。

[①] 本文是作者 2017 年 8 月 19 日在"创新·融合·发展，环渤海高校本科教育质量提升高峰论坛"上的主旨报告的文字整理稿。

要提高人才培养的质量，最核心、最关键的是增加课程内涵。这里将围绕课程内涵的有关问题谈点个人浅见，以求教于各位专家、学者和领导。

一、高校课程的内涵

简单地说，课程就是学校课表上的东西。但这是从纸面上讲的。从理论上讲，课程（curriculum）的本意是指跑道。跑道是什么呢？从起点到终点，这是一个过程，也就是说课程是一个过程。那么，在学校里讲人才培养，课程是什么呢？它就不只是在课程表上开的课程，或者是人才培养方案中的课程体系，它是由一门一门的课程根据一定的原则和要求所构成的一个体系，通过教学开出来，予以实施直到最终完成。这就是一个完整的课程概念。因此，我们可以把课程理解为：为了达到一定的教学目标所设计的一系列教学科目和活动，以及所有教学科目或活动的实施过程。通常人们以教学科目指代课程，我们可以将它理解为狭义的课程概念，而将为了实现教学目标所设计和开展的所有教学活动称为广义的课程概念。

（一）课程的内涵和外延

课程的表现形式很多。有显性课程和隐性课程、教学课程和活动课程、必修课程和选修课程、学分课程和非学分课程，还有各种各样的理论课程、实践课程、基础课程、专业课程，等等。课程的形式很多，不管有多少种形式，它都有核心的东西。

什么是课程内涵？大家对课程内涵可能有各种不同的认识，但有两个方面是所有人都无法回避的：第一，课程内涵是高校人才培养过程中师生所开展的知识活动。在高校教学过程中，所开展的知识活动各种各样，从活动主体的角度看，主要包括教师教的活动、学生学的活动和师生的教学互动。这些活动都是知识活动，它们可能有内涵，也可能无内涵；可能内涵较多，也可能内涵较少。第二，师生在教学过程中的体验。经历了一个教学活动，你有什么样的感觉，就会有什么样的收获，这就是体验。所以，这两个方面既相互联系又相互区别，一个是客观的知识活动，一个是主观的教师体验和学生体验。为什么教师还有体验呢？教师不只是教学过程的付出者，其本身也是收获者。所以，教学过程是师生双方的互动过程，在互动过程中一定会有双方的体验。因此，课程的内涵至少有两个方面的含义：一是知识活动，二是师生体验。知识活动和师生体验、有内涵和没内涵或者内涵少、内涵多有什么表现？怎么衡量它，用什么来衡量它？这就需要进一步地、深入地思考。

任何课程都有内涵，而且必须内涵丰富，方能实现其功能。内涵与外延是统一的。什么样的课程是有内涵的，什么样的课程是无内涵的？怎么样叫内涵丰富，怎么样叫内涵单薄？内涵与课程的形式的关系表现复杂而难寻规律，有形式单调而内涵贫乏的，也有形式多样而内涵贫乏的；有形式活泼而内涵单薄的，还有形式新颖而内涵贫乏的。那么，究竟应当如何理解课程内涵呢？要弄清楚这个问题，就要弄清楚什么样的知识活动是有内涵的，什么样的师生体验是有内涵的。

（二）课程中的知识和知识活动

课程教学活动是知识活动。在课程教学的过程中，师生的知识活动都是围绕一定的知识展开的，可以说，有什么样的知识就有什么样的知识活动。这也就是说，知识的性质决定知识活动的方式。换句话说，就是有什么知识就有什么知识活动。那么，在课程教学中，师生会接触和运用哪些知识呢？一般来讲，课程教学涉及三类知识。

第一，书本知识。书本知识是指呈现在各种各样的书籍中由文字记载的知识。不管是教材还是参考书，或者其他文献，所有这些文字记载的东西就叫书本知识。

第二，经验知识。经验知识不在书本知识里面，而是在体验的过程中。教师先体验，有经验，再传授给学生。我们经常讲校企合作，企业的工程师、技术人员指导学生学习，这时，工程师和技术人员所传授的往往并非书本上的知识，而是在工作过程中所练出来的技艺、技巧。大国工匠们都有一些技术绝活，他们的技术绝活在书本上找不到，书本上一般的技术你也看到了，我也看到了，但是，他能做到精益求精，练出绝活来。这就是经验知识。

第三，未知知识。还有一种知识，它既不是书本上的，也不是经验的，叫未知的知识。未知什么呢？这就是一个空间，学生进去探索、教师进去探索，师生共同探索那些尚未被人类所发现的知识。课程教学也包括这类知识，准确地讲，这类"知识"还不能称为知识，它更像一个黑箱，师生进去之后要在黑暗中摸索。

有一种高校课程教学方法叫研讨性教学。这种教学方法的对象可能是书本知识,也可能是经验知识,还可能是未知的知识。从这里也可以发现,高校课程所包括的知识范畴可以很窄,也可以很宽。

知识是高校课程教学的媒介,尽管知识的类型是多样的,不论什么类型的知识,都可以从长度、宽度、高度和深度进行衡量。如果知识的覆盖面很广,可能是内涵比较丰富的,因为这里的知识可能涉及了它从产生、发展到现在,甚至未来,这样的内涵就是丰富的。课程知识也可能很浅,就只包含了某一方面知识,缺少与其他方面的联系,学生所学习的就那么一点,这样的知识既说不上有长度和宽度,更谈不上有高度和深度。这主要是针对书本知识和经验知识而言的,未知知识的内涵不能这么理解。未知知识的内涵主要表现在复杂性和难度上,复杂且难度大的未知知识探索活动是有内涵的,而复杂性弱、难度不高的探索活动也是有内涵的,只是内涵可能显得不足。

(三)师生体验

课程教学是师生共同参与的活动,师生是教学活动的主体,所以,师生体验就是师生在课程教学活动过程中所体验到的有意义的东西。这种体验的强度有多强,是非常强、一般强,还是非常弱,能够反映师生在教学活动中的收获。一般来讲,课程教学活动越复杂,师生体验应该越强烈。课程教学活动不复杂,体验就可能很肤浅、贫乏。那么,什么样的课程教学活动是复杂的呢?从实际教学情况看,当课程知识涵盖了从历史到现实、从理论到实践、从本学科到其他学科的话,这样的教学活动所给予学生、教师的体验就是复杂的,这种体验就是比较强的。另外,课程知识活动的难度越大,师生的体验也会比较强。

概而言之,课程知识活动越复杂越有内涵,课程知识活动越简单越少内涵;课程知识活动难度越大越有内涵,课程知识活动的难度越小内涵越少。从复杂性和难度两方面可以清晰地考察课程的内涵,包括知识活动和师生体验之间的关系。

二、"一本书的大学"

(一)"一本书的大学"的故事

说起"一本书的大学",有一个小故事。前些年,我还在华中科技大学教科院工作的时候，有一天，有位年轻教师从外地一所大学找到我的办公室跟我说："别老师，我想考你的研究生。"我说："欢迎你，大老远跑来不容易，我想知道你为什么要考研究生。"在跟他交流、探讨的时候，他说："我是真想考，现在工作中碰到了一些问题不能解答，想念高等教育学。"我说这样挺好。他说："别老师，你能不能指导一下我看书，我应该看什么书。"我就跟他讲："你现在是一个大学教师，既当辅导员，还要上课，工作任务还是挺重的。你现在这么忙，先把考纲上所列的教材看一看，等你考上我们再说看其他书的事。"他一听就急了，说："别老师我真的想学习，真的想多读点书，你能不能给我指导一下？"见他很诚恳的样子，我就说要真有时间，建议看几本专著。还没等我往下说，这个教师问了一个问题，吓了我一大跳。大家猜猜，他提了一个什么问题。他说："老师，什么叫专著啊？"

这让我想到另外一个问题。有一次，武汉地区一所高校搞教学改革，记者来采访，请我谈谈对这次教学改革的看法。我就问他："你什么时候毕业的？"他回答说，刚刚毕业一年多，差不多两年了。我说："那挺好，你对大学的学习还是熟悉的，还没有忘，我问你几个问题。你能告诉我大学四年一共学了多少门课程吗？"他想了很久，说："我真说不清楚。"我说："我帮你算算，一学期六七门课程是有的，学九、十门课程的同学也不会是少数。"他说差不多。我说："我们就按 7 门来算，8 个学期 56 门，大学四年期间大概要学 50 到 60 门课程，有的学生可能学得更多。"我再问他，在这五六十门课程中，有多少门课程的任课教师在上课的时候要求同学一定要多学一点，除了教材以外，还要看几本书，并列出书单，请大家根据书单去看书？他仔细回忆了之后，说："还真没有几门课，我们主要是学教材。"我说，那就对了。为什么对了呢？我们的大学就是这样教学生的，一门课程、一本教材，学生把教材学完了，考过了，你就拿到学分。你把五六十门课程都学完了，掌握了五六十门教材中的知识，考试通过了你就毕业。第二天记者在《长江日报》发了一篇文章，通栏标题说《别敦荣教授认为"一本书的大学"必须改革》。我仔细看了记者的采访报道，发现他归纳得还真有道理。"一本书的大学"，很形象！这就是我们的大学！

大家也可以思考一下，自己所在的学校有多少门课程是除了教材以外还要学生去看其他书的。在座的有很多高校领导，大家每学期都要去听教师的课，也可以顺便了解一下，教师在课程教学中有没有要求学生扩大阅读范围。曾经有考生向我咨询，说别老师，请参谋一下，研究生考哪个学校好，考哪个老师好。我记得他好像是学材料的，就跟他说："你既然学了快四年的专业了，能不能告诉我你所在的这个专业，除了给你上过课的教师以外，有哪些教师学问做得比较好，他们都有些什么样的成果。"他想了想，说真不知道。我说："你再告诉我，在你这个专业、学科里，哪几个学校的专业比较强、比较好。"他想了一会儿，说不太清楚，就知道自己学校。为什么出现这种情况？结合教学，可以想一想我们对学生是怎么要求的，我们对教师是怎么要求的，学生的这种表现是不是正常的。如果这种反应是正常的，那它所代表的我们的课程教学质量究竟有多高呢？我们的课程内涵究竟有多少呢？

所以，"一本书的大学"这个问题值得我们高度重视。有人可能会说，这样的问题山东大学可以关注，山东财经大学可以关注，山东师范大学可以关注，而我们学校就是一个新建的本科学院，我的学生能够把这一本书学下来就不错了，也要关注吗？这个问题应当启发我们思考，我们要研究课程教学活动，要研究学生究竟应该怎么学。

（二）"一本书的大学"的课程知识活动

"一本书的大学"有什么内涵？师生的体验过程又是什么样的？这个问题大家可以研究。我们可以到学校直接观察、了解，看看我们的教育究竟是怎么做的。提高人才培养质量，如果不落实到课堂上，不落实到每个教师每一门课程的教学过程中去，不落实到每一个学生的学习上，可能是空话。为什么？我们讲在"一本书的大学"中，从教师的角度来讲，教师的教学过程就是备课、教学、批改作业、学生辅导、考试，都是围绕教材这本书；从学生的角度讲，学生的学习过程就是预习、听课、练习、复习、考试，五个环节也是围绕教材这本书。师生的教和学高度统一到了一本书上，目的只有一个，就是让学生掌握这一本书的知识，也就是书本知识。

"一本书的大学"的课程教学活动主要关注的是书本知识，包括书本知识的记忆、书本知识的讲授、书本知识的复习、书本知识的考试，都是围绕一本书来的。所以，教师和学生的教学体验也就在这本书的范围内，基本不涉及经验知识，更少联系未知知识。

（三）"一本书的大学"的师生体验

在"一本书的大学"的课程教学中，师生的体验有什么特点，有哪些值得我们重视的现象？根据我们的调查，以下三点是比较明显的。

1. 教师的体验：重表演功力，职业倦怠多

在"一本书的大学"课程教学过程中，可以说教师主要是在表演。过去教育部评了几届教学名师，通过对全国一、二届教学名师的研究，发现除了教学态度以外，其他方面都是属于表演性的，会表演，也就是会讲、口才好，讲得逻辑严谨、生动有趣、细致入微、通俗易懂，就是好教师。根据我的研究，我国高校课程教学中存在一种影响广泛的教学哲学，就是表演哲学。这种表演性的教学带给教师的体验是什么呢？首当其冲的是教师的厌教情绪。我们大家可以调查一下这个问题。有一些年轻教师，教第一轮的时候还有点紧张感、刺激性，有点压力，教第二轮的时候也还有那么一点点紧张，到第三轮的时候可能就无所谓了，第四轮、第五轮那都是炒现饭、老油条了。这时他还会有职业的成功感吗？还有乐趣吗？有没有老师说："我就特别喜欢这样，我感觉我这样教，就体现出我的价值来了？"有多少教师会是这样的？据调查，职业倦怠感在我们的教师中普遍存在。有调查结果表明，60%以上的高校教师有职业倦怠感，其中有超过30%的教师有严重的职业倦怠感。

2. 学生的体验：沉默的课堂，学习无趣

在"一本书的大学"课程教学中教师是这种情况，学生又是什么样的呢？我想大家应该非常清楚，学生在课堂上是沉默的。沉默得可怕！有外国学者到我国高校研究课程教学，把我国高校的课堂归结为"沉默的课堂"。课堂是课程知识活动的场所，课堂上本来应当充满知识的互动，包括师生相互的智慧碰撞、灵感的激发，这样的知识活动才可能有情感的生发。我们的教学中学生是漠然的，是无所谓的，教师讲什么学生不关心。这样的学习体验恐怕很难说是有内涵的，这样的学习也不可能是有趣味的。尽管了无趣味，学生还是要进入课堂，高校的课程教学是存在严重问题的。

3. 师生共同的体验：交流少、互动少、智慧少、情感少

有学者反映，北京大学1/3以上的学生不知道自己是干什么的。对于自己的学习和未来是茫然的。对未来感到茫然还好理解，因为未来具有不确定性，但对于自己的学习茫然，这个问题就不好理解了。我们说学习是学生的天职，学习也是学生面对不确定未来的武器，学习更是学生生活的主要空间，在其中学生应该遍尝知识活动的酸甜苦辣。但在我们的课堂上，却不见学生的积极参与，看不到他们智慧的火花，见不到他们感情流露，这样的知识活动是缺乏内涵的，这样的教学体验也是非常贫乏的。从师生互动的角度讲，在课堂上师生之间少交流、少互动、少智慧、少情感。对于学校人才培养来讲，这样的教学当然是一个巨大的问题。所以，推进教学改革，创新人才培养模式，要重视课堂教学，重视课程知识活动的内涵。

三、增加高校课程内涵的路径

我国高校课程教学的问题很大，不能继续下去了。我们现在搞"双一流"建设，单靠多发几篇 SCI 文章，不扎扎实实地开展课程教学改革，增加课程内涵，是不可能培养出一流人才的，也不可能真正建成世界一流大学。增加高校的课程内涵，是高等教育改革的核心问题之一。

（一）更新高校课程理念

要改革首先应当明确改革的理念是什么，没有理念指导的改革类同于盲人摸象。开展课程教学改革，首先应当树立现代课程理念。在今天的高校，学校领导、部门领导要关注很多问题，比如，要关注学科专业建设问题，关注学校的办学经费问题，关注师资队伍建设问题，等等。除了这些以外，课程怎么上、教学怎么组织、教师和学生在干什么，学校领导也要关注，而且要重点关注、研究。我国高等教育发展到现在，已经成为世界上最大规模的高等教育，在学人数 3700 万人，毛入学率 42.7%，从某些意义上来讲，已接近普及化的水平。根据预测，明年、后年一定能达到普及化的及格线，不用等到 2020 年。高等教育规模发展已经到了这个阶段，应该进入内涵建设阶段。内涵建设已经喊了多年，但实际成效如何？我们要思考是否抓到了点子上。高校领导要研究教学，要研究课堂，要研究学生怎么学、教师怎么教，要研究课程内涵。只有领导关注，这些问题才能受到重视，问题才有可能得到解决。

领导不仅要关注和研究课程，还要有现代的课程理念，解决课程思想观念问题。现代课程理念很多，比如，交叉理念，即一门课程教学与其他相关课程知识的学习之间应当更多地交叉、融合，以培养学生解决问题的能力。我曾经参加一些高校的合格评估、审核评估，去很多课堂听课、调研。根据我的观察，教师大多数是在自己一门课的知识体系范围组织教学，极少或者根本就不去关注其他相关的课程内容。这就导致不管是理论课还是实践课，都是一门一门孤立的课程，也就是一个又一个孤立的知识和技术体系。我们试想一下，学生走向社会以后，他工作中的哪一个问题是完全根据某一门课程知识体系来解决的？在社会生产和生活中，又有哪一项活动是按照某一门课程的逻辑在决策、运行呢？学生学过五六十门课程，掌握了五六十个知识体系，但它们是完全孤立的，有什么用？谁应当来负责将它们有机地组织起来，以便形成学生解决实际问题的能力？难道学生天生就会吗？所以，在教学过程中，应当有一种交叉理念，课程知识之间都是相互交叉的。现代课程理念还有学生主动学习理念、问题导向理念、成果导向理念、学生中心理念等，高校领导和教师要学习和研究这些理念，在课程教学改革中主动实践，以促进课程内涵的增加。

（二）增强教师教学能力

教学改革的难点和关键都在教师。这并不是说领导不重要，领导也很重要，没有领导的重视，教学改革寸步难行；没有领导课程教学观念的创新，就不可能有高校教学的创新。在有的高校，尽管教学改革轰轰烈烈，声势很大，但领导的课程教学观念还是陈旧的，教学改革被导向了落后的方向。所以，领导的作用很重要。但领导毕竟不是专任教师，与课堂教学之间还是隔了一层，领导的作用还需要通过教师的教学才能发挥出来。所以，教师是教学改革的关键。教学改革很难，主要的难点在于教学能力不足，这里所讲的主要是开展现代教学的能力不足。我国高校课程内涵不足的问题，基本上都与教师的教学能力不足有关。因此，深化教学改革，必须提高教师的教学能力。这个问题在以往也关注了，但没有怎么重视，特别是缺少有效的手段和办法。近年来，教育部和很多高校成立了教师发展中心，做教师培训。这对提高教师教学能力是一个比较有效的举措。

做好教师培训，要知道教师需要什么，了解教师教学能力不足主要表现在哪些方面，才能采取有针对性的办法，提供他们所需要的培训内容，组织有效的培训活动。提高教师教学能力，应当特别重视下面几种能力培训。

第一，研究学生的能力。很多教师上课是不管学生的，对着天花板上课，对着窗户讲课，有的甚至不敢看学生。他们"目中无人"，课堂上一个学生也好，二三十个学生也好，七八十个人还是一两百人也好，不管多少人，他们都是那样，完全不管学生。这样的教学已经落伍了。教师要研究学生，要了解学生的知识程度、学习方法、学习难度、学习兴趣、职业理想，等等。只有了解这些，才知道该怎么教学生，才能根据学生的特点去组织相应的教学活动。所以，开展教师培训，要教会教师怎么去研究学生。心理学、教育学有很多成熟的方法和理论，要让教师学，让教师会。

第二，课程设计能力。有经验的教师往往重视课前备课，备什么呢？主要是准备教学内容，过去叫编写教案，现在还要做课件。主要就是这些，然后就去讲。这么备课太简单化了。有人可能会问，不这么准备还能怎么准备？现代课程教学讲究的是课程设计，包括上述备课要求。教师的教学水平主要体现在课程设计能力上，而不是体现在他在课堂的表演上。我们在校园散步，看到这个楼很好、很漂亮，这个楼很漂亮，是盖的人水平高还是设计的人水平高呢？盖楼的人是照着设计图来盖的，只有设计的人有水平，设计出了漂亮的建筑，他才能盖出来。如果设计的人没水平，他就盖不出来。其实，高校课程教学也是这个原理，只是课程教学的设计者和实施者是教师而已。教师不仅要会设计，还要会实施，也就是组织教学。那么，课程设计主要有些什么要求呢？大体包括这样几个方面。

一是设计教学内容。在今天这个知识爆炸的时代，多少课时都是不够的。学生只有四年时间，教师该教什么？怎么教？教学内容应当精心设计，课堂教学时间有限，非常宝贵，不能都用来讲授。凡是学生能看得懂的东西，就不能占用课堂教学时间。要把教学内容设计好，教师要分清楚不同种类的知识，哪些是由学生自己看的，哪些是教师讲解的，哪些是学生小组工作的，哪些是要通过实验或调查来学习的，然后根据不同类型的知识来做好上课的准备。至于教师要讲解的知识，应当是学生理解起来有难度的，是学生不容易找到的。教师的讲解应当更好地服务于学生训练能力、开阔眼界、提高素质。

二是设计问题。教学中应当有问题，而且教师要善于提出问题。现在一些高校要求教师采用互动式、启发式教学，也就是课堂上要有问答。有的教师为了应付这个要求,在课堂上经常穿插提一些"对不对""是不是""好不好"的问题。这样的问题不仅不能促进教学质量提高,相反还反映了教师教学能力不高,甚至是学术水平不高的问题。真正有价值的、有水平的问题不是教师在课堂上灵机一动想到的,而是在课前已经设计好的。在教学设计中,教师要为各个教学环节设计相应的问题,用问题引导教学。这些问题不但可以将教学内容逐次展开,而且应针对不同的学生,能够启发、激发和引导学生的学习。这样的问题才是有针对性的。所以,教师如果重视问题设计,在课前设计好了问题,那么,他进入课堂、开始教学的时候应该是带着一大堆的问题,并在课堂上自如地反映出来。

三是设计教学组织形式。课堂教学组织形式要根据内容和问题来进行组织和展开。那这样的设计也是更有针对性的,课堂上的讲授绝不应该只是课堂教学中的一部分甚至只是少部分。我曾经到国外大学去看他们究竟是怎么教的,我把整个本科教学过程、学哪门课程都体验了一遍。最后结果是,教师一般最多就用一节课的时间来讲授与课程教学里这一次内容相关的知识,讲什么呢?讲学生听不懂、看不懂的,讲学生看不到的,讲学生一般接触不到的,把这些东西呈现给学生。那学生看得到的东西怎么办呢?学生自己去看,自己去读。从这个角度来讲,设计能力就非常关键。用来启发课程实施能力、课程反思能力,这也是需要特别重视的,增强教师教学能力也有很多要求和技巧。

(三)提高学生学习能力

要增加课程内涵,落脚点在学生身上。尽管课程教学是由教师组织的,但目的在于促进学生发展。学生发展分主动发展和被动发展,学生发展不仅与教师有密切关系,更与学生自身的努力及成效分不开。在传统的课程教学模式下,教师大包大揽,包办的太多,几乎把课程教学的所有事情包办了,学生上课就是一个听众、一个看客。要上课了,不需要任何准备,带着教材和笔记本进教室,有的只带教材,更有甚者连教材都懒得带,光带着耳朵就上了。当看客、听众我们不陌生,我们看过了无数的赵本山小品,听过了无数的冯巩、姜昆的相声,但我们成不了赵本山、冯巩、姜昆。原因何在?就因为我们只是在那里听,在那里看相声、小品表演。同样道理,在课堂上,学生当听众和看客能够学会什么？这样的学习有什么内涵、有多少内涵？转变课程教学方式，除了教师教的方式要改变以外，学生学习的方式也要改变，而且要有大的改变。教师的作用就是导演，他不能变成剧务、场记、演员、制作、发行等，这些事务应当是学生的事情。因此，要提高学生的学习能力，解决学生怎么学以及如何学得更有效的问题，这是提高课程内涵的关键所在。提高学生的学习能力，包括学生的主动学习能力、创新性的学习能力，当然也包括学习书本的能力和实践学习能力。

学生学习能力的培养需要有一个过程，需要逐步引导。开始对学生要求多了，他可能做不到，就会适得其反。逐步引导，他就可能慢慢进入状态，慢慢地学会学习了。很多学生会背书、会考试，但是，真正有意义的学习少。学生在考试中做答卷的时候，答名词解释、判断题往往比较在行，答选择题也会，答简答题也还行，但答论述题不会。在本科教学评估的时候，我查阅过很多课程考试试卷，很多阅卷老师心慈手软，给了学生论述题高分。但是，要认真追究起来，那些答卷基本上不应得分。为什么？因为往往没有任何的论述。什么叫论述？论述就是用自己的语言，用自己的逻辑和事实论据来阐明自己的观点。大家可以回去查一查学生的试卷，看看是不是我所说这个样子。

提高学生的学习能力是我们要关注的问题，也是教师发展中心要做的事情。教师发展中心不能只关注教师，还要关注学生。关注教师，只是一方面的工作。忽视了另一方面，即学生，课程教学状况难以改变。我在华中科技大学工作的时候，曾经给学校提建议，那是在2006年、2007年的时候，建议学校成立两个中心：一个是教师发展中心，另一个是学生学业指导中心。学校反馈说："这两个建议提得很好，学校现在准备实施。其中，教师发展中心请你当主任。"我说："我就是个教师，没有资源，没有那个能力。"实际上，我的想法是这个事情做起来难度很大，希望学校领导支持。最后要我做常务副主任，我连续做了几年教师培训。我的一个基本的指导思想，就是要让教师自觉、自愿地参加教师发展工作，要通过中心的培训工作，让教师接触现代教学理念、现代教学技术与方法。要在学校形成一种氛围，由年轻教师开始教学改革实践，在学校形成现代的教学体系。我的想法是把年轻教师抓住了，让他们去影响整个学校的教育教学。现代教学理念和方法是特别关注学生学习的，要让教师善于培养学生现代的学习能力。

（四）改革教学激励制度

教学改革不容易，从事教学改革的人更不容易，对于参与教学改革的师生要予以鼓励和表彰，在学校形成重视教学改革、教学改革光荣的优良氛围。不能光口头表扬，只是给一些精神上的激励，还要有实惠的东西，包括物质奖励、职称晋升、留学进修、提拔重用等。现在很多时候，由于学校整体氛围偏保守，学校的相关教学人事制度改革滞后，教师在进行教学改革的时候，是面临很大风险的。有时不但会使学生因不适应而产生抵触情绪，而且可能在院系同事中产生嫉妒和讥讽现象。所以，学校教学人事制度改革应当与课程教学改革相配套，要鼓励教学改革。要改革学生评价方式，从现代课程教学目的出发，实施形成性和发展性评价，为教师教学改革创造适宜的环境。要通过这些制度改革，在学校形成一种新的教学文化体系，打造学校教学工作的新常态。这是一种教学文化，此处不再赘述。

总的来说，要提高本科教育质量，必须改革人才培养模式，关键在课程，在课程内涵的增加。如果不增加课程的内涵，教学改革很可能是换汤不换药，新瓶装旧瓶，不可能有根本的改善。高校要真正把课程教学改革作为提高本科人才培养质量的核心来抓，提高课程教学改革的地位，高度重视课程内涵建设。现在，高校存在课程的地位越来越低，课外活动、"双创"活动红红火火，课程教学越来越边缘化，不受待见，不受欢迎的现象。学生可以因任何情况请假不上课，学生要参加课外活动，辅导员一批，学生就可以不上课。课程是高校人才培养的主渠道，如果我们把主渠道放弃了，高校也就沉沦了。有一种说法讲，高校要回归本位，我想这个本位应当很明确，就是把课程教学搞好，让课程内涵丰富起来，让师生在教学过程中有成就感。如果把这些工作做好了，高校教育教学可能就回到了正确的轨道，要提高高校人才培养质量，提高高等教育的水平和质量，才有可能，否则都是空谈。

第八讲

美国大学教学模式及其启示 [①]

各位领导、各位老师:

大家好!

今天我们着重谈谈教学改革问题。在高等教育改革与发展的 30 年里,教学改革一直是热点问题。从 1979 年部分大学开始实施学分制、选课制,到现在一部分大学把基础性的文理科教育独立出来,成立基础性的学院,比如,北京大学的元培学院、复旦大学的复旦学院、浙江大学的求是学院、南京大学的匡亚明学院等。这些学院的成立,标志着我国重点大学的教学改革已经进入一个新的阶段。既然教学改革一直处在不断进步、不断发展中,那么,我们的教学模式和过去相比,肯定是有所改进的。那如果我们要问,大学教学、教学模式究竟有多大改进?是否还需要进一步改革呢?很显然,如果只是历时地看问题的话,我们是很难得出富有启发意义的看法的。为了更好地认识我国大学教学模式,我将以美国大学教学模式为例,通过系统地比较中美两国大学教学各方面的情况,看看我国大学教学究竟还存在什么不足。这样,也有助于我们思考未来我国大学教学的改革方向。

对于一个国家的大学教学模式,可以有各种不同的分析方式。今天,我们将从比较宏观的角度,主要从教学理念和人才培养目标、教学计划、教学大纲

---

① 本文是作者 2006 年 5 月 18 日在中国海洋大学本科教育教学讨论会专家报告会上所作报告的文字整理稿。

和课堂教学等方面来讨论大学教学模式问题。

一、引言

最近,一所大学对本科生课堂教学状况进行了一次问卷调查,调查结果让人吃惊。在随机抽取的 608 名从大一到大四的学生中,只有 86 名学生从来没有逃过课,占被调查总人数的 14％;其余 522 名同学有逃课的经历,占 86％。学生到大学来干什么?他们为什么不去上课?难道还有比上课更重要的事情需要他们去做吗?是我们的教学引发不了他们的兴趣,还是我们的教学根本不符合他们的需要?是因为学生自己听不懂,还是老师的教学水平不高?或者是学生都懂了,老师没有能够提供更有挑战性的教学?究竟是什么原因导致了这样的状况?这些都值得我们深思。

关于我国大学教学,有各种不同的看法。遗憾的是,这些不同的看法没有形成交锋,各说各的。这里向大家介绍几种比较典型的观点。首先,杨振宁的观点。杨振宁是一位大家都比较熟悉的科学家,美籍华人,诺贝尔奖获得者,现在定居清华大学。杨振宁曾说:"从教育年轻人的角度讲,中国大学的本科教育非常成功。"他的观点似乎与上面调查所得到的结果有些不相吻合。调查显示有 86％的学生逃课,还是在著名大学。如此之高的逃课率还能成就非常成功的教育?如果属实的话,恐怕也能算世界高等教育的奇迹!我不知道杨振宁说我们的本科教育非常成功的依据是什么,他自己也没有做出更多的解释。

第二,钱学森的观点。钱学森是一位受人尊敬的科学家,从美国回来以后再没有出过国,一直待在国内从事科学事业、教育事业。2006 年 8 月,时任总理的温家宝到医院看望他时,他拉着温总理的手说:"现在中国没有完全发展起来,一个重要原因是中国没有一所大学能够按照培养科学技术发明创造人才的模式去办学,没有自己独特的创新的东西,老是'冒'不出杰出人才。"我想钱学森讲这个话也不是空穴来风。按照他的观点,北大也好,清华也好,我们没有一所大学能够按照培养科学技术发明创造人才的要求去办学。杨振宁说我们非常成功,按照常理,既然非常成功就应该有成功的模式,应该有我们的经验,但钱学森说我们没有一所大学的办学模式是成功的。

第三,丘成桐的观点。丘成桐也是一位著名学者,美籍华人,哈佛大学教授,数学家,菲尔兹奖获得者。他讲:"以目前国内的本科教育模式,不可能培养出一流人才,中国大学生的基础水平,尤其是修养和学风在下降。甚至连一些院士的文章,都不如美国哈佛大学毕业生的论文水平。"后面这句话我们姑且不去谈它,但他讲"以目前国内的本科教育模式,不可能培养出一流人才"是值得我们注意的。杨振宁说我们的本科教学非常成功,丘成桐恰恰相反,说国内的本科教学模式不可能培养出一流人才。我们大家是经过国内的本科教学模式培养出来的,对我们的教育教学有切身体验。常言说,没有比较,就没有鉴别。关起门来看,我们的总是最好。那么,对照先进的、发达国家的大学,又该如何来认识我们的本科教育呢?

目前,在国际上,从高等教育的发达程度、国际影响力和竞争力来看,美国大学无疑是首屈一指的,就像 19 世纪的德国大学一样。在 19 世纪,人们考虑去国外留学的时候,愿意到德国大学去;如果到不了德国大学,到英国、法国的也可以;实在不行去美国、日本也还行。20 世纪中期以来,要出国留学,进行国际学术交流,首选是美国,其次才是欧洲。如果美国去不了,欧洲也去不了,去澳大利亚、加拿大、日本也行。可以说,美国高等教育现在仍然是国际高等教育的典范。所以,我们考察美国大学教学模式,有一定的典型意义。

二、美国大学教学模式

美国大学的历史比美国还长,这在世界上恐怕也是绝无仅有的。美国大学并不是一开始就那么声誉卓著。事实上,当 1636 年哈佛大学建校时,它不过是一所具有中学水平的学院。经过近 300 年的发展,美国大学在长期的教育教学实践中不断改革、不断完善,逐步强大起来,成为世界上独领风骚的高等教育体系。

(一)美国大学教学理念和人才培养目标

从美国大学的教学理念看,其认为,受过高等教育的人应当是有教养的人,应该是有知识,具备学术技能,且善于思考的人。这是他们的基本观点。就知识而言,除了专业知识以外,还要有广阔的知识面,也就是在具备广阔的知识面的基础上掌握高深的专业知识;学术技能包括操作技能和价值判断技能。操作技能一般指专业上的直接操作能力,价值判断技能是在一定价值观的指导下进行逻辑推理、科学思维的能力。操作技能包括语言表达与交流、分析方法，等等。无论是知识还是技能，它所包含的内容，既有专业性的，也有一般性的；既有操作性的，也有观念性的、理念性的。

哈佛大学本科生院是美国本科生教育的龙头学院，是哈佛大学最具有影响力的学院。它的一举一动很受关注，它的院长往往是著名的教育家。其前任院长亨利·罗索夫斯基，是美国高等教育界很有影响的学者。他认为，"当代一个有教养的人，必须能够清楚而有效地思考并作出书面表达，应该能够对文学和艺术、历史、社会科学、哲学、分析作出批判性评价，掌握在自然科学和生命科学方面的数学与实验方法，对其他文明和其他时代的知识有所知晓，应当对于伦理道德问题有所认识，应当在某些学科上具有高深的知识"。也就是说，一个受过高等教育的人不仅要会思维还要会写作，不只是要有知识，还要能够做出评价，有科学的思维，具备科学的操作技能，要有宽广的知识面，能对涉及自尊、社会、专业等各种伦理道德问题做出明智的判断，还要有某些学科方面的高深知识。这就是亨利·罗索夫斯基认为的一个有教养的人所要具备的素养和品质。

这些教育教学理念又是如何影响大学教学的呢？这里有一个中介，通过中介来发挥影响。这个中介就是培养目标。这里我想向大家介绍几个具体的大学案例。需要说明的是，这里我不想进行全面介绍，只选取了这些大学培养目标中最具特色的内容。哈佛大学的培养目标是要培养学生"具有出众的学术才能、非凡的个性魅力、卓越的领导才能、创造能力和体育特长"。斯坦福大学培养学生要"要敢于开拓进取，不要成为其他大学没有出息的膜拜者"。为什么斯坦福大学要这样定位呢？因为斯坦福大学是后起的，它真正出名是20世纪70年代以来的事，相比那些老牌大学，它的历史不算长，所以它要求学生不要成为其他大学没有出息的膜拜者，要有危机意识。麻省理工学院要"培养学生具有掌握和应用基本原理的能力及解决多方面问题的才智。只有这样的学生，才能顺应科技迅猛发展的变化"。这里我们可以看到麻省理工学院与哈佛大学在培养目标上差别很大，很明显，麻省理工学院更注重专业化，更注重科学人才的训练。加州大学伯克利分校对学生的要求是，"特别重视对原理的探讨，尤其对思考过程的探讨，这远远重于对标准答案的追求"。也就是说，伯克利分校更侧重于学生科学思维方法的训练。

上面所列举的是几所大学的培养目标，现在我们再看一个学院的人才培养定位。斯坦福大学经济学本科人才培养目标定位，除了学校的一般性要求外，专业教育要达到：一是"熟知现代社会各类经济现象"，要对实际的经济问题有了解；二是"掌握分析经济问题的技能"，要学习经济问题分析方法；三是"具有评估公共政策的实际才能"，经济问题是公共问题，特别是公共经济政策问题。这种目标定位既考虑了毕业生今后在工商界、教育界、法律界和政府部门从事实际工作所必备的基本的知识和技能，同时也考虑了他们在相关领域进一步深造所需要的条件。所以，它的经济学本科人才的适应面是很广阔的。

（二）美国大学教学计划

教学计划是落实人才培养目标的重要手段。从一般意义上讲，美国大学教学计划和我们的差不多，大致也主要由核心课程、专业课程和任意选修课程组成。核心课程在有些大学里也叫学校基本要求课程，或通识教育课程。核心课程，英文叫 core curriculum，是每一个学生都应当选修的课程领域。各大学对学生应当修什么课程并没有具体的要求，只有原则性的规定。美国国家人文基金会曾经向各大学推荐了 50 个学分的核心课程，所包括的领域有：文化与文明、文明的起源、西方文明、美国文明、其他文明、外语、数学、自然科学基础、社会科学与当代世界。从这份核心课程领域可见，美国把文化和文明看得很重，这方面学分所占比例很大。

那么，具体的大学对课程学分的要求，包括对核心课程、专业课程和任意选修课程是怎么分配的呢？

加州大学伯克利分校是美国公立大学的领头学校，是美国排行前 20 名的大学中唯一的一所公立大学。加州大学是一个系统，这个系统有 10 所大学，都是公立的研究型大学。其中，伯克利分校排名第一。伯克利分校本科教学计划总学分的要求是 120 个，其中，文理学院要求至少 60 个学分。文理学院教育类似于通识教育；专业学院要求最后所修的 30 个学分中的 24 个，至少分两学期完成。也就是说，学生在第四学年修满 24 个专业学分，就算这个专业的毕业生；在 120 个学分中，要有 36 个高年级（三、四年级）的学分。学校把课程分成一、二年级课程和三、四年级课程，也就是低年级课程和高年级课程。低年级课程相对来说容易一些，高年级课程要难一些。规定一定要修多少高年级学分是为了避免一些学生投机取巧去选简单的、低年级课程；在 36 个高年级学分的课程中，要有 6 个非本系课程学分。本系课程都是专业课，要求学生到外系去修其他的课程学分,是为了拓展学生的知识面,开阔学生的视野。综合来看,伯克利分校在本科生的 120 个学分里面只要求 24 个专业学分,就专业教育与基础教育的关系而言,可以看出它是侧重于基础性的本科人才培养的,专业教育的功能只是为学生将来的发展提供某种可能。

弗吉尼亚大学是一所著名的、排位仅次于伯克利分校的公立研究型大学,而且它的建校还非常具有戏剧性。它的本科教学计划总学分也是 120 个,文理学院要求 102 个学分,也就是说它更注重基础教育,更注重学生非专业方面的发展;专业学院要求 18~30 个学分和不超过 12 个学分的专业相关课程,这是指最低只要修 18 个专业学分就可以了;专业课的学分必须是本校的;核心课程要求 30 个学分,涵盖 5 大领域:社会科学 6 学分、人文科学 6 学分、历史 3 学分、非西方文化 3 学分、数学和自然科学 12 学分。任意选修课 40 个左右的学分,在 120 个学分中它占 1/3。从弗吉尼亚大学关于本科教育学分的要求与分布看,它特别注重文理学院和任意选修课的教育。

阿肯色大学小石城分校,1927 年建校,它的历史相对较短,也是一所不错的公立大学。该校本科教学计划很有特点,它要求的总学分是 124,最后 30 个学分应是本校课程,至少 45 个学分是高年级课程。函授课程学分不得超过 15 个。除主修专业外,每个学生要选择一门兼修专业。核心课程要求 44 个学分,主要分布在写作和口头表达、数学与统计、实验科学、艺术、世界人文科学、世界史、美国传统等领域。

通过上面几所大学的教学计划要求我们可以更透彻地理解学分制的本质。我国一些大学在教学改革时面临的一个困境,就是找不到实施学分制的方向,有的实行"学年学分制",有的实行"完全学分制",有的实行"个性学分制",还有的实行"能力学分制",等等。根据美国大学教学计划的学分要求和分布,我们大致可以对学分制进行一个总结:第一,一般来讲,美国大学的学制是四年,所有的学分都要在至少四年中获得。那么,一个学生两年、三年毕业可不可以?一般来讲是不允许的。因为这样的话,美国大学就收不到学费了。当然,这也不只是涉及学费的问题,它涉及学生是不是受到了足够的大学文化的熏陶,学生的学习量是不是达到了要求的问题。有人会说:"我的修课达到你的学分要求不就可以了吗?"在我们的大学里,学生一学期可以修 20 个左右的学分,确实两年多、三年就可以修 120 多个学分。但是,在美国大学里,这是不可能的事情。第二，有总学分的要求。实行学分制的大学，有关于总学分的要求。但这并不是大学学习要求的全部，这只是计算学分的学习量要求，各大学还有很多不计学分的学习要求。第三，有文理学院学分的要求，即核心课程的学分要求或基本要求。第四，有专业学分要求。第五，有最后所修学分的数量与学期要求。第六，有高年级学分要求。第七，有高年级学分中非本系学分要求。第八，有任意选修课程学分要求。第九，有本校学分要求。第十，有函授或网络课程学分要求。第十一，有兼修（辅修）专业学分要求。第十二，有每学期或学年最低学分要求。第十三，有每学期或学年最高学分要求。总之，美国大学学分制的内涵是十分丰富的，它有着十分广泛的适应性。尤其这里提到的最后两个要求，每学期或学年最低学分要求、每学期或学年最高学分要求，就把学生"捆绑"在大学里面了。学生既不能提前毕业，也不能无限制地推迟毕业。

下面我们具体地说说哈佛大学的例子。哈佛大学是世界上著名的大学之一，它的教育不止影响了美国，对世界高等教育也有着重大的影响。哈佛大学本科教育提供文学士和理学士的教育，它不实行学分制，实行的是课程门数制。它要求学生在四年中修满16门完全（学年）课程，或者32门学期课程。以学期课程计，一个本科学生，必须修满8门核心课程，占到了全部课程要求的1/4；13~16门主修学科课程，占全部课程要求的一半或接近一半；其他还有1/4或更多的课程是任意选修课程。核心课程由7大领域11大模块近200门课程组成，包括外国文化、历史研究A、历史研究B、文学艺术A、文学艺术B、文学艺术C、道德推理、定量推理、科学A、科学B、社会分析等模块。学生在住校学习前完成从7大领域中的8门课程的学习。

下面我们以"应用数学"专业为例看它的专业课程要求。在该专业简介上有两个英文词Honors Only，说明它只授予"荣誉学士学位"。我们可能听说过荣誉博士学位，就是没有在某大学念博士，但他是名人，为了表彰他的成就，也为了与他搞好关系，不能直接授予他"博士学位"，就授予"荣誉博士学位"，也就是一个象征性的学位。但荣誉学士学位却不是象征性的，他是一定要念书的，而且必须念好，学习成绩都要"优"才能拿到这个学位。与"荣誉学士学位"相对的，是"普通学士学位"。在有的大学，对优秀的学生授予"荣誉学士学位"，对一般的、仅仅及格的学生，就授予普通的"学士学位"。这两种学士学位到了社会上，用人单位的态度是不一样的。

"应用数学"专业的课程要求是 16 门。16 门课程是这样分配的：第一，在微积分、线性代数、微分方程等领域选修四门课程，其中，数学 1a、数学 1b 两门课程是必修的，从第三门课程开始，就可以选择应用数学 21a 或数学 21a 以及应用数学 21b 或数学 21b，另外还可由其他相关的课程来代替。第二，在分析和代数两个领域选修三门课程。分析领域的课程有应用数学 105a、应用数学 105b、应用数学 147 或数学 112、数学 113、数学 115、数学 118r；代数领域的课程有应用数学 106、应用数学 107、应用数学 120，或数学 121、数学 122、数学 123、数学 152。这两个领域没有规定具体课程，只提供了两个范畴的选项，由学生选择。第三，在统计、计算和物理学三个领域中选修三门课程。第四，在一个专门领域选修五门课程。这是一套组合课程。第五，应用数学 91r 或应用数学 115 或一门高级技能型课程。从"应用数学"专业所要求的 16 门课程来看，除了两门课程是指定必修的以外，其他 14 门课程，学生都是有选择的。由此可知，专业课程并不完全是指定的，可以有选项，而且选择性非常大。

由此可知，在美国大学教学计划中，灵活性几乎无处不在。同一个专业同年级的学生所修的课程，可能绝大多数是不相同的。可能这门课程跟"你"相同，但跟"他"不同，这样，学生就可以有高度多样性的发展，表现出高度的个性化。如果没有发展的多样性，怎么可能有个性呢？给学生提供一套固定的课程，每一个学生都一样，然后，再来提倡培养学生的个性，那不是笑话吗！不是为难学生吗！美国大学在课程要求上就是个性化的，或者说是为学生个性化发展留出了足够的空间，学生所选修的课程是自己爱学的，自己想学的，在学习过程中，他就很自然地完成了个性化。也就是说，他的个性化是在日常的教育教学过程中培养出来的或者形成的，而不是另外强加的。那种在课堂上培养共性，到课外活动中培养个性的做法，割裂了教育的内在逻辑，不符合教育规律。

（三）美国大学教学大纲

教学大纲是基本的教学文件，是开展教学活动的依据。我们的大学也有教学大纲，我们的老师都编写过教学大纲，我知道大家编写了教学大纲后是要交给系主任、院长，是要在教务处存档备查的，大家有没有将它发给学生？我看到有的老师在摇头。按我的理解，我们的教学大纲是老师、院系用来对付教务处的，它就是一份教学行政文件，不是用来为学生服务的，也不是为教学服务的。在这一点上，美国大学与我们的做法差别很大。他们的教学大纲是用来为教学服务的，这是个基本的理念。教学大纲是教学工作、教学过程、教学活动的基本规范，是具有约束性的，不是由学校的教务处来约束的，而是由师生来共同约束的。通过教学大纲，学生才能知道教师是否按照教学大纲教学，教师才能知道学生是否完成了教学任务，从而形成相互约束。另外，教学大纲是为学生学习服务的，是学生学习的指南。它又是如何成为学生学习指南的呢？

每一门课都有详细充分的教学大纲。教学大纲的内容大致包括课程教学目标、教学内容、学习要求、教学方法、考核要求、教材、参考书目、参考资料和每一次课的具体教学时间安排等。就教学内容而言，美国大学在教学大纲中有具体的规定。一般来讲，一门课所列出的教材在两本或者两本以上，一本教材的情况比较少见；参考书少则五六本，多则几十本；还有教学参考资料，每一门课都会有厚厚的一本各种专业期刊文章和有关学术著作章节的汇编。这些材料都是教学大纲中要求学生在教学中必须学习的。从美国大学教学大纲关于教学内容的要求可以看出，在美国大学要学好一门课意味着学生要把这门课所涉及的学科领域弄得滚瓜烂熟，对这个学科的来龙去脉、各种研究课题、学科的研究进展、趋向、难点、热点等都要有了解，对这个学科的各种学术思想、重要学者及其学术贡献等能够熟知。这就不只是教材上面的那点知识了。有这么多内容，教师要求了，学生是不是可以不看呢？在我们的大学里可能是可以的，但在美国大学是行不通的。为什么不可以呢？难道教师还会一个一个地去检查，去逼着学生学习吗？这一点后面再说，我想先给大家介绍我碰到的几件真实的事情。

某大学一位教师找到我，说想考我的研究生，要我给他指导一下。于是，我对他讲，如果有时间的话可以看几本专著。还没等我说下去，他就问我："老师，什么是专著啊？"作为一位大学老师，他不知道什么叫专著，他还不是从一般大学毕业的，而是一所重点大学基地班的毕业生，居然不知道什么是专著。不管大家相信与否，这是事实！我们也可以回忆一下自己的大学教育经历，当时有老师要求我们看专著吗？我们自己主动地去读过专著吗？我们的学习需要看专著吗？教师不要求学生读专著，学生也不需要读专著，这是我国大学教育的一个特点。在美国大学里,教学参考书要包括这门课所涉及学科领域的所有主要专著。我修过的一门课就有 36 本专著。

经常有学生来向我咨询,让我给他建议考哪所大学的研究生好。凡这种时候,我都让他们告诉我在他的专业里,全国有哪几所大学的哪些老师做了哪些研究,他们读过哪些教授写的哪些书比较有启发。结果,他们的回答往往是只知道给他们上过课的一些老师,只读了老师推荐的几本教材,对其他方面的情况往往一无所知。这是我们的大学教育的一个结果。我们的本科学生学了那么多课程之后,他不知道自己的专业领域里有哪些重要的学者,不知道哪些学者在自己的专业领域里做出了有价值的贡献。他们只知道教材上的知识,只了解给他们上过课的老师,对整个学科、领域的其他情况一无所知。这样的教学,这样的学习,究竟有什么质量?

在美国大学里,教师上第一次课的时候就会把教学大纲发给学生,人手一份,教学大纲上写明了每次上课的时间、地点、主要内容、需要解决的主要问题以及学生需要阅读的文章和书目,包括专著的章节、参考资料上的文章、教材的相关章节,每次课的教学内容后面都列有一份 reference,每一次课要解决的问题、要研究的课题、要提交的作业在教学大纲里也有明确的要求。所以,学生想偷懒很难。教学大纲上的这些要求,学生可不可以不理睬呢?那是绝对不行的。为什么呢?美国大学的考核与我们不同,它不只是有期中、期末两次考试,平时作业占的比例比较大,几乎每周都要提交作业。教学大纲中有每周学生必须解答的问题,必须做的研究,必须写的论文,要是不写不交,那就是没有作业,没有平时成绩。每个月还会有各种形式的测验,也是要记成绩的。课堂上学生的表现和作业也要计入考核成绩。这样,学生是难以蒙混过关的。要是学生想去干其他的事情,不花时间学习,书读不完,作业做不完,他是学不好的。所以,美国大学生学习起来还是挺辛苦的。

(四)美国大学课堂教学

课堂教学是大学教学的主渠道,美国大学也不例外。美国大学比较公认的良好本科教学有七条原则:第一,鼓励师生间的交流,师生之间要交流起来,而不单纯是老师教学生;第二,发展学生间的交往与合作,学生之间要合作学习、团队学习;第三,鼓励学生主动地学习;第四,给予学生及时的反馈;第五,强调学生必须花时间用功学习;第六,对学生寄予厚望;第七,尊重学生多种多样的才能与学习方法。这些原则对各大学教师的教学有着重要的指导意义。

那么，在教学实践中，教师在课堂上又是怎么做的呢？在美国大学，一般来讲，教师不会像我们那样，紧紧地围绕教材的章节目录来讲授有关内容。每一次课他都会根据学生的情况和教学进程对教学内容进行再组织，对于教材上的内容，他更多是做一些指导性的讲解，尤其是对一些难点和学生提出的问题进行重点讲解。教师除了要求学生看教材、教学参考书、教学参考资料外，几乎每节课都会再抱一摞材料过来，发给每一个学生，并讲解这些新材料上的东西。这些新材料往往是一些最新的研究成果、期刊上最近发表的文章，或是报纸等媒体上所报道的一些相关案例和事件。总之，他是不会照着教材目录，从第一章第一节第一目第一个概念开始循序讲解，不会按部就班地讲解各种知识点、要点等。

我参加了一些大学的本科教学工作水平评估。借这个机会，我分别听了一些中国教师和外籍教师的课，两相对比，发现中国教师和外籍教师的授课方式存在重要差别。主要体现在中国教师上课都是一个模式——照着教材讲解；可几乎没有一位外国教师是照着教材来讲的，但他们讲解的内容又不脱离教材。教材是让学生去看的，教师在课堂上是要讲学生看不到的、想不到的、听不到的、不理解的；学生能够看到的、能够理解的、能够懂的，他们就不讲。所以，教材只是课堂教学的辅助材料，绝不是用来限制教师和学生的。

在美国大学，教师比较喜欢小班教学，班额通常在 20~30 人，多的也不超过 50 人。不过，也有大班教学，像核心课程或通识课程，大班相对比较多，100 多人、200 多人的都有。教师上课比较喜欢组织研讨式教学。什么叫研讨式教学呢？在美国大学的课堂上，一般也是一次两节课连续排，一周一次课，两个课时。教师上课一般是讲大半节或一节课，另外一个课时他就不再讲了，而是引导学生做 team work 或 group work，就是小组工作，或由学生来做 presentation，就是学生来做研究报告或者调查报告等活动，或者是答疑，上一次课学生看书、解答问题时还有什么不懂的，到课堂上提出来，教师会据此组织讨论或讲解。几乎每一次课都有团队活动、小组活动，除了课堂上有以外，教师还安排学生课外去做专题调查研究，也都是以小组的方式进行的。所以，美国大学教学特别强调合作学习、团队活动，重视在合作学习、团队活动中使学生不知不觉就培养起合作的精神，学会团队合作的方法。从这里我们可以看出,这些教师是很精明的,很会"偷懒",两节课都讲,他不是更辛苦吗?所以,他就"偷懒",只讲一个课时,另一个课时由学生来唱主角,由学生来表现自己。教师会在课堂上观察谁没有参与进来,然后把他引导到小组工作中来。

实际上,在美国大学,学生的学习积极性是非常高的。为什么呢?因为一周跟教师见面的机会只有那么一次,而且上课他还只讲一个小时,如果这个时候不抓住机会,把自己的问题提出来的话,错过这个机会,再去向教师请教,再去交流就比较困难了。你要去约、去谈,教师有他自己的时间安排、活动安排,他有时间才接待你。所以,学生在课堂上往往非常活跃、非常积极,利用上课时间来表现自己。

另外,在美国大学,似乎有这样一个"潜规则":学生要是不会提问题的话,教师就不会讲课。学生提不出问题,教师就不知道什么东西学生懂,什么东西学生不懂。究竟学生需要什么,教师不知道。在这种情况下,他可以有两种判断:第一,学生可能什么都不知道;第二,可能学生什么都知道。出现第二种情况的可能性不大,因为要是这样的话,那就不会有学生了。因此,教师就会认为只有一种可能,即学生什么都不知道。如果这样的话,教师就会讲一些最基本的,讲 ABC,要为学生启蒙。这样一来,学生又会不高兴了,因为教师讲的内容自己似乎都懂了。于是,教学矛盾就出现了。这种情况在我国大学课堂上太普遍了,教师在上面讲得口干舌燥,学生在下面昏昏欲睡,因为学生认为"老师讲的我都懂"。

对于学生的发展而言,课堂教学的作用是多方面的。就拿学生的表达能力训练来说,在美国大学,每一个学生都有表现自己的机会,都有自由地表达自己思想的机会,而且这样的机会不止一次两次,从整个教学过程来讲,它是贯穿始终的。每一门课程的教学不只是教给学生学科领域的知识,而且要训练学生的语言表达能力。教师会给每一个学生提供各种各样的提问题、发表见解、参与讨论、作专题报告的机会。这样一来,学生的口头表达能力就成为每一门课程教学、每一个教师都必须重视的"任务"或目标。所以,在美国大学教学活动中,学生不是单纯地学专业知识、课本知识、知识要点、专业技能,实际上,学生是在追求包括所有各种知识能力在内的其他各方面素质的综合发展。教师的课堂教学都是着眼于培养学生的综合素质,并不单纯专注于所谓的专业学习、知识学习。

三、启示

总结上面所介绍的美国大学教学模式，它能给我们的启发应该是很多的。归结起来，大致有以下五个方面。

第一，大学教育教学的出发点是人，而不是外在于人的其他东西。从美国大学的教育理念、培养目标，到它的教学计划、教学大纲、课堂教学活动，无时无刻不是在把学生当成一个人来看待，是从人的发展、人的需要、人的学习过程的角度来构建教学模式的。

第二，大学教育教学应着眼于长远，服务于学生的终身发展。美国大学重视基础，强调学生要有宽广的知识面、宽阔的视野，强调学生的社会能力发展，如合作能力、口头表达能力、书面表达能力等，这些都是服务于学生终身发展的。

第三，大学教育应有广阔的视野，深厚的文化基础。大学教材上的知识都是现成的，尽管现成的知识有意义，但它的意义是很有局限性的。如果学生没有比较深厚的文化根基，不能从探讨问题的角度来学习知识，不能以知识为基础或者依据来解决现实的问题，那么，知识是没有现实意义的，更不具有未来意义。

第四，大学教育教学应当是高度弹性的，教育过程具有极大的灵活性和可选择性。美国大学教学的选项很多，弹性很大，学生学习他想学的、爱学的、能学下去的，能够根据他的理想和人生目标来设计自己的学习计划，这样有利于学生个性的发展，体现了教育的本来价值。

第五，大学普通教学和专业教学有共同的目的，服务于学生的全面发展是根本目的。大学教育教学不能割裂专业教育和普通教育，应当将二者有机地融为一体。美国大学每一门课都着眼于学生的全面发展，在专业教学中融入普通教育，丰富了教学目的，使教学焕发出生命的活力和意义。

各位老师，上面给大家简要地介绍了美国大学教学模式，目的在于给大家提供一个思维的参照，根据这个参照就可以来分析我们的教学，来判断我们教学的状况。至于我们的大学教育成功与否、质量如何，是杨振宁讲得对，还是钱学森、丘成桐讲得对，我想还是由大家自己来判断。

我要向大家汇报的就是这些内容，不当之处请大家批评指正。谢谢大家！

第九讲

欧美国家大学教学方法的演进与启示 [①]

各位领导、各位老师:

大家好!

非常高兴来到西南财经大学跟大家一起探讨关于教学方法改革的问题。西南财经大学正在推行教学范式改革,我觉得这个概念本身就很有价值,反映了大学教学改革的一种需要。这个问题不管是在国内还是国外,都是受到高度重视的问题。我想在下午的讲座中主要谈三个问题。

一、大学教学中的矛盾

为什么要谈教学改革的矛盾呢?大家都应该看到《国家中长期教育改革和发展规划纲要(2010—2020年)》(下称《规划纲要》),在高等教育部分,除了制度改革要求外,其他表现为对高等教育质量的高度关注,也就是说,《规划纲要》高度关注高等教育质量。如果用最简单的文字来形容这种关注,可以用六个字,前三个叫"高质量",后三个叫"有特色"。这应当是现在和将来一个时期我国高等教育改革与发展的核心指导思想。质量从何而来?过去我们讲通过体制改革来提升质量,通过教学结构改革来提升质量。教学结构是什么?比如,学分制、选课制、宽口径招生、宽口径培养改革等都是教学结构改革的要求。但经过一个时期的改革,我国大学教学结构调整进行到了一定程度,对

---

① 本文是作者2010年4月22日在西南财经大学为全校教师所作学术报告的文字整理稿。

高等教育质量的要求开始更多地深入课堂，更多地针对每一个老师、每一个学生。为此，教学方法改革的意义就凸显出来了。所以，《规划纲要》关于人才培养模式改革，都显示出教学方法改革应该是现在、未来一个时期大学教学改革的重要方面。

说到教学方法，它与教学过程密不可分。教学过程是各种教学要素之间关系的构成方式。教学要素的构成方式不同，教学过程的表现便各不相同。教学要素主要有：教师、学生、知识、时间、教学场所以及教学方法。其中，时间不仅包括学生的在校学习时间，还包括每门课的课时。教学方法是各要素有机融合的关键。教学矛盾主要表现为各教学要素之间的矛盾，概括起来，有五大矛盾。

第一，时间与知识的矛盾。具体表现在时间是有限的，而且是相对固定的，而知识是无限的，且是不断增加的。如何让学生在有限的时间里学好无限的知识，获得必要的发展，是现代大学教学不能回避的课题。人才培养方案是协调时间与知识之间矛盾的重要手段，在一定意义上，人才培养方案就是学生的时间与知识的组合方式。

第二，教材与学科的矛盾。教学的背后是相关学科，有的教材主要以一个学科为背景，有的教材涉及若干个学科。教学中如何看待教材的作用？如何发挥教材的作用？这个问题是教学不能不面对的。每一门课都有教材，教材只是一本书，是根据学生的学习需要、课时的要求，把相关学科领域的知识汇集起来成为一部体系化的书，以便于学生学习，便于老师教学。这是教材的作用。教材背后所涉及的不论是一个还是多个，相关的知识都具有无限性，这是由学科的特性所决定的。很多老师上课只是讲教材，学科意识淡薄，教材以外的知识基本不理睬。这样就构成了教学中的教材与学科的矛盾。

第三，教师与学生的矛盾。师生关系是教学的基本关系，也是一对基本矛盾。在教学过程中，教师是支配学生，还是为学生服务，即教师发挥什么作用，学生发挥什么作用，教师和学生如何相互影响，这是重要的教学矛盾。

第四，教与学的矛盾。教师与学生的矛盾是人的矛盾，而教与学的矛盾更多地表现为方法上的矛盾。学如何接受教的影响，换句话说，就是教如何影响学生？教应当占据什么地位，学应当占据什么地位，它们各自在教学中发挥什么作用？二者之间是有矛盾的。

第五，课堂与课外的矛盾。大学教学不但体现在课堂上，还体现在课堂外，课堂教学时间非常有限，教学任务不可能在课堂上全部解决，必须利用好课外。课堂教学与课外教学既相互联系，又相互冲突。协调好课内与课外之间的矛盾，是教学不能忽视的课题。

这五对矛盾是大学教学过程中的基本关系。协调和化解这些矛盾的思想就是教学理念，作为教师，我们有时候不一定意识到了自己的教学理念，但只要一踏进课堂开始教学活动，我们便开始实践某种或某些教学理念。在我国大学教学中，以下几种教学理念是比较普遍的，对教学过程发挥了重要影响。

一是教师中心理念。在教学过程中，教师是中心，居于支配地位，发挥权威者的作用。学生处于被支配地位，被动地参与教学过程。学生学什么、怎么学、学习有什么要求、怎么考核是由老师决定的。

二是教材中心理念。教师上课就是讲教材，把教材上的东西讲完了，教给学生了，这门课的教学任务就完成了，教学中极少涉及其他相关教学内容。

三是课程中心理念。课程是教学的基本单元，人才培养按照一个个课程单元来展开，课程的理论体系十分严谨，成为师生教学的基本逻辑。

四是'教'为中心理念。教学以教师的教为中心，学生的学服从于教。教师教什么，学生就学什么，教师怎么教，学生就怎么学，学以教为转移。学生的学习缺少自主性，学的要求和过程完全取决于教师的教。

有的人在谈到这些理念的时候，主要讲三个中心，我认为，除了前三个以外，第四个也很重要，尽管它与前三个有联系，但还是有差别的。在四种教学理念的支配下，我国大学教学方法就比较简单了，主要表现为教师讲授，从头讲到尾；学生听讲，将教师所讲授的教材内容记下来。教师讲学生听成为一种基本的、主要的、发挥主导影响的教学方法。这种教学方法带来的后果是什么呢？就如钱学森所说：中国没有一所大学按照培养科学技术发明创造人才的要求来进行教学。人才培养缺乏创新精神和创新能力是这种教学方法造成的主要后果。运用这种方法教学，学生只是学习书本上的知识，而且是死记硬背。过去我们是这样的，现在我们主要还是这样，未来怎么办？难道我们还这样继续下去吗？有人说，"大扩招"之后我国高等教育质量下降了，明显滑坡，我一直不太赞成这个说法。原因何在呢？关键是我们的教学理念、教学方法没有根本的变化。如果二三十年前的教学方法也是讲授、听课、记忆的话"扩招"

以后教学班多了、班额变大了，但教学的目标和过程没有发生根本的改变，教学质量会有很大差异吗？我觉得应该不会差异太大。在课堂上，师生的教学方式都是教师讲学生听，基本的信息传递方式没有改变，也就是知识活动方式不变，多加几排桌椅，增加几个"听众"，不会对教学质量有实质性的影响。当然，有些新建院校师资力量不够，教学条件不足，没有建立办学规范，它们的教学质量可能是不能令人满意的。总之，教学理念和教学方法是影响大学教学质量的关键，应当引起我们的高度重视。

二、欧美大学教学方法的演变

在对我国大学教学方法进行了简要考察后，我们再来看看欧美国家大学教学方法有什么特点。从表象意义来看，在欧美国家也好，在中国也好，大学看上去好像差不多。大学都有校园、教学大楼、图书馆、实验室、培养方案、课堂、教师、学生，按时上课，按照排定的课表来组织教学，学生学完了教学计划达到了要求就毕业。这就是说，基本的办学方式、基本的运行规范是差不多的。在一定意义上说，大学还是有历史底蕴的社会组织，在人类历史上只有大学和教会是永恒的。教会的永恒在于它是塑造人的灵魂的，是保护人的灵魂的；大学的永恒在于它传承文化，发展知识，发展文明，维系人类文明的代际传递。这些都是人类的永恒价值。

大学有800多年的历史。当然，这里所说的主要是欧洲的大学，美国大学有近400年的历史，我国大学只有100多年的历史。在大学史上，它的教学大致经历了三次大变革，实施过四种主要教学的方法。

19世纪初期是大学变革的一个分水岭，此前为古典大学时期，此后为现代大学时期。在19世纪初期以前，大学教学一脉相承，数百年不变，基本上是一个方法。大学教学的使命，主要传承文化，通过教学保存、传承人类文化。因为大学使命很单一，而且知识的发展是缓慢的，知识的增量也是比较小的，所以，教学方式比较单一，就是老师讲授、学生记诵。

18世纪后期，大学开始出现了一些变化。这种变化最先出现在德国的大学中，到19世纪初期发生了一个大的转变，大学开始有了新的教学方法。19世纪初期，由于科学，包括社会科学在大学得到发展。大学开始进行一些知识发展工作，而且知识的发展与人的发展是一体的。这时，德国大学开始通过知识发展人的精神,叫作"理智的训练"。这样还使大学获得了第二个使命,就是科研。科研是最好的训练理智的方法。为此,19世纪初期德国大学提出一个重要的教学原则,即科研与教学相统一。在这个原则下,发展出一种新的教学组织形式,这就是seminar(研讨班)。在研讨班上,教师布置一些问题让学生去做研究,研究完再进行交流讨论。最初,大学的这些研究并不追求其他目的,主要是用来训练学生的理智、修养、品格等。当时,为了达到培养新的人才的目的,德国大学有四条基本原则。第一是科学。学生和教师都要献身科学,以科学为依归,这就是所谓的唯科学而科学。第二是自由。教师是自由的,学生也是自由的,看什么书,研究什么,都没有先验的原则,更没有先验的结论。精神上是自由的,师生自由地探索。第三是寂寞。师生要耐得住寂寞,要不为外界所干扰、诱惑,要沉下心来做学问、做研究,训练灵魂、训练理性。第四是修养。师生都需要有修养,都应当是品格高尚纯粹的人。

这是欧美大学第一次变革,这次变革带来的积极影响是:人的理性、理智得到开发,带来了科学的繁荣和文化的繁荣。19世纪以前,德国的世界文化科学名人很少,但在19世纪,德国的世界文化科学名人群星璀璨,可以说几乎每一个学科德国都处于领先地位,而这些名人大都在大学承担着教学和研究的使命。

第二次变革发生在19世纪末20世纪初。此前,欧美大学一直保持精英化,招生人数少且主要面向社会上流阶层子弟。19世纪后期,美国大学率先开始向大众化发展。美国建立了州立大学、社区学院,大学开始和普通民众结合起来,走向大众。大众化的高等教育和精英化的高等教育不是一回事,接受精英化高等教育的人一般不愁吃不愁穿,不需要为生活奔波,所以,他们可以追求与社会生产和生活联系不太紧密的知识。大学大众化以后,上学的人越来越多,学习的需要越来越多样,加上知识的种类也越来越多了,到19世纪后期人类的现代知识体系基本健全了,大学生在大学期间已经不可能学完所有的文化科学知识,这时知识与大学学习时间之间的矛盾就凸显出来了。正因为如此,在19世纪后期,哈佛大学实行了选课制,开始时是由学生进行任意选课,学生可以在学校开设的所有课程中进行选修,只要达到一定数量就行。学校希望通过这个方法解决知识太多与学时有限之间的矛盾,但没过多久就发现问题:学生修课五花八门,乱七八糟,到毕业的时候还不知道自己能干什么,走上社会后难以靠自己在大学学到的知识安身立命。所以，哈佛大学开始反思选课制，认为这样任意选课不行，学生没有方向、没有聚焦，于是，开始对学生选课进行一些限制，采取限制性选课的方式，规定修课总数、修课门数；规定高年级的修多少、低年级的修多少；规定通识的修多少、专业的修多少，这样就把选课纳入一个规范的轨道，形成了今天学分制的一些基本原则，带来了教学的新变化。

如何修课的问题解决了，另一个问题又冒出来了，即如何适应学生个性化发展的要求。个性教育是教育的一贯原则。在精英化阶段，由于上大学的人主要来自同一个社会阶层，而且离开大学后也回到那个阶层去，他们的教育需求基本上是相同的，所以，这时的个性教育更多是针对学生个体的身心特点。但到了19世纪后期以后，大学生来自社会各个阶层的人都有，他们不再是同一个特点的群体，上大学的目的各式各样，走上社会以后就业和生活差别很大，这就为个性教育提出了新的要求。大学教学必须解决这个问题。

为此，美国大学开始了第二次教学变革。这次教学变革把增加的知识与学习时间有限的矛盾做了一个有机的协调，把大学教学的规范性与学生个性发展的需要进行了一个有机的协调。这两个协调导致了一套新的班级授课制。教学还是按班级来，但老师的教学方法有了改变，我们可以称之为"研究性课堂教学"。课堂教学规模相比 seminar 要大，它把研究引入课堂教学中来，让每一门课、每一个老师的课都具有研究性，使研究成为每一个老师在课堂上必须贯彻的原则，学生也通过研究性的学习来发展自己的个性、能力和兴趣。这是美国大学的一个重大变革，它的最大意义就是促进了高等教育大众化的实现。按照过去的教学方法是没有办法实现大众化的，但这场变革发展起了选修制、学分制，同时把研究引入教学，从而解决了大众化教学面临的根本问题。大众教学而不降低质量，这可能是美国大学在教学方法上的最大贡献。

第三次变革发生在20世纪后期。随着高新科技和信息技术快速发展、全球化迅速推进，欧美大学又进行了教学方法上的适应性变革。为什么说它是适应性变革呢？因为此时欧美高等教育已经实现了普及化，高等教育发展趋于饱和，尤其是在欧洲，很多大学存在招生不满员的现象。为什么欧洲大学那么重视招收国际生，尤其重视到我国来招生？因为单靠欧洲的适龄人口已经没有办法来维持大学现有的运行秩序。在大学教学模式定型后，它的组织形式一般不会有太大的变化,但在信息化时代,在国际化交流越来越频繁的时代,尤其是在后现代时期,要解决欧美国家高等教育面临的特殊问题,大学教学又开始在方法上进行变革。大致体现在以下三个方面。一是实行模块化的教学。模块化教学可以用来应对后现代时期人类对于特殊问题的关注。二是网络化教学。欧美国家网络教学已经十分普遍,大学正规教学也通过网络进行,大学承认学生通过网络教学所修的学分。三是国际交流访学。2009年,奥巴马来中国访问的时候就提出了要送10万美国大学生来中国访学。欧洲国家在欧盟的推动下实施欧洲高等教育一体化计划,希望欧洲国家大学生能够在各个国家间游学,学分照算,学位也可以在不同国家授予。

三次变革、四种教学方法构成了欧美大学在各个历史时期的基本教学范式。从这些基本教学范式中可以看出,教学方法的变革极具针对性,尤其是后面两个时期教学方法的变革。后两个时期的变革所形成的教学方法仍然是欧美大学最重要的教学方法。如果把我们大学的教学方法同欧美大学进行一个比较的话,可以看出差距。过去我们不知道欧美国家大学教育教学质量为什么高,研究发现奥秘可能就在这里,就在教学方法上。我们每年有很多留学生到欧美大学留学,从适应性看,他们对教学硬件设施、课程安排以及生活,都不会有太大的问题,都能很快适应,但对教学方法往往要经过一个比较痛苦的过程才能适应。在我国大学与欧美大学之间,教学方法的差别可能是最大的。教学方法的差异导致不同大学所培养人才的质量存在显著差异,甚至可能完全不可同日而语。这里,我们也可以说,钱学森先生给我们留下的难题,其症结可能就在教学方法上。

从现代欧美大学教学方法的演变以及教学方法的形式可以看出,它们主要有四个特点。

第一,研究性。极少见欧美大学说我要向大学生传授什么知识,因为知识并不能代表什么,它只是一个媒介。培根说"知识就是力量",但知识本身并没有力量,知识只有变成大学生的态度,变成大学生的观点,变成大学生的情感,变成大学生的能力,才有力量。如果大学教学只是给学生多少知识是没有力量的,就像我们往仓库里堆了多少材料是没有意义的,只有当材料用于生产、用于建筑,它们才是有价值的。所以,知识不是目的,知识是用来训练学生、培养学生的媒介。欧美大学教学看重的不是学生记住了多少书本上的知识,更不是老师在课堂上讲授的那些知识，而是学生在教学过程中有意义的体验，包括教学过程给他们身心带来的变化。他们把教学看作学生的自我探索之旅，学生通过看书、调查、实验、讨论、报告、写作等，在前人的经验及其发现的基础上，建立自己的科学思维，训练自己的科学方法，养成自己的态度。所以，研究性是欧美大学教学的一个重要特点。

第二，自主性。欧美大学重视教学自由、学习自由，老师对学生的责任心不是体现在对学生的管理上，而是体现在对学生学习的支持上。学生的学习有高度的自主性。在欧美大学看来，学习是学生的事情，老师的教是为学生服务的，教不是主要的，主要的是学生的学习。在教学过程中，老师发挥指导作用，为学生设计和安排学习任务。每一门课的老师都会布置大量的东西给学生去读，布置大量的事情给学生去做。有统计表明，一个课时的教学量，学生阅读的时间应该在8到10个小时。课堂是老师和学生交流、对话、讨论的场所，满堂灌的教授不会受到学生欢迎。我在美国访学的时候，完整地上过两门本科课程，在课堂教学前学生把一些基本问题解决了，上课着重是解决学生不懂的问题，解决一些新的问题。欧美大学人才培养方案中的课程量比我们要少得多，比如，哈佛大学本科生的学习要求是四年学32门课程，每学期平均4门课，这就意味着一周只有8个课时左右的课堂教学时数，其他时间学生干什么呢？拼命地看书，完成小组作业，做实验、调研，等等。所以，学生学习的自主性很强。这是第二个特点。

第三，整体性。如果说欧美大学每一门课程教学都体现了整体性可能有点夸张，但大多数课程教学都不局限于课程本身，教学内容和所涉及问题超出了课程知识体系。在欧美大学课堂上，每一节课老师都会明确布置各种问题，让学生课外去查找文献、阅读著作、解决问题。这样，学生的学习就不是局限于一门课程，而是既学了这门课程又涉猎了其他课程，包括已经学过的课程。通过把不同课程不同学科的知识组织起来，达到了融会贯通各门课程知识的目的。这种教学中所涉及的课程知识不再是孤零零的，不再是互不相关，而是高度关联的，有机统一的。在欧美大学课堂教学中，老师会关注学生的全面发展，除了知识方面的发展外，还注意发展学生的其他素质和能力。在欧美大学，几乎每一次课都有学生的讨论、报告、问答、展示等，这样一来，学生不仅能够锻炼自己的语言表达能力、写作能力、驾驭场面能力，而且通过团队作业、小组学习等,还能培养团队精神、团队工作能力。所以,整体性主要表现为学生学习内容的整体性和学生发展的整体性两个方面。

第四,教育性。欧美大学教学把学生知识的学习、认知的发展和理智的训练结合在一起,不单纯追求学生的知识学习和专业训练,而是把知识和专业与学生人格和精神的发展融为一体,体现出教育性的特点。它教学少有说教式的思想品德教育,更少见社会主流意识形态的灌输,而更多是通过研究性教学,让学生自己去甄别、判断,在自主的探究中养成科学的判断力,树立科学的态度。

三、欧美大学教学方法变革对我国的启示

欧美大学教学方法变革表明,教学方法应当适应高等教育发展的要求,要提高大学教育教学质量,必须改革教学方法,建立新的教学范式。经过前一个时期大规模的发展建设以后,我国高等教育发展慢慢平静下来了,内涵发展上升为主要任务。内涵在什么地方呢?就在我们的课堂上。如果课堂教学缺少内涵,大学教育教学要有多高的质量是不可能的。有一个记者采访20多个大学生,发现只有2个人在课堂上和老师有交流,其他18个人和老师完全没有交流,说对老师没印象,跟老师很疏远。这样的教学是不可能带来高质量的,这样的教学也很难说是高水平的。所以,必须改变我们的教学方法。教学方法改革的路径很多,这里主要从欧美大学教学方法变革的经验谈几点想法。

第一,少教些教材知识,多利用专著和论文。教材知识只是一些基础知识,而且往往是按照学科体系编辑的。教材还有一个特点就是滞后性,现在知识更新速度很快,有的教材是几年前编写的,甚至是十多年、二十多年前编写的,对很多新知识没有包括在内。只教教材知识带来的结果就是,学生的视野狭窄,知识面不宽,学生对知识新的发展不熟悉,对知识的应用无感觉。我曾经碰到一些大学毕业生连专著是什么都不知道,有的除了教过自己的老师外,对所在专业学科的其他学者毫无印象。这样的教学不可能培养高质量的学生。老师要对教材的作用有正确的认识。教材只是学生应当学习的一份资料,而且只是入门资料,老师要让学生通过教材的学习进入教材背后的知识领域中去,深入知识的海洋中去。老师要给学生提出阅读和学习的书目,要把与任教课程相关的主要的专著和代表性学术论文资料提供给学生,给他们提出明

确的学习要求。要做到这一点有没有可能呢?我们的教学有没有可能超出教材之外?每一门课都让学生多看几本书,多看一些文章?我知道有难度,尽管难,但必须朝着这个方向去做,因为只有这样,我们教学的意义才可能加强。

第二,老师讲课少占用一点课堂教学时间,让学生多交流、研讨问题。我听过很多老师的课,非常遗憾的是,如果按照欧美大学教学要求来评价,没有几个是合格的。但是,如果按照我们的教学评价标准来评价,很多老师可以得高分。这里就有一个教学评估如何引导教学的问题。很多老师对我说,他们也想改,但教务处的规定没有改,自己改了以后教学评价可能会比较低。所以,教学改革是一个系统工程,不仅老师要改,学校的规章制度和评估标准也要做相应的改变。在学校相关制度没有改革之前,老师们可不可以先改呢?当然,这要胆量,也要自信,还要坚持。只要看准了,就应该去试。大学教学其实就相当于运动队,没有哪个队会让运动员当看客而让教练员去比赛。老师当演员,学生当看客,这是不对的。老师应当转换角色,当导演,把演员的角色还给学生,让学生实实在在去做、去表现。老师要改变满堂灌的教学方法,减少自己讲授的时间,把更多的时间交给学生,使课堂成为师生互动的场所,成为师生智慧碰撞的场所,成为师生情感增进的场所。这样的课堂是真正有内涵、有质量的。

第三,把教学从课堂延伸到课外。有效的教学时间不是时刻表上显示的时间,课表上的时间只是显性的,我们很多老师片面地理解课程教学时间,导致只重视课堂教学,有的甚至还提出要把课程教学的所有问题都在课堂上解决。这是不对的,也是不可能做到的。有效的教学既要注重课堂教学改革,又要利用课外的时间。每一门课的课堂教学时间非常有限,要想在教学中让学生得到更好的发展,单靠每次两三节课是很难的。必须把课外时间利用起来,让课外学习为课堂教学服务,使课内课外有机统一。课程学习不应当停留在课前预习、上课听讲、课后复习这样三段式的学习方式,要提高课外学习的意义。老师应当根据教学安排和进程,为学生课外学习设计丰富而充分的学习要求和任务,在一定意义上讲,课外学习的意义可能更大。这样的学习才会是革命性的。

第四,少一些学生的单打独斗,多一些学生的集体学习。现在我国大学生的学习基本上是个体化的,能不能在教学过程中多组织一些学生的集体活动,让他们通过小组的形式共同研究问题、设计项目、调查访谈、撰写报告或小论文？要把学生个人的学习与团队学习结合起来，这不单是学生的事情，更是教师的事情。教师不安排、不组织，靠学生自己是做不到的。有人可能说，我曾经尝试过小组学习，但学生反映效果不好，最后都是组长一个人的事。这不是小组学习不好，也不是学生不爱小组学习，而是我们老师没有给予学生的小组学习有效的指导，没有培养学生小组学习的能力和习惯。要做好这项改革，老师们要有耐心，还要有多付出一些的心理准备，尤其是在刚开始的时候。等学生学会了、习惯了，就好了。

就教学方法改革而言，上述四个方面是最基本的。要做好教学方法改革，老师还要树立一种信念，就是从我开始，主动积极地改革。要转变"等、靠、拖"的思想，不要顾虑重重，不要总是担心自己一个人改，不仅要担风险而且还会很辛苦。正确的态度是：教学方法改革归根结底是我们自己的事情，谁先改了，谁就能从教学方法改革中受益。这不是我个人的一厢情愿，而是很多老师开展了教学方法改革后的共同体会。教学不单是良心活，而是可以有作为，且可以大有作为的。只要我们老师愿意做，一步一步往前走，我们付出的努力和心血将获得意想不到的回报，而且是一种生命的回报，我们的学术生命将因此而被放大、被继承。

我想与大家交流的就是这些想法，可能有些地方不尽合理，希望大家批评指正。

谢谢大家！

第十讲

现代教学文化建设与大学教师发展中心的使命 ①

各位同行，各位同学：

大家下午好！

平时这个时候可能大家的午休还没有结束，所以，希望大家打起精神来，看看我们作为教师发展中心的领导、老师们以及关心教师发展中心的同学们，应该考虑什么问题。作为同行，我们是有缘的，我在 2008 年到 2011 年期间，曾担任华中科技大学教师发展中心常务副主任，主持中心工作。我们做了一些事情，同时也有一些困惑。我们今天会议的主题叫"加强教师发展中心建设"，既然要"加强"，就意味着现在还不太强。应该怎么加强？这是一个重要的问题。我们可以做个民意测验，看看大家认为教师发展中心究竟要做什么事情，有些什么任务。我想可能很多人会说主要做培训工作，上午很多老师也谈到这个问题。培训固然是教师发展中心的一项工作，但是，如果我们只是为了培训而培训，是不是一定就能做好？在教学和教学改革中经常会出现这样的情况：我们的动机很好，效果却并不一定很好。我给大家举个例子来说明。实行学分制改革后，很多学校说我们可以让学生提前或推迟毕业，大学不一定非要读四年。这个做法对不对？各大学的学分制基本上都是这么规定的。但这并不对，学分制并不意味着一定要让学生提前或推迟毕业。为什么呢？有人曾对大学

---

① 本文是作者 2014 年 4 月 19 日在厦门大学教师发展中心举办的全国教师发展中心研讨会上所作主旨演讲的文字整理稿。

教育做过一个形象的比喻,说大学就像一个泡菜坛子,教育如同泡菜水,学生如同泡菜,泡菜放进去以后,如果时间不够,吃起来味道还是生的;如果泡得时间太长,泡过了,也不能吃了。所以,该泡多久就应该泡多久,不能提前或推迟。所以,我们说,实行学分制让学生提前或推迟毕业,不符合教育规律,这样的教育改革可能改错了方向。

我觉得教师发展中心面临一些类似的问题。比如,教师发展中心还有一项工作,要办教学竞赛,我们有没有反思过这些竞赛是在引导教师向积极的方向去变还是在向消极的方向去变呢?据我了解,很多学校的教学竞赛主要看老师的课件漂不漂亮,讲课是不是有条理、有激情,教学内容是不是体系严谨,语言是不是幽默风趣,能够吸引学生的眼球。我不能说这些要求完全不对,但我想提醒大家,如果用上午一些老师讲到的教学理论来看,竞赛对教师的要求是以什么为中心的?我看纯粹是教师中心的。这个导向对吗?这个导向可能不完全对,甚至完全不对,因为它会让老师们产生更强烈的认知定势,即把课件做好了、讲好了,可能只是做到了好教师的1/10。所以,关注教师发展中心究竟应该如何建设、如何发挥好它的使命,是值得好好研究的课题。

这些年来我一直从事教学和教学改革研究,关于教师发展中心建设有一些想法。今天要和大家交流的主要是现代教学文化建设与大学教师发展中心的使命。为什么要讲教学文化呢?因为大学教学文化问题在理论界以及大学各实际部门和老师心中,并没有引起足够的重视,对它的认识还不是很清晰。弄清楚教学文化以及它和教师发展中心,和教师之间的关系,是有意义的。为此,我下面主要谈三个问题。

一、什么是大学教学文化

在理论界,人们对文化的研究很多,有学者统计,仅文化的概念就有300多种。但关于大学教学文化,则是近几年才受到人们的关注,我们对它的认识还只是初步的。一般而言,教学文化是大学在教育教学过程中逐渐形成的一种亚文化,是大学文化的重要组成部分,是以教师和学生的教学价值追求为核心的一种心理倾向。现代大学发展后,教育教学理论对大学教学的影响日益加强,教育教学理论成为现代大学教学文化的重要基础。在某种程度上,可以说,教学理论发展到什么程度,教学文化就进步到什么程度。例如,杜威的"学校即社会"理论,就是一种很重要的教学理论,它改变了整个学校教育和教学的范畴,使教育教学不再局限于校内,而扩展到整个社会,还直接导致学校营造一种与真实社会相类似的仿真教学环境,让学生不再只是在温室中长大。还有维果茨基的"最近发展区"理论,指导老师在教学过程中不断研究学生和学生发展,通过了解学生的最近发展区,了解学生达到了什么水平以及能够发展到什么水平,设计真正适应学生发展的教学方案,从而使自己的教学做到由"目中无人"变成"目中有人"。

大学教学文化有一个从古到今的演变过程。从古典大学到现代大学,教学文化是关键性的,因为教学是大学实现人才培养目标最重要的活动。教学文化由多种要素构成,最核心的东西是教学的价值追求,即师生的教学价值观。我们做事是有价值追求的,教学的价值追求是大学教学体系的核心,是各种可见的、物质的要素的精神内核,它渗透于所有与教学相关的领域、活动、制度和保障条件之中。毫无疑问,大学教学文化对学校及其人才培养有着重大影响。

除了教学价值观外,大学教学文化还表现在以下几个方面。第一,教学模式。教学模式是大学所构建的各教学主体和相关客体之间的关系模式,它可能存在于大学人才培养方案的整体架构中,也可能存在于大学教学过程所表现出来的基本形态上。教学模式是教学价值追求的理论或实践过程样态。第二,教学的物质条件,包括教学的场所、活动空间和各种物质配备。一般来讲,有什么样的教学要求,就会有什么样的教学条件。教学条件物化了教学价值追求。第三,教学制度。教学制度既包括大学教务处和各院系的教学制度,也包括学校其他部门所制定的相关制度,比如,教师考核制度、教师职称评审制度,等等。教学制度是教学价值追求的规范性要求。第四,教学行为,包括老师的行为和学生的行为。它是教学过程最重要的组成部分,是教学价值追求影响的结果。总之,教学文化是由多种要素构成的,教学价值观是教学文化的核心要素,具有导向作用,直接影响教学文化的其他要素,决定教学文化的进步与否。

二、什么是现代教学文化

现代教学文化是在古典大学教学文化的基础上发展起来的。所以,在了解现代教学文化之前,需要认识古典大学及其教学文化。古典大学的主导思想是经院哲学、神学,教学目的和教学价值观着重表现为传承神学思想以及以神学思想为核心的一系列人文思想。另外,还要培养学生的道德。所以,古典大学的教学价值追求主要表现为传承思想和培育道德。古典大学教学文化重视传承思想和知识,强调教师和书本的权威。在造纸术、印刷术发达之前,大学所拥有的书籍不是很多。教师在学习了一些书籍之后,就可以去向学生传授书中的知识。所以,古典大学的教学文化表现在教学方式上主要是所谓的"讲授法"。教学主要是老师讲授,老师把书本上的东西讲通了、让学生懂了,就是好的教学。如果老师讲得不好,口齿、逻辑、线索、观点等不清楚,就不是好老师。古典大学的教学不仅特别重视教师的讲授,同时还特别重视学生的记忆和复述,因为当时并没有很多的笔和纸,学生不可能通过更多的书面写作的方式学习,在老师讲完之后学生要能够把老师所讲授的内容记住并复述出来。如果在与同学的辩论中、与老师的交流中,也能够讲得很好,就是很优秀的学生。

这里引用两段话,作为补充说明,这是一位学者在其著作中所描述的1317年大学中一门课程的教学:"教师未经许可不得无故缺席,即使只有一天的时间……他必须在铃声响起之后开始上课,下课铃声响起时马上离开。未经允许,他在阐释著作时不得略过任何一章,他也不能把一个有争议的问题推迟到一堂课的最后,他应该有计划、有步骤地开展他的教学工作,每个学年的每个特定学期都要有所进展。没有人愿意将整个学年的时间浪费在导论和书目上。"这是古典大学教学的写照。再看第二段:"关于教学的方法,古代和当今(仍指中世纪大学)的教师们,特别是我自己的导师保持着下述惯例,而这一方式我也遵守:首先,在讲述原文前,我将就每一标题给你们作一个提要;第二,我将就每项法律的要旨向你们作尽可能清楚、明确的陈述;第三,我要从校正的角度阅读原文;第四,我将简单地重述法律的内容;第五,我将解决明显的矛盾,附带说明法律的一般原理。"这是另一个老师组织一门法学课程教学时所采用的方法。通过这两段话,我们就可以大致看出,古典大学的教学文化是什么样的,当时的教学是如何组织起来的,它的目的、要求是什么以及师生的行为方式是什么。

古典大学时期有特定的历史时段,一般指欧洲从 12 世纪到 15 世纪的中世纪大学时期以及 15 世纪到 19 世纪的中世纪大学转型时期。在大学发展研究中，一般把 19 世纪初期视为现代大学真正走上历史舞台的开端。在 19 世纪初期以来的 200 多年中，现代大学在欧美历经多次变革，形成了多种典型模式，一般而言，主要包括以柏林大学为代表的德国大学模式和以威斯康星大学为代表的美国大学模式，前者是科学研究的模式，后者是社会服务的模式。从办学的角度来讲，古典大学的价值是排斥科学的，而现代大学是崇尚科学的，科学成为大学最重要的学问，因此，实现了科研与教学的统一。另外，古典大学是神权主导的，而现代大学则是围绕"人"来办的。当 19 世纪初期的柏林大学把科研引进来时，科研是为了培养学生的，科研需要与教学相结合。柏林大学的学者们认为，科研能够让人的精神得到纯化，让人的精神获得洗礼，大学不能被尘世的事情所烦扰，教师和学生要有甘于寂寞的精神。所以，科学进入大学主要是为了"人"的目的，并不是为了知识的目的，不是为了科学本身。另外，在现代化的过程中，大学也逐步走向开放，大众化、普及化成为高等教育的发展趋势，大学要为高等教育大众化、普及化服务。目前，我国高等教育毛入学率大概是 30%，很多人说现在大学太多了，大学生也太多了，这种观点是非常陈旧的，与我国现代化发展趋势并不匹配。现在世界各国高等教育平均毛入学率已超过了 30%，发达国家则在 60% 以上，而我国的发展进程还远远落后于发达国家。我国高等教育必然还要向普及化发展，应该更加开放，让更多的人接受高层次教育。

在现代大学发展过程中，教学文化自然也是维新的。从价值追求看，第一，崇尚科学。现代大学发展了科学教学，通过科学知识和科学活动让学生接受科学训练，从而使其获得科学精神和理性的思维方式。第二，以人为本。学生成为教学的中心，大学教学以学生为出发点，大学教学的根本宗旨在于让学生获得全面的发展，除了科学的精神、方法和思维方式，还包括其他方面素养的发展。第三，多样化。随着现代大学的不断发展，人才培养目标，或者说大学所培养人才的类型越来越分化，比如，研究型人才、工程型人才、应用技术型人才、复合型人才等，多样化已成为典型的特征。总体来看，现代教学文化与现代大学的演变过程是基本一致的，从教学文化的演变还可以看出，现代教学文化是一种探索的文化，是一种科学加实践的文化，在科学中探索，在实践中发展。另外，学生和老师的关系也发生了变化，上午潘懋元先生和孙建荣教授都谈到了,学生成为中心,老师是围着学生转的。如果学生围着老师转,老师说学什么学生就学什么,老师组织什么活动学生就参与什么活动,就还是传统教学文化的表现。现代教学文化是以学生为出发点来考虑教学问题的。正因为如此,现代的大学不是封闭的,不同类型的大学有不同的追求,也形成不同的教学文化形态。

三、我们离现代教学文化有多远

教学文化历经数百年的变迁,出现过几个基本的教学文化形态。这些教学文化在现代大学中都有体现,包括古典大学的教学文化,在现代大学的发展中并没有完全抛弃,而且有选择地继承下来了。这里主要介绍几种典型的大学教学文化。

第一,精英教学文化。精英教学文化是现代大学从古典大学传承下来的。它在世界很多国家都有重要的表现,比如,哈佛大学的哈佛学院、耶鲁大学的耶鲁学院、剑桥大学和牛津大学各学院等还保留着这种教学文化。这些大学虽然是现代大学,但它们在发展现代教学文化的过程中仍然继承了古典时期的精英教学文化,尤其是在这些大学的本科生教育中发挥着重要影响。我国一些大学,比如,浙江大学、复旦大学等成立本科生院或书院等,希望营造一种与欧美古典大学相类似的教学文化,追求人的自由发展,以培养通才和精英为目的。

第二,研究型教学文化。它是一种早期的现代教学文化。它的教学价值观主要是为了追求科学,虽然今天的科学不一定是完全不涉及功利的,在具体表现上和19世纪相比会有一些变化,但它主要着重于科学理性的训练。现在我国有些大学开设了"批判思维课""创新思维课",这些课的基本逻辑是让学生形成科学理性。研究型教学文化要求每一个老师的教学都渗透科学精神和科学思维方式的陶冶和训练,重视理性思维和科学创造力的培养,在教学过程中强调科学实践和学术探究活动,而不只是知识的传授。在教学过程中,学生成为探究活动的主体,学生自己学习,教师发挥组织、指导和辅助的作用。研究型教学文化比较典型的环境是实验室,让学生按照科学的程序、要求进行科学实验,在实验过程中掌握实验技巧、锻炼科学精神、学会科学方法。另外,研讨班教学也是一种重要的表现形式。通过几个人组成小组,讨论、研究问题,以这种具体的形式来培养学生的科学理性和相关素质。这里，我给大家展示一位密歇根大学中国留学生的日记，看看从他的学习经历中是否可以体会到一种现代教学文化："周日，赶周一的作业，写了一篇 3 页的小文章，修改了一篇 3 页的小文章；周一，上午上课，中午约老师修改文章，下午上课，晚上回去开始看周二的论文；周二，上午写论文，中午小组会面讨论 PPT，晚上上课，回去后开始看周三论文；周三，上午上课，中午修改论文，然后上课，下午上课后再改论文，晚上看周四论文；周四，上午论文，写心得体会，中午午休，下午上课，晚上没有看书；周五，上午看论文，中午上课，下午再次修改论文，又写了另一小篇，交给老师后迅速坐车去超市买下周的菜；周六，又开始上面的循环。"从这位留学生的生活经历可以看到，除了上课以外，他的多数时间是在赶作业、写论文和阅读文献。上课在一周里只占到了十几个小时，但是，写作业、写论文、修改论文、阅读文献以及和老师、同学讨论问题占用了大量的时间，更重要的是他几乎没有更多的闲余时间。这样的一种学习经历就体现了一种研究型教学文化。

再看一个例子，这是麻省理工学院一门课程的教学组织形式。这是一个超大班，有 250 多个人。1 个 Lecturer，即主持本门课程的教授，每周上两次大课（Lecture），每次 1 个学时，他对本课程的进展负责，主持每周一次的教学会议；其他人员包括 5 个 Recitation Instructor，即讨论课的辅导员，包括教授本人和高级研究人员，每周对 2 个小班（每个班约 25 人）各讲授 2 次复习课，每次 1 个学时，与 1 个 TA（Teaching Assistant，教学助理）一起负责 50 名学生的作业和实验报告；有 7 个 TA，均为这个教授的研究生，1 个负责实验，1 个负责管理，5 个学生一组；另有 5 个 TA 负责每周对 10 个小组（每个小组约 5 人）各组织一次答疑课，每次 1 个小时；还有 4 个 Grader，是这个教授教过的高年级本科生，负责批改所有学生的作业并给定成绩；还有 5 个 Lab Assistant，也是高年级本科生，在有实验的 4 周里在实验室指导学生进行试验。所以，这门课就是由 1 个教授负责，另外有 5 个老师参与，还有 7 个研究生、14 个高年级本科生一起上这门课，他们组成了这门课的教学团队。再来看这门课的教学时间安排：星期一，由 TA 进行答疑，1 学时，学生 5 人一个小组，答疑内容为作业中出现的问题；星期二，教师讲授新课，1 学时，250 人的大班；星期三，由教学辅导主持辅导课，1 学时，分成 25 人的小班，包括布置作业和收作业；星期四，由教师讲授新课,1学时,250人的大班;星期五,由教学辅导主持辅导课,1学时,分成25人小班。尽管班额很大,但在教学团队的组织下,这门课依然实施了研究性教学,体现出浓厚的研究型教学文化色彩。

第三,应用型教学文化。这种教学文化是从19世纪后期开始出现的,其价值追求是实用主义的,它注重科学技术的实用性和现实的社会生产性,注重为社会各行各业培养应用型人才。它的基本模式就是综合体验教学,让学生一定要到现场中、到现实中、到实际的生产过程中去体验,使学生掌握技术、掌握工艺、掌握设备运用,进而获得一种综合的职业体验。在教学过程中,它重视培养学生的科技应用能力、创造能力,强调在真实的社会生产情境中实践体验。学生是实践的主体,教师主要负责学生活动的全面设计和指导。应用型教学文化在项目教学模式中有所体现,CDIO教学模式也可以看作它的一种表现形态,即根据产品的生命周期组织教学活动,按不同的生产阶段组织相关的课程教学,让学生在自主活动中发展实践能力和训练相关素质。

第四,"后现代大学"教学文化。后现代大学虽然不是一种特定的、具体的大学形式,但它也有一定的价值取向,即重视反思、重视学生的个性。这种教学文化的基本形式是自主建构。有人写文章呼吁要按照学生的个体需要来组织他们各自的教学计划和人才培养方案,这实际上就是后现代教学文化的价值追求的反映。它具体的形态主要包括交往教学以及所谓翻转课堂教学模式等。翻转课堂教学是指老师把自己的教案先放到网上让学生自己看、自己学,课堂上老师和学生进行探讨交流。现在比较流行的MOOC也是后现代的教学,有人批评MOOC的最大问题是注册人数多,成功的少。有的MOOC十几万人注册,但最后成功通过的只有百分之三到百分之五。这在上面几种教学文化中是不曾出现的,也是不被允许的。但它恰恰反映了后现代教学文化的某种特征。

总的说来,从现代教学文化的共同特性来看,现代教学文化与现代大学的精神旨趣和价值追求是一致的,它重视探索、实践和建构,并强调学生的地位和作用。

四、如何建设现代教学文化

大家比较了解密西根大学学教研究中心。有人把这个学教研究中心翻译成"教学研究中心"，这是不准确的。它的英文名称是 Center for Research on Learning and Teaching，我猜想，密西根大学把 Learning 放在 Teaching 的前面，应该有特定的价值导向。这个研究中心从一开始就致力于教师专业发展，它的主要工作以及要达到的效果是"推动密西根大学 19 个学院的教学创新，实现卓越教学"。实际上，这是要从整体上推进现代教学文化的重建。这个中心的人员数量包括专职人员 30 多个，还有一大批的兼职工作人员。它的地位非常高，为全校各学院的教学创新起到了关键性的作用。我们的教师发展中心都在干什么？如果只是一学期组织一两次的教学培训，或者开两次教学沙龙，那么，有它或者没有它都不会对教学文化建设有多大的影响，把它所开展的工作放到教务处或者人事处一样可以做好。教师发展中心之所以被独立出来，就是需要它担负特殊的工作和使命。我觉得这种特殊的使命就可以定位为建设现代教学文化。我们的教师发展中心要为建设现代教学文化发挥促进作用，要积极地倡导现代教学文化，要普及和推广现代教学文化。从这个角度来讲，要发挥以下作用。

第一，树立现代教学价值观。要根据各大学的特点，根据不同院系的发展水平，选择与之相适应的现代教学价值观。不能舆论说什么样的教学价值观好，就一味地跟风，而是要选择真正适合各自大学的教学价值观。

第二，培育现代教学文化土壤。如果大学里没有现代教学文化生长的土壤，即制度、环境、条件和氛围，那么，再怎么倡导都是很难成功的。一定要在相关的制度建设、环境条件建设等方面发挥促进作用，不断地呼吁和推动。

第三，组织研究力量积极探索基于现代教学文化的大学课堂教学模式。如果课堂教学模式不改变，那么，大学教学就不可能有真正意义上的变化。靠老师单纯地讲，即便他的讲课水平再高，能讲得天花乱坠，也讲不出多高的实际质量来。所以，我坚决反对把那些讲课好的老师作为优秀教师来树典型。他们可以评"讲课好"的单项奖，真正好的老师应该能够组织好学生的主动学习，可以让学生在自己学习的过程中得到发展。

从建设的角度来讲，教师发展中心可以开展以下几项工作。

一是在宏观层面加强现代教学文化研究。教师发展中心要组织开展现代教学文化研究，以消除关于大学教学的种种误解和偏见。现在大学中对教学有很多误解或偏见，而且影响实在太深，比如，什么样的教学是好的教学，什么样的学生是好学生,什么样的教师是好教师,很多认识并不完全是现代的,有的甚至是陈旧的、错误的。教师发展中心应当组织专业力量开展相关研究,用理论武装和引领大学教学改革与教学文化建设。

二是在中观层面进行教学制度创新。要发挥教师发展中心的中介作用,它自身虽然不能建设学校教学制度,但可以作为教师与学校教学管理部门之间的中介,为相关部门的教学制度改革和创新提供指导,推动教学制度创新。

三是在微观层面积极地探索和推广新的人才培养模式。教师发展中心要通过组织教师培训等活动,传播现代人才培养理念和方法,指导教师开展教学创新,树立现代教学典型,在学校营造新的教学文化氛围。

关于教学文化以及它和教师发展中心的关系,我要跟大家交流的就是这些。如果有不正确的地方,请大家批评指教。

谢谢大家!

第十一讲

一流本科教育的特征与实践走势 ①

  "双一流"建设既是我国高等教育发展的最新国策,也是我国高等教育研究的热点话题。在有关"双一流"建设的实践和研究中,存在一个值得关注的倾向,即较多地关注学科与科研工作,特别是要投入巨资发展一流学科、产出一流的科研成果,而对于人才培养工作,尤其是本科教育工作,则关注不多,建设资金投入也很不足。毫无疑问,这是"双一流"建设的一个重大误区。就"双一流"建设而言,没有一流本科教育,意味着我国高等教育将后继无人,长远来看,整个高等教育发展也将根基不稳,建设高等教育强国的目标更不可能得到实现。因此,建设一流本科教育应当成为"双一流"建设的应有之义,应当置于重中之重的位置。为此,这里将主要围绕一流本科教育的特征与实践走势展开讨论,涉及三个问题:一是一流本科教育的性质与特征,二是国内外一流本科教育的实践动向,三是建设一流本科教育的主要路径。

一、一流本科教育的性质与特征

  什么是一流的本科教育?或者从更宽泛的意义上讲,什么是一流的教育?对于这个问题,在一般的理论研究中,研究者往往不会认真地去关注它,也很少有人去细致地研究它,所以,到目前为止,学术界并没有形成准确的定义。但在生活常识和经验性认识中,人们对这一问题却多有涉及。比如,在民

---

① 本文是作者 2016 年 12 月 23 日在齐鲁高教论坛所作主旨报告的文字整理稿。

众选择进入什么样的大学或选择接受什么样的本科教育时,会受到"排行榜效应"的影响,很多人将排行榜上名次靠前的院校看作高水平的院校,这些院校被认定为拥有高水平的教育,所以,很多人以大学排行榜的名次位置为评判一流本科教育的基本依据。除此之外,还有一种导向,即一流本科教育可能是录取率很低的院校,很多人想去这个学校求学,但实际上这所学校录取的人数比较少,这时我们就说这所学校可能是本科教育水平高的学校。第三种导向是,高水平的大学一定是历史悠久的,只有历史悠久、底蕴深厚的大学才能提供一流的本科教育。这常常是公众的一种共识。至于这些认识正确与否,还有待深入思考。如果实际情况就是这样的话,问题就简单了,只要将那些在排行榜上位置靠前的大学、那些录取率低且小规模的大学、历史悠久的大学等挑选出来,看看它们是如何开展本科教育的,就可以弄清楚一流本科教育的问题了。

实际情况却没有这么简单。要回答什么是一流大学、什么是一流本科教育,需要把一流大学和一流本科教育与高等教育整体发展状况联系起来进行分析,需要从宏观上把握高等教育的发展历程和趋势。历史地看,在国际高等教育发展进程中,20世纪中期以前是高等教育的精英化时代,20世纪后半期是高等教育的大众化时代,21世纪以来是高等教育的普及化时代。在20世纪50年代以前,全球范围内只有美国一个国家实现了高等教育大众化,所以,世界高等教育整体上处于精英化时代。20世纪后半期,所有的发达国家、几乎所有的发展中国家和一部分欠发达国家实现了高等教育的大众化,还有20个国家的高等教育实现了普及化。这一时期全球高等教育平均毛入学率达到大众化水平,因此,20世纪后半期是高等教育的大众化时代。为什么说新世纪以来是高等教育的普及化时代?整理2001~2013年全球高等教育统计资料发现,在这13年中,又有36个国家实现了高等教育的普及化。也就是说,20世纪后半期只有20个国家实现了高等教育普及化,但进入21世纪,高等教育普及化进程加快,前13年就新增实现高等教育普及化的36国,由此可以断定,21世纪是世界高等教育走向普及化的时代。在高等教育走向普及化的时代,大学的数量增加,办学规模扩大,教育方式创新,传统的教育理念和办学思想发生了变化,一流大学和一流本科教育的内涵和外延也会随之发生改变。

考察一流大学和一流本科教育,除了需要关注上述高等教育普及化的时代背景外,还有必要重视一个现实前提,即我国希望在不久的将来建成世界一流大学。但现实国情是，无论是北京大学、清华大学还是其他一些大学，在过去所开展的一流大学建设中，极少在本科教育上下功夫，极少重视发展一流本科教育，甚至对什么是一流本科教育都鲜有认知。我国现代大学历史短，底子薄，发展曲折坎坷，教育文化和精神贫乏，按常理，要建设一流大学，必须经过长时间努力。但现代社会不能等待，建设现代化国家，需要跨过发达国家曾经经历的历史阶段，节约时间成本，用更短的时间去实现更大的发展目标。这也是"双一流"建设不能回避的重大课题。

究竟什么是一流本科教育？在考察美欧高等教育发达国家情况的基础上，结合高等教育发展的历史脉络与趋势，大致可以勾勒出一流本科教育的基本特征。

第一，一流本科教育具有精英性。对精英性和精英化教育的理解，不同时代的人们有着不同的解释。在高等教育大众化尚未整体推进的时代，上流社会子弟所接受的教育就是精英教育。但到了高等教育大众化时代，精英教育可能就不只是针对上流社会了，精英教育的对象扩大了。这是值得我们深刻思考的。这时候的精英概念有了新的内容：精英是知识水平和能力上的优秀者，面对这些人所实施的教育就是精英教育。无论这些人是否出身好、是否属于上流社会，只要他们的知识水平和能力出众，他们就是精英。这个概念也逐步被人们所广泛接受。近年有研究发现，北京大学、清华大学的学生中来自农村地区的占 17% 左右，其他是城市生源。但并没有进一步研究表明，在城市生源中，他们的家庭背景是怎样的，各社会阶层的生源占多大比例。所以，从现有的研究结果看，一方面说明高水平大学中来自农村的生源在减少，另一方面也可以反映出高水平大学中生源问题在一定程度上还是受到社会因素的影响。但不管怎么说，在高等教育大众化和普及化时代，精英是多样化的，或具有多元性，它不再只是单纯的一种性质。由此也可以进一步明确，在早期大学教育中，一流本科教育的精英性的社会阶层指向是明确的，即只针对特定社会阶层。而现代的精英性具有更宽广的适应性，一流本科教育可以服务于社会各阶层的精英生源。高等教育的性质之所以能有这样的发展，除了有其自身变革与发展的影响之外，还得益于现代社会的民主化发展。社会民主化发展对消除不同社会阶层之间森严的等级化发挥了重大作用，为不同阶层子弟接受同等的教育创造了必要条件。

第二，一流本科教育具有基础性。一流本科教育着眼于培养基础宽厚且扎实的高素质人才。什么是基础？不同的人有不同的理解，有人可能认为是学科基础；有人可能认为是多学科或交叉学科基础；还有人可能认为是专业基础；更有人可能超越知识本身，从人的基本素质的培养来定义基础。不能否认，这些认识都有其合理性，因为在高等教育大众化和普及化时代，高等教育的类型变得多种多样了，不同类型高等教育对学生的基础要求是存在差异的。尽管如此，有一点是可以肯定的，各种类型的一流本科教育都高度重视学生的基础素质，进而特别重视基础教育。在理论界有一个认识，即高等教育属于专业教育范畴，有人就以为高等教育应当以专业教育为主，其他相关教育应当为专业教育服务；有人甚至将专业教育看成高等教育的全部。不管怎么说，就一流本科教育而言，基础性是它的主要特征之一，基础性表现在注重为学生专业发展和终身发展打下牢固的基础，使学生养成优良的基础素质，形成优良的基本修养和基本能力。这是一种可持续发展的素质和能力。现在，我国一些大学生一毕业就把书全部扔掉或卖掉，好像书读够了，以后不再需要了，要与书绝缘。就这种行为而言，大学对学生可持续发展素质的培养可能是不足的，这样的教育恐怕难言一流。

第三，一流本科教育具有综合性。综合与精英互为表里，共同构成大学生的优良素质和能力的两大表现。什么是综合性？综合性是精英性人才素质的基本要求，在一流本科教育中，综合性首先表现在多学科性和跨学科性上。一流本科教育不排斥专门性或专业性，但专门教育或专业教育是建立在综合性教育的基础之上的。因为历史的原因，我国大学高度专业化的本科教育模式仍然没有从根本突破，即便在一些传统的所谓综合大学中，本科教育的综合性仍然是一种奢望。这不能不说是一种遗憾，它使我国精英人才培养存在严重的缺陷。一流本科教育的综合性还表现在聚焦综合素质培养上。一流本科教育的各门课程和教育活动都担负着培养学生综合素质的任务，在每一门课程的教学中，要将其他课程的相关知识融会贯通，为培养大学生的综合素质与能力服务。这是一流本科教育不同于其他本科教育的重要特征。我国大学课程教学的孤立性问题非常突出，每一门课程都只考虑其自身的知识教学，而少与其他课程相联系，这种画地为牢的孤岛性教育除了能够体现知识本身的价值外，对大学生素质和能力的培养于事无补。第三表现在教学过程上的贯通性。

不管是理论教学、实践教学还是面向社会的综合服务，应当是相互贯通的。尤其是在理论教学和实践教学方面，二者相得益彰，互为补充，大学生既能获得理论素养，又能强化实践能力。我国大学理论教学与实践教学"两张皮"的问题由来已久，而且已经制度化了，管理上形成了不同的机制和体系，融合贯通并非易事。

第四，一流本科教育具有创新性。这是当代本科教育的典型特点。在精英化教育阶段，一流本科教育并不特别重视创新，主要是继承，只要继承好了就可以了，因为当时只有少数人能接受高等教育，只要接受了高等教育就是社会上最有学问的人。在高等教育大众化和普及化时代，一流本科教育不但是本科教育的明珠，而且是更高层次的研究生教育的基石，造就创新型人才，是对一流本科教育的刚性要求，这样才能发挥一流本科教育整体提升高等教育办学水平和促进经济社会创新发展的双重作用。所以，我国大学现在注重创新创业教育，是非常有意义的。在一流本科教育中，创新性主要表现在以下几点。一是大学生的创新素质。创新也好，创业也好，关键不在于大学生在大学教育期间的成功，而在于对他们的创新动机和创业意愿进行培养。二是高难度的教育。创新不是休闲，在大学教育中，大学生要经历一种高难度的学习，在通过学习和掌握各种科学理论与方法，解决各种具有挑战性的新问题的过程中，体验到创新的奥秘和创造的精神需要。三是对学生进行科学的创新方法的训练。在一流本科教育中，大学生接受了创新教育，走向社会后，无论从事什么工作，都会用科学的方法来思考和处理问题，创新可能成为大学生的一种内在品性。

上述四大特征是一流本科教育的主要内在表征。当然，有的我们也可以从外部观察到一些表现。除了内在表征外，一流本科教育的外部表现是什么？根据我们的研究，可以从以下十个方面来考察，包括：高选择性地招生、一流的人才培养方案、一流的人才培养模式、一流的教学能力、一流的学习能力、一流的课程教学、一流的教学设施条件、一流的教学质量保障、一流的教学文化以及造就一流的人才。其中，学生一流的学习能力是一流本科教育的关键表现，如果没有一流的学习能力，其他所有的东西都是不可能在现实中实现的。这十个方面是相互联系的，是一流本科教育的不同侧面的反映。如果只有一两个方面突出是不是一流本科教育呢？尽管要做出十分准确的判断是很困难的,但可以肯定的是,它离一流本科教育还有较大差距。以一流的教学文化为例,它既包含了物质的成分,又包含了精神的成分,是有形与无形的统一体。我们可以说物质文化是有形的,制度化规范也是有形的,但教学氛围以及直接影响教学氛围的理念和价值观则是无形的,它们看不见,无影无踪,却实实在在地在那里。当大学生迈进大学的门槛,进到所在的学院,他就进入了一种教学文化中,他对自身所处氛围的第一感觉和第一印象对其大学四年的学习可能带来重大的影响。这就是教学文化的魅力所在。

二、国内外一流本科教育的实践动向

应该说,一流本科教育是一个相对的概念,在不同的国家,一流本科教育是存在差别的。上面所阐述的一流本科教育的主要特征更多关照的是高等教育发达国家,与之相对照,我国一流本科教育还存在相当的差距。当然,一流本科教育还是一个发展的概念,也就是说,在不同的时期,一流本科教育的内涵和外延是有所不同的。在国际化、全球化的背景下,各国高等教育不但面临国内经济社会发展带来的新挑战,而且面临国际互联网和全球化的冲击,所以,国内外大学都在对本科教育进行重要改革,以适应不断变革的需要。

(一)国外一流本科教育的新发展

考察美欧诸国高等教育,变革是一个重要标志。就规模而言,除个别国家外,多数美欧国家高等教育毛入学率已经达到相当高的水平,各大学也不再以扩大规模为主要办学策略,所以,注重内涵发展,不断提高质量,成为各国大学发展的共同主题。美欧国家一流本科教育尽管超越了其他国家很多,但并没有止步不前,而是根据对各种新要求的判断,进行相应的改革。

1.教学理念的更新

理念是教育的先导,有什么样的理念,就可能有什么样的教育。这样说似乎有意识决定物质之嫌,但意识指导行动,行动改变现实,却是可以成立的。美欧诸国一流本科教育理念的更新主要表现在以下几个方面。

第一是人才观的变化。一流本科教育的人才观正在发生转变,可归纳为三个方面:一是更加注重学生基础素质和全面素质的养成,更加注重一流本科教育的基础性和综合性,而非直接就业能力的培养。二是更加注重学生创新素质的培养。这是国外一流本科教育在人才观上的基本共识。三是越来越重视学生的国际化素质。很多国家一流本科教育注重把学生送到国外进行交流学习，让学生体验国际性的环境，培养他们的国际化视野和跨文化素养。比如，美国麻省理工学院的"文化浸润改造教育"（Transform Education through Cultural Immersion），致力于"培养创新世界的人"，其实质就是用不同国家的文化来改造教育。杜克大学于2009年提出"质量提升计划"（Quality Enhancement Plan），主题是"全球化的杜克大学：提升学生作为世界公民的能力"。

第二是开放教学思想。这种教学思想源于信息技术和互联网改变了高等教育，在国际互联网世界，大学处于世界的中心，大学教育，尤其是一流本科教育担负了新的责任。MOOC的兴起不仅使教学资源电子化、网络化成为现实，更扩大了教育的范围，打破了教育的疆域限制，使本科教育获得了无穷的发展潜力。虚拟大学与校园大学相结合，不仅使校园大学教育的形式和内容发生了革命性的变化，更使校园大学成为无边界大学，校园大学教育的开放性将无限放大本科教育的功能，使一流本科教育辐射到更遥远的高等教育受众。

第三是教师发展思想。20世纪五六十年代是美欧国家实现和走向高等教育大众化的时期，为了满足数量急剧增加的大学生的要求，这些国家新增了大量的大学，包括新的大学形式也得到发展，大学生的多样性随之增加，大学教师的数量增加了很多。在这种情况下，传统的教学方式已难以适应高等教育发展的需要，教师培训成为必要，美欧大学形成了教师专业发展理念，开始对教师的教学能力、教师与学生交往的能力以及现代教学技术手段的应用等进行培训。近年来，美欧国家大学日益重视教师发展，相关理念越来越多样化，各级各类大学都建立了教师发展体系，包括出现了新的教师发展评价理念，教师发展评价已经成为一流本科教育不可缺少的组成部分。另外，教师发展思想还表现在一流本科教育的教学团队理念的普遍落实，教学团队制度成为一流本科教育的重要组成部分，在教学中发挥了重要作用。比如，哥伦比亚大学建立了系统的教学助理制度，任课教师聘请教学助理组成教学团队，这些助理可以是教师，也可以是上过这门课程的本科生或硕博士研究生，他们与任课教师一起共同完成课程教学任务。教学团队制度既是一种工作制度，又是一种教师发展制度，尤其是本科生或硕博士生参与教学过程，在教师指导下承担一定的教学任务,对于他们观摩教学工作,学习教学方法,训练与学生交流沟通的能力都有重要作用。这有助于他们将来从教的时候缩短适应教学工作所需要的时间。

2. 教学模式的转变

不可否认,美欧国家一流本科教育有很好的传统,很多行之有效的东西源远流长,但这并不意味着其没有变革。事实上,它们也很重视进行教育改革,尤其是为适应新的社会需要和新的技术革新,在教学模式上进行了诸多新的探索。近年来,美欧国家一流本科教育的教学模式改革主要表现在以下几点。一是更加注重跨学科专业和多学科专业人才的培养。比如,英国曼彻斯特大学根据学科群来组织本科教育课程,不同学科的课程模块交叉融合形成不同的专业,以满足不同学生跨专业学习的需求。美国普林斯顿大学为了协调和强化跨学科研究与教育,设立了人文学科委员会、科学与技术委员会、普林斯顿国际与地区研究所、普林斯顿神经科学研究所等跨学科组织。跨学科专门机构的设立,增强了跨学科和多学科研究的实力,为本科生教育的学科专业交叉融合与课程设置提供更坚实的基础。二是实行信息化教学模式。信息化和国际互联网的发展已经成为国外一流本科教育最强劲的变革动力源,为了顺应信息科学技术发展趋势,国外一流本科教育高度重视互联网和云计算带来的机遇与挑战,开发和采用了大量信息化教学手段,改造了教学环境和教学媒体,建立了基于信息科技和网络系统的新的教学模式,不仅丰富了本科教学的内涵,而且扩大了本科教学的服务范围,使本科教学从校园和课堂延伸到了社会,本科教学时空发生了重大改变。比如,耶鲁大学开发的开放课程(Open Yale Course)不仅服务于本校学生,而且免费向公众提供优质的课程和相关的教学材料。英国爱丁堡大学开发的"电子学习与数字文化"大规模开放在线课程(EDC MOOC),受到英美大学生的广泛欢迎。网络开放课程丰富了大学生的学习资源,为大学生提供了全新的教学体验,提高了优质教学资源的利用效率。新加坡国立大学在本科教学方案中,采取了"E-Learning Week"的方式,专门利用一周的时间让学生体验随时随地利用网络学习,较好地将网络在线教学植入了校园课堂教学。慕课领域的开拓者们则正在开发另一种慕课学习模式,即"连接主义慕课",该模式不只是单纯地传授知识,而是更注重学生之间的联系与交流。三是教学方式方法的突破。在国外本科教育中,讲授法并不是唯一的教学方法。一般来说，在一门课的完整教学过程中，教师大都会穿插使用答疑、小组工作、读书报告、社会调查、实习、实验等教学方法。此外，国外大学重视教学形式的多样化，尤其是通过加强与社会、企业的合作，利用国际化的教育资源以拓展教学空间。比如，美国杜克大学为了提高本科生的科研创新能力，面向本科生开设了独立研究课程（Research Independent Study），学生可以根据自己的兴趣在教师的指导下开展问题研究，体现出学生在学习过程中的主体性。麻省理工学院的本科生培养质量一直为世界各国所认同，但它仍然对本科工程教育方法和组织形式感到不满，便联合瑞典皇家工学院等研制开发了 CDIO 教学模式，不仅在校内推行，而且在世界各国相关大学推广。德国慕尼黑工业大学开设了"顶岗实习"（Work Placement）课程。

3. 教学管理的变革

国外一流本科教学管理是比较成熟的，其基本框架往往比较稳定，所以，很少见到整体性改革，但为了增强本科教学的有效性，提高本科教学水平和质量，一些"小改小革"却是不断的。主要表现在这么几个方面。一是注重学生的自我成长与自主发展。大学生的成长和发展是自我负责的事情，怎样让他们自主发展是大学教育所要解决的问题。国外一流本科教育重视发挥学生的自主性，建立了比较完善的以学生为中心的本科教学体系和教学管理制度规范，为学生创造更好的成长环境与自由空间。此外，教育教学管理呈现出精细化的趋势，越来越注重完善细节，保障师生教学的有效性，促进学生更加生动活泼的个性化发展。二是注重调动教师的积极性。首先是激励教师的内部动力，关注教师是否有一种发自内心的对教学、对学生、对知识的热爱，教师是否对教学价值有一种积极的情感体验。比如，国外一流本科教育往往通过保障教师的学术自由权利，使教师享有充分的教学自主权，以激发教师从教的本性和责任感。其次是外部激励，国外大学通过改革教师的评价方式，完善评价标准，推行过程性和发展性评价，改善教学管理，以激发教师的职业归属感。

（二）国内一流本科教育改革

教育教学改革一直是我国大学高度重视的工作，在近 40 年的改革开放工作中不曾间断。近年来，在推进综合改革和"双一流"建设的过程中，一些高水平大学在本科教育改革方面又提出了诸多新的计划，进行了一些新的探索。

梳理"985工程"大学本科教育改革计划和实践,可以发现,它们重点考虑的主要是以下几个方面。

1. 招生方式改革

国内大学本科招生改革有三个主要特征。一是强调自主性。自主招生本来是各大学运用自主权选拔优秀新生的重要途径,因此受到高度重视。但由于个别大学自主招生存在腐败问题,自主招生政策出现了往回收的现象,自主性有所弱化。二是强调宽口径。很多大学都在积极探索按照学科大类招生、按大类培养,这一改革的目的在于扩宽本科教育的口径,改变长期以来本科教育过分专业化的弊端。三是强调公平公正。我国大学在本科招生中一直高度重视公平公正,阳光招生便是最好的体现。即使在自主招生中,公平公正也是摆在第一位的。

2. 教与学的改革受到重视

从国内大学教学改革实施方案看,大都鼓励从传统教学向现代教学的转变,在对传统的教学文化和教学模式进行批评和解构的过程中,在总体上,从以教为中心向以学为中心的转变得到了比较广泛的认同和提倡。对于如何去做,设想的做法也很多。此外,还注重"研究性教学",注重小班教学。在小班教学方面,很多大学不知是出于什么动机,存在一定程度的"猫腻"现象,即在推行小班教学的过程中,采用了"小班化教学"的概念。我们知道,小班教学一般指班额在35人以下,而小班化教学则指只要班级人数比原来有减少即可。比如,原来班级有100人,现在减为90或80人,就可以称为小班化教学。这种情况在一些大学的教学工作审核评估报告中也有反映,自评报告不谈实行小班教学的课程比例有多大,而是说小班化教学的比率有多高。这种"打太极"的做法很有些令人不解。

3. 重视创新创业教育

近年来,"双创"教育成为我国大学本科教育改革的热点,一些大学建立了本科生创新创业学院,其中,有的是学校自主建立的,有的是学校跟企业联合建立的,有的是学校跟政府联合建立的,因为政府部门对推行创新创业教育也负有责任。在全国大学"双创"教育方面,主要有以下几种表现:一是以"挑战杯"及各类创新创业类竞赛项目为载体,开展创新创业教育;二是以创新创业课程为依托,聘请创业家、成功人士等来校讲学指导;三是以创新创业基地为平台,开展创新创业教育;四是创新人才培养模式,在人才培养方案中融入创新创业元素,包括开设创新创业课程等。

4.重视建立教学质量保障体系

进入 21 世纪以来,教学质量保障在我国受到高度重视,教育部高等教育教学评估中心和各省市区教育厅(委)直接组织建立了外部质量保障体系,而且借助政府的权威,强化了大学的质量意识,本科教育质量保障受到重视。在外部质量保障的推动下,各大学在本科教育方面建立了自身的教学质量保障体系,校内的质量保障文化逐步建立起来了。近年来,部分大学越来越重视内部教学质量保障,从质量标准入手,建立了教学过程各环节的质量标准,并根据这些标准对教学过程进行质量管理和控制。教育部高等教育教学评估中心组织开展的教学工作审核评估和工程专业认证活动,更强化了内部质量保障的作用,使质量文化深入人心。

概而言之,我国高水平大学重视本科教育改革,这是应当肯定的,但我们也发现有一个问题特别需要引起重视和警觉,即几乎所有的大学在进行本科教学改革的时候,所使用的概念有同质化倾向,一个不可避免的、非常明显的结果就是本科教育的同质性,表现为概念一致、思路一致、设计一致,在实践层面看不到哪所大学是基于自身的问题来进行本科教育教学建设与改革的。由此可见,在我国大学,培育一流的本科教育文化还未得到足够的重视,也就是说还没有树立基于解决自身问题需要的一流本科教育的价值导向。

三、我国一流本科教育的建设路径

一流本科教育不是某一类大学的专属领地,不仅一流大学可以发展一流本科教育,其他大学也可以发展,不同层次、不同类型的大学都可以参与建设一流本科教育。与研究生教育不同,本科教育有自身的特点和需要,两者的差异性主要体现在,本科教育是基础性和综合性的,造就一流本科人才并不一定要有高精尖的设备和特别高水平的师资队伍。一流本科教育重在为学生的未来发展提供多种可能性和多样化的选择,注重学生个性和潜能的充分开发,而硕士、博士研究生教育则具有非常明确的专业指向,且要求学生在专业领域内有创新性的贡献。特别需要强调的是,本科教育是面向全体学生的,那种开设精英班的"圈养"模式,并不真正符合一流本科教育的内涵。一流本科教育是高难度的,这种高难度与研究生教育是不一样的,本科生在大学的四年里,如果没有以真正高难度的培养过程来进行自我发展的话,则其所接受的教育水平是不可能高的,更不可能是一流的。所以,要把学生的课程设计成有一定难度和挑战性的。

(一)制定和推行一流本科教育建设规划

培养一流人才应当成为各级各类大学本科教育的价值所在。有的大学制定了一流人才培养规划,但重视硕士、博士生教育的比较多,对本科教育的关注度是很不够的。就现实而言,我国大学要在研究生阶段培养一流人才,难度远远大于培养一流本科生。在我看来,从根本上来说,"双一流"建设首先应当是一流本科教育建设,应当以发展一流本科教育促进一流学科发展和一流大学建设。为此,我国大学应当制定一流本科教育发展规划,拿出行动计划和政策导向。

建设一流本科教育,需要先把我国本科教育的发展方向和存在的主要问题弄清楚,需要对整个人才培养方案进行设计和规划。我们需要朝着一流本科教育这个方向去发展,其中最重要的是创新人才培养模式。比如,加强实践教学,加强校际合作,开展"卓越计划",包括"卓越工程师计划""卓越医师计划""卓越教师计划"等,这些都属于对人才培养计划和教育模式进行的革新。在人才培养模式改革中,一个常常为人们所忽视的问题是加强师生之间的互动,这是人才培养模式的核心问题。在现行的人才培养过程中,师生互动的环节是少之又少的,这样的培养模式不可能是一流的。一流人才的培养模式,师生互动一定是紧密的、有效的,能营造一种氛围、一种环境,让老师和学生们进行充分交流、相互讨论,老师能给学生直接的指导,学生能够与老师自由地交流思想。这样的人才培养模式能把学生的培养与老师的指导紧紧地结合起来,是有助于培养一流人才的,相反,老师讲完课就走人这样的培养模式是绝对培养不出一流人才的。

在国外一流本科教育中,特别注重营造优良的氛围和采取一些相应的制度,来密切师生间的交往交流。比如,咖啡时间,还有午餐会和课间,老师与学生在一起喝咖啡或用餐,共同探讨和解决问题,增进相互间的联系和交流。还有其他的类似规定,如老师必须于每周的固定时间在办公室接待学生,这个时间不是用来出差的，而是用来解答学生疑难问题的。还有的大学有制度规定为每门课程配备教学助理，同时还有教学团队制度。什么是教学团队呢？即这门课不是由一位老师来完成，也不是由老师和教学助理们来完成，而是除了任课老师外，还有若干其他老师在这个课程中承担教学任务，比如，承担一些章节或专题的教授任务，担任学生的辅导任务或学生作业的评点任务，这样一来，在一门课上学生所接触的老师就不是一位，而是多位；这门课程也不是一位老师"单干"的，而是发挥团队的学术力量来完成的。麻省理工学院有一门课的教学团队，老师加学生一共有 30 多位，其中，有 7 位老师，20 多位学生，可以说是一个庞大的教学团队。主要任课老师是这门课程的负责老师，既要负责与其他老师协调任务，也要负责指导教学助理的工作。教学团队教育模式可以让老师与学生之间有更亲密的交流，可以把学生的学习与老师的指导紧密结合起来，对学生的发展更为有利。人才培养模式改革并不是简单地抓小组合作学习、小班教学，抓课内教学和课外教学相结合。这些都是简单的形式上的要求，师生间的互动交流更为重要，更为根本。

（二）完善一流本科教育治理体系

大学的治理包括外部和内部治理，外部治理受制于各级政府和各级党委，大学在这方面能够发挥的作用有限，主要是提要求，呼吁改革，减少控制。在内部治理体系建设上，大学是可为的，有较大的自主空间。在大学内部，建立现代治理体系，改革行政主导突出的问题可能是需要优先考虑的。就教学来说，一般是由主管教学的副校长、教务处长和各院系教学副院长（主任）进行行政管理，教师所能发挥的作用就是上课。除此之外，教师基本不发挥什么作用。教学完全行政化，教学事务全部由行政部门和行政人员来解决，这是一个问题。行政化的管理方式有其合理性，但完全行政化会使教师对教学产生疏离情绪。

早期大学规模较小，相关的教育教学行政事务是由教师兼任的。现代大学的规模越来越大，教师的职责越来越多，任务越来越重，既要负责教育教学，还要保证科研产出，也要参与社会服务，还有其他大量的学术和社会活动，教师的精力有限，越来越无暇顾及行政事务，这就是现代大学出现专门化的行政队伍的背景。现代大学的规模越来越大，行政队伍也越来越庞大，结构亦越发完整。比如,在美国大学,以前校长一个人就能解决或者教务长一个人也可以解决行政事务,后来随着一系列副校长的出现,也就开始了高度的行政化。由于行政事务多,行政职位的设置也越来越烦琐,现在要把一些美国大学网站上校领导职务翻译成汉语很难,这反映出美国大学行政化也越来越深入。行政化是中外大学的共同特点,但我国大学的行政化与美欧大学相比,性质是有差异的。我国大学行政化是实质性的行政化,是权力、责任捆绑在一起的,是排斥教师的行政化;而欧美大学的行政化是事务性的行政化,更多的是治理行政化,教师仍居于教学事务处理的实质地位。欧洲大学由教授决策,行政部门来执行,其行政化非常普遍和深入,但只负责执行。美国大学所有的行政事务由几个部门来决策,学术事务由教授会来决策,由相应的行政部门执行,行政部门只负责执行而不负责决策。

我国建设一流本科教育如何体现现代治理呢?改革行政化是必要的,但是,一下子完全改革到位是困难的,也是不现实的。我国大学要改革的是实质性的行政化问题,也就是如何在教育教学事务中发挥教师的作用,调动教师的积极性的问题。建立什么样的治理机制,让教师更加积极地参与到一流本科教育的建设中来,把教师个人和集体的作用发挥出来,是至关重要的。目前来说,教师个人和集体的作用都发挥得不够。有些大学提出重振教研室,可教研室的作用是有限的,它只能负责教学领域的事情,对人才培养方面的其他问题却无法参与。如何发挥各种教师委员会,包括课程委员会、学生指导委员会、教学委员会等的作用,使他们拥有对教育教学事务制定决策的权利,教师集体真正参与到一流本科教育的治理中来,是我国大学治理体系建设的优先课题。调动教师的积极性,使教师在教学中焕发出热情和激情,在师生互动中对学生认知、人格、情感等发挥更大的积极影响,这才是我国大学治理改革面临的最本质的问题。

(三)培育一流本科教育教学文化

教学文化好似本科教育的土壤,我国大学教学文化平庸居多,很多局外人到了校园往往感受不到师生对学术的激情,师生在社会交往中往往也没有表现出应有的学术气质,教师为了"挣工分"而从事教学者众,学生为了"挣学分"而学习者众,管理者为了迎合行政意图而施政者众。如果大学为迎合各种社会现实需要而办学，没有对真理应有的尊重。大学人似乎也没有对思想的向往，教学文化平庸和堕落注定不可能发展一流本科教育。

没有一流的教学文化无以建设一流本科教育。培育一流的本科教育教学文化，首先要树立正确的教育教学价值观，将真理和思想置于至高无上的地位，大学人要对真理和思想保持一颗尊重和敬畏之心。其次，要在全校普及一流的意识，将一流作为衡量各方面工作的基本要求。一流本科教育不是一所大学的"试验田"，更不是极少数学生的"自留地"，而应当是整个大学的教育教学实践。再次，要着眼于学生个性和特长的发展。每一个大学生都有特殊的能力和才华，只有个性得到全面发展、潜能得到充分开发的本科教育才能成为一流本科教育。第四，用制度引导一流的教学文化建设。教师评价制度应鼓励和支持教师积极探索更高水平的教育教学，教学管理制度应鼓励和支持学生个性和潜能的充分而全面的发展，行政制度不是领导而是支持和保障一流的教育教学。要通过一流的教学文化建设，建立一流本科教育最可靠的保障。

第十二讲

应用型大学的发展与教学改革 ①

尊敬的贺校长、各位领导、各位老师：

大家好！

很高兴到玉林师范学院来跟大家一起探讨学校改革与建设问题。据了解，学校已经将建设高水平应用型大学作为发展目标，建设工作取得了重要进展。实际上，建设应用型大学是我国经济社会发展到一定程度后对高等教育提出的必然要求。在我国高等教育体系中，尽管以往没有应用型大学的分类，却并不乏这类性质的大学。传统上，我国经济领域中各行各业主管部门所创办的行业性大学，以服务行业部门的经济生产为目的，在专业设置和教育教学中紧密结合行业部门的生产需要，所培养的人才直接到对应的行业部门就业。它们就是我国较早的应用型大学。当然，今天我们要建立的应用型大学有其特殊性，其根本之处就在于要促使一大批并非以应用性办学为目的的大学转型发展，使之成为一种新型大学。所以，我想主要围绕应用型大学的发展与建设问题跟大家做一些交流。

一、应用型大学的发展历程

从起源来讲，大学办学最初并不具有应用性，所以，也就不存在应用型大学。应用型大学的出现是有条件的，它是现代工程技术教育发展的结果。在

---

① 本文是作者 2016 年 10 月 28 日在广西玉林师范学院所作学术报告的文字整理稿。

教育史上，工程技术教育发展的历史并不长，只有150年左右。19世纪中期以前，基本上没有工程技术高等教育，那时技术还没有进入高等教育领域。即便是19世纪中期开始有了工程技术教育，规模也很小，不成体系，更没有太大的影响力。第二次世界大战后，城市工业化、农村城镇化和高等教育大众化、普及化共同推动了工程技术教育的发展，促成了一批以工程技术教育为主的大学，当然，也促成了一批综合性大学发展工程技术教育。

城市工业化、农村城镇化需要大批工程技术人才。在人类历史上，战争一方面会带来人员的伤亡和财产的损失，另一方面会带来城市或乡村的严重破坏。第二次世界大战之前的战争，大多是以冷兵器为主的战争，总体上，科技成果对战争的影响不大，更难以左右战争的趋势。但是，从第二次世界大战开始，科技发展对战争的影响力越来越大，军事科技甚至可能发挥至关重要的作用。在两次世界大战中，与飞机、大炮、坦克等武器装备相关的科学技术成为决定战争胜败的关键，更不用说原子弹等武器。例如，在欧洲战场，由于地域范围有限，部队比较集中，飞机、大炮、坦克数量的多寡就可能决定战争的胜败。所以，第二次世界大战期间，欧美主要国家大力发展国防科技产业，国防工程科学技术水平达到了前所未有的高度。战争结束以后，欧洲各国亟待重建，对被战争破坏的城市进行恢复重建。军事工业产业和相关科技不再被大量需要，急需寻找新的出路。这正好配合了战后重建工作和经济发展。如此一来，欧洲、美国大批军事科技转向民用，以通讯、电子技术为代表的很多军事技术在民用市场得到应用，催生了现代经济的发展。现代经济的发展又进一步促进了工业化和城市化的发展。部分亚洲国家和拉美国家的工业化和城市化也受益于这一时期现代经济的发展，成为新兴的工业化国家。工业化和城市化的快速发展需要大批工程技术人才，于是，工程技术教育受到重视。正是在这样的背景下，在20世纪上半期的军事工业与科技发展和第二次世界大战结束后的经济重建与发展中，欧美国家建立了一大批以培养工程技术人才为目的的大学，形成了一种新的大学类型，即应用型大学。

大众化、普及化是高等教育顺应工业化和城市化发展的结果。从世界高等教育发展的总体趋势看，20世纪中期以前可以称作高等教育精英化时期，20世纪后半期可以称作高等教育大众化时期，21世纪初期可以称作高等教育普及化时期。据有关统计，20世纪中期以前，世界上只有美国高等教育在

1947 年实现了大众化，但是，从第二次世界大战结束到 20 世纪末期，所有发达国家、大多数发展中国家及少数不发达国家的高等教育发展实现了大众化，另外还有一批高等教育发达国家实现了普及化。21 世纪初期，高等教育普及化进程明显加快，一大批国家迈入了普及化发展阶段。据统计，2000 年以前，世界所有国家中，只有 20 个国家实现了高等教育普及化，但是，截止到 2013 年，又有 36 个国家高等教育实现了普及化，全球共有 56 个国家高等教育实现了普及化。①

为什么 20 世纪后半期以来高等教育大众化和普及化会成为主要趋势呢？在美国，主要与第二次世界大战结束有关。战争结束后，美国出台了《军人权利法案》，支持和鼓励退伍军人进入大学学习，这解决了大批军人退役可能带来的失业及由失业可能造成的社会问题，但同时也引发了高等教育的大规模扩张。在欧洲和其他国家，高等教育的大规模扩张主要还是得益于战后恢复重建带来的经济快速增长，现代经济生产规模扩大必然需要更多接受了高等教育的人才。但大量的学生涌入大学，大学应该提供什么样的教育，将学生培养成什么样的人以及学生未来要在社会中发挥什么作用？这些都成为大学需要慎重思考的问题。然而，大学并没有做好充分的准备，依然按照培养精英人才的模式培养新的生源，这引起了学生对大学的强烈不满。因此，在一些国家爆发了大规模的学生运动，大学生走上街头示威游行，呼吁高等教育变革，要求大学提供他们需要的教育。在这样的背景下，老大学开始了改革探索，一批新大学成立了。新大学不能穿新鞋走老路，走了一条与老大学不同的办学之路，也就是应用型办学。所以，大学的应用型转变是为了适应大规模学生教育的需求，是为了满足高等教育大众化和普及化的需要，与此同时，也是为了适应战后工业化、城市化发展和经济重建的需要。

第二次世界大战结束之后，我国本来有机会跟美欧国家在一个新的起跑线上再竞争的，但天不遂人愿，我国高等教育发展丧失了一次难得的机遇。第二次世界大战结束后，我国又经历了三年内战，到 1949 年中华人民共和国成立后才开始全面的社会主义建设。为了满足大规模经济建设的需要，国家对高等教育进行了院系调整，建设了一大批专门学院，例如，机械学院、交通学

---

① 别敦荣，王严淞 . 普及化高等教育理念及其实践要求 [J]. 中国高教研究，2016（4）：1-8.

院、石油学院、航空学院、煤炭学院、化工学院，等等。这些专门学院或大学实际上就是应用型大学。

与此同时，由于新中国的社会主义性质，大学向工农开门，使工农子弟有机会接受高等教育，让他们能够在社会建设中发挥重要作用。应该说，这个时候的中国已经具备了建立应用型大学的双重条件：第一，工人农民子弟获得了接受高等教育的机会，发展大众化的高等教育有了可能；第二，大规模经济建设的序幕已经拉开，各行各业的建设发展迅速。但是，历史的进程并没有循序前行，而是走了一些弯路，发生了一些偏差。直到"文化大革命"结束后，我国高等教育发展才终于恢复秩序、走上正轨。

改革开放以来，我国高等教育稳步发展。30 多年间，高等教育发展没有发生大的波折，当然也出现过一点小小的波澜，但不影响大局。1999 年"大扩招"以后，高等教育快步地进入了大众化。1999 年，高等教育毛入学率只有 10.5％，到 2002 年，仅仅 3 年时间高等教育毛入学率就达到了 15％，步入大众化发展阶段。根据教育部统计，2015 年我国高等教育毛入学率已经达到了 40％。据预测，最快到 2018 年，我国高等教育将进入普及化时代，毛入学率会超过50％。[1]2016 年 4 月 7 日，教育部首次发布的《中国高等教育质量报告》指出，到 2020 年高等教育实现普及化。

应用型高等教育发展的基础是工业化和城市化。单纯就应用型高等教育发展来说，我国高等教育发展是晚了点，但步伐还不算太慢。改革开放以来，我国不断推进工业化和城市化发展，在工农业生产总值大幅攀升的背景下，工业化和城市化水平不断提升。从 2014 年开始，我国城镇人口超过农村人口，城市化发展进入了一个新时期。我国已经成为全球第二大经济体，年 GDP 达到了 70 多万亿元人民币，而在 1978 年，我国 GDP 只有 3560.17 亿元人民币。在国际上，发达国家经济体量比中国大的只有美国，与美国 17 万亿美元以上的 GDP 总量相比，我国还有比较大的差距。GDP 总量排在全球第三位的国家是日本，其经济体量只有 4 万多亿美元，不到 5 万亿美元。[2] 大规模的经济发展需要大规模的人力资源支持，经济发展所需要的人力资源要靠高等教育来

---

① 别敦荣. 普及化高等教育的基本逻辑 [J]. 中国高教研究，2016（3）：32.

② 世界银行关于各国 GDP 总量的统计 [EB/OL].［2016-10-12］.http://data.worldbank.org/country.

培养,经济发展除了需要高科技人才外,还需要大规模的应用型人才。所以,凡经济发达国家,必重应用型人才培养,这是世界共同的趋势。在大众化和普及化的背景下,培养大批应用型人才是高等教育的必然选择。因此,从2000年开始,教育部就提倡新建本科学院建设应用型高校,2013年在教育部的推动下,部分新建本科学院确定了建设应用科技大学的目标,加快了建设应用型大学的步伐。由此可知,建设应用型大学是我国高等教育顺应经济社会发展需要的必然选择,应用型大学将对促进我国工业化和城市化进程发挥了重要的支撑作用。

二、应用型大学的发展定位

高等教育在不同的发展阶段发挥的功能是不一样的,精英化高等教育与大众化和普及化高等教育发挥的作用有很大差别。概括来说,后者超过前者,但也包括前者,大众化和普及化与精英化不是替代关系,大众化高等教育包含精英化高等教育的功能,普及化高等教育又包含了精英化和大众化高等教育的功能。具体而言,在精英化时代,高等教育是为社会优势阶层服务的,受教育者来自优势阶层家庭,他们衣食无忧,接受高等教育的目的是为了有文化、提高文化品位,他们不需要也不指望高等教育能为他们带来经济上的好处。事实上,那时的高等教育往往也不可能给受教育者带来多少经济上的好处,因为那时的高等教育与经济之间的联系并不紧密。在大众化和普及化时代,高等教育的受众不但包括了精英化时期的那一类受教育者,而且大量地吸纳了来自中下社会阶层家庭的子弟,使受教育者的构成发生了重大改变。来自较低社会阶层的受教育者大多是家庭中的第一代大学生,他们接受高等教育的目的不同于优势阶层的子弟。他们不仅要解决个人未来的生计问题,而且往往负担着很重的家庭责任,他们未来要支撑整个家庭的发展,使家庭向文化、地位的高层次迁移。能否实现这种迁移,取决于他们是否能够学到本领,走向社会之后,是否能够顺利就业,并在社会上发挥积极的作用。如果能够解决好这些问题,高等教育大众化和普及化的社会功能就实现了。

应用型大学就是要适应高等教育大众化和普及化发展的需要,满足学生就业与发展的要求。传统大学,现在称之为综合性大学,以基础学科为主办学。基础学科是指文、理基础学科,文科一般讲的是文史哲,即文学、语言学、历史学、哲学、经济学以及政治学等学科；理科一般指数学、物理、化学、生物、地理、天文等学科。传统大学在基础学科方面实力强大，并且一直以这些基础学科为办学主体。与传统大学不同，应用型大学的特点有这么几个。第一，培养应用型人才，这是应用型大学的使命。第二，学科专业服务于培养应用型人才，所以，学科专业大都是应用导向的，或者说是应用性的。第三，依托校企合作办学。要培养应用型人才，单纯地依靠学校自身是不够的，很难要求学校培养的毕业生走向社会就能熟练地去做事情，适应相关职业工作的要求。所以，要培养应用型人才，学校一定要和社会进行对接，让学生能够根据工作要求，把在学校中学到的知识技术应用到实践中，在实际操作中逐渐变得熟练起来。同时，还要学习职业伦理。职业伦理是指在工作岗位上，与同事、领导关系的处理、对生产和产品与人和环境等关系的认识以及对工作和同行的态度。这些能力和素质在学校都很难学到，只有在校企合作教育中，才可能获得。第四，服务地方。应用型大学常常是所在地区经济社会发展不可或缺的一部分。应用型大学是在满足地方的需要中成长起来的，在大众化、普及化时代，它如果不能服务于地方，就很难在那里生根，地方经济社会发展缺失了大学的支持，社会文明及生产水平提高就得不到支持。

传统大学培养的人，主要服务于传统上需要接受高等教育的社会职业，一般来说，包括大学教师、医生、律师、宗教人士等。随着科技的发展，做科研也需要接受高等教育。传统大学大致就是服务于社会这些职业的需要。除了传统大学服务的社会领域以外，那些实际生产部门长期以来不需要接受大学毕业生，高等教育也不向其提供服务。

应用型大学产生以后，开始服务于传统大学往往不太愿意去面对的社会行业和职业。在我国，20世纪80年代及90年代初期，曾经有大学毕业生应聘到高级宾馆去做服务员，成为社会大新闻，很多人认为不值，认为服务员没必要接受大学教育，这样会造成高等教育资源的浪费。这说明当时社会的这种需求才刚刚出现，到现在，宾馆服务人员都要接受过高等教育，几乎所有职业、行业、部门的从业人员都需要接受高等教育。这样的人才就是应用型人才，这样一来，应用型大学的服务面向就宽广了。

应用型大学要准确定位，需要处理好四个矛盾关系。第一，理论与应用的关系，或者说是基础与应用的关系。在精英化时期，传统高等教育的基本格局主要由所谓的"五大班子"构成，即综合大学、工业大学、医科大学、农业大学、师范大学五种类型的本科院校，其中，综合大学和师范大学数量最多，这些学校的办学大都是偏重基础的。以玉林师范学院为例，作为一所师范院校，传统的学科设置是基础性的，如果要办成应用型大学，就需要学科、专业向应用型转型，或是办更多的应用型学科和专业。在文科方面，玉林师范学院现有的文学、历史、政治、外语等学科都是基础性的，而新闻传播、公共管理、管理科学、财经等则是应用性的。基础性的文科向应用性领域拓展，或者以基础学科的优势发展一些应用性的学科领域，就是向应用型发展。在理科方面，物理学可以向机械、材料、电子等领域拓展；数学可以向计算机、信息科学、统计学等领域拓展；化学可以向化学工程、食品安全等领域拓展；生物学可以向生命科学、生命技术、生物工程或制药等领域拓展。如果能比较好地处理基础与应用，或者理论与应用的关系，就能准确地定位自己，应用型大学才有可能办得好。应用型大学的学科设置以应用性学科专业为主体，基础学科为应用性学科和专业发展服务，发挥支撑性作用。用一个形象的符号来形容，它是倒着的"T"，基础学科是应用学科发展的根基，这就是基础和应用的关系。

第二，过去与未来的关系。过去长期形成的办学模式、人才培养模式、课程体系，是围绕着培养基础学科人才来设计的，比如，师范教育虽然有应用性却是培养基础性学科人才的，中文系培养一个中文老师，就给他开设中国古代文学、中国近代文学、中国现当代文学、古汉语、现代汉语、外国文学或英国文学、俄罗斯文学、美国文学等学科课程，进而再开几门教育学、心理学课程，这些都是基础学科课程。学生学习了这些课程，就到中小学去任教。长久以来形成的办学模式根深蒂固，现在要面向未来建设应用型大学，就要有所改变，因为应用型大学有其专门的办学要求。首先，要进行产学合作，把企业的需求纳入学校的人才培养中，让企业的人员参与到教学过程中来。要把老师培养成为既懂理论又懂应用的人，他要像工程师那样，熟悉企业的工艺技术、生产流程和生产过程中的各种问题。这就需要让老师去企业挂职锻炼，成为复合型的老师。现在不只是要求老师成为"双师型"的教师，还有"三师型"的说法，即老师要既是人师又是经师，还是工程师，要教书、教技能，还要育人。

第三，教学与科研的关系。一般来讲，师范教育是不大重视科研工作的，尤其是学科方面的科研。因为中小学的教学内容，比如语言、文学、历史、地理、政治、物理、化学、数学、生物等，主要是一些基础知识，没有太多要研究的。除非老师本人有兴趣，否则一般是不要求做探索性研究的。老师如果对学科问题有兴趣，尽管学校没有硬性的要求，也会自觉地去做研究。传统上，师范院校的科研，大部分是关于中小学教育教学内容与方法的研究，各主要学科领域的研究比较少。正因为如此，师范院校长期存在师范性与学术性之争，人们对师范院校是否应当开展学术研究、是否应当追求各学科领域的开拓与创新，是有不同认识的。时移势易，我国高等教育即将由大众化阶段进入普及化阶段，地方师范院校的功能不再是单一的教师教育，它需要开拓服务面向，担负起服务地方经济社会发展、促进文明进步的使命，这就需要办应用型高水平大学。科研是提高学科水平，支持高水平教学，从而提高学生培养水平和质量的必由之路。应用型大学的科研要在应用性研究方面多下功夫，当然，也不排斥基础学科的科研。聚集力量，集中资源，组织开展应用性科研，发展应用性学科专业领域，是应用型大学提高办学水平的必然要求。

第四，地方与全国的关系，甚至是与全球的关系。应用型大学是地方性的，要扎根地方，成为地方经济社会发展不可缺少的支持、引导力量，这是一方面。另一方面，一所大学，它服务的范围、面向，远远不止地方，尤其是在很多时候，地方的需求并没有生长起来，还是一种潜在的需求，或者还没有大规模地呈现出来。应用型大学的办学不能只满足地方的需要，还要服务更多地区、更大的范围的需要。[①] 比如，在黑龙江北部的黑河市，有一所新建本科学院——黑河学院。黑河市是个地级市，位于中俄边境线上，地方经济规模非常小，城市人口也很少，只有20多万人，没有规模化的工业。黑河学院毫无疑问应当服务当地，面向地方需要办学。地方有多少高等教育需要？黑河学院应当如何满足地方需要？除了满足黑河市的需要外，它还要不要满足其他地方的需要？这些问题很现实，很多地方性大学都面临这个问题。如果机械地理解为地方服务，很多地方性大学都要"饿死"，因为地方的需要不能支持一所大学的办学。有人可能会说，既然地方没有那么大的需要，就不需要办那么多大学。这种看法是不对的，特别是当我们面向未来发展布局高等教育的时候，要警惕这种看法的影响。

---

① 别敦荣. 地方大学的使命与发展 [J]. 河北科技大学学报（社科版），2007（03）：84.

为什么？首先,这是地方经济社会发展的需要。尽管有些地方对高等教育的需求不如一线城市大,可能一年所有的需求加起来不超过一两百人的办学规模,但的确是存在需求的,而外地大学又不足以满足地方的这种需求。从这个意义上讲,地方大学有其不可替代的价值。一所地方大学一年可能会培养出四五千毕业生,即便绝大多数毕业生可能要到外地去就业,这也是地方大学价值的一种体现。换句话说,如果当地没有一所大学,不仅地方现实的高等教育需求无法得到满足,而且其长远的需要也可能很难得到满足。因此,要用长远的眼光看待地方大学建设。

其次,这是社会文化发展布局的需要。地方拥有一所大学就等于拥有了一块文化绿洲。厦门大学就是一个很好的例子,它是在 1920 年由一位非常有远见的华侨——陈嘉庚先生所创办的。当时厦门还是一个渔村,各方面发展都很落后。不仅厦门,就连整个福建省也没有一所大学。陈嘉庚先生排除万难,终将厦门大学建立起来,尽管第一届只有 98 个学生,但他始终坚定信心,要将厦门大学建设好,使其发展为一种高层次文化的策源地,让厦门市乃至整个福建省拥有一块文化绿洲,从而带动地方文化教育事业的发展。前人栽树,后人乘凉,厦门市因为有了厦门大学而更具文化品位,其城市的文化经济发展也在很大程度上得益于此。

所以,大学办在什么地方,不是无缘无故确定的,要考虑到长远的发展需求。地方大学要成为经济社会发展、社会文明的发动机和播种机。在学科专业建设、人才培养的定位上,地方大学不能用狭隘的眼光来处理。眼睛不能只盯着现在,要看到未来,要看到 50 年后、100 年后、200 年后这所学校在社会上的作用,这才是负责任的! 即使我们这一代老师、干部、领导只能够工作 10 年、20 年、30 年,但是,我们要为后世负责,大学是千秋万代的事业,要把奠基工程做好。奠基工程就是学科专业的布局和格局、人才培养的基本模式、学校基本的管理制度以及整个学校的文化风气。把这些做好了、理顺了,学校发展速度就会比较快,水平自然会提高。这样的大学才是社会所期望的,也是大家共同的理想。要从这样的角度来考虑学校的发展定位。

三、应用型大学的教学改革

改革,顾名思义,就是将旧的改为新的,将不合理的改成合理的。总体而言，我国应用型大学还是新生事物，或者说还是正在成长中的新事物，它本身的一套教学还没有成型，更谈不上成熟。如何改？从哪儿改到哪儿？我认为，应用型大学教学改革主要有两层意思。第一，针对非应用型大学的教学而言，不要学那些不适应应用型大学的东西，要改掉那些不合理的东西，建立与应用型大学办学要求相适应的教学体系。第二，针对应用型大学建设以前建立起来的教学体系，其中很多是不合理的、不适应的，要改掉，同时建立起新的教学体系。概括起来讲，应用型大学教学改革主要应当从以下四个方面进行。

（一）应用型大学的人才培养目标改革

毫无疑问，应用型大学要培养的人主要是应用型人才，学校主要的学科专业，无论是文科、理科还是工科，应用性是其所培养人才素质的核心特点。要做到这一点是不容易的，需要把应用型人才的培养作为教学的主要目标，从各方面来研究和提炼每一个专业毕业生的应用能力和素质。与此同时，需要明确的是，应用型人才不只是会做事的人，或是社会职业的熟练从业人员。如果学生在应用型大学接受了四年教育，单单只掌握了一门技术、某种应用能力，那是远远不够的。学生还要成为一个优秀，至少是合格的社会公民。所以，要把学生当作公民来培养。一个人的公民素质不是天生的，也不能单纯地依靠中小学教育来培养，大学也要培养学生的公民素养。应用型大学不能只看到学生眼前的发展，只关注毕业后的第一次就业，还要重视学生一生的发展，也就是要让学生掌握终生发展的能力，形成一些终生学习的素质，包括自我发展的能力。有了这些素质和能力，学生走向社会以后，才可能成为和谐社会的建设者和促进者。在市场化时代，学生需要具备社会竞争力，大学如果忽视了学生竞争力的培养，那么，它所提供的教育也就很难说是成功的教育。现在是一个国际化、全球化的时代，国际互联网和信息技术已经影响到人类生产和生活的每一个方面，我们的学生还需要有国际视野，要能走得出去。学校要给予学生相应的国际化素质和能力的培养，要使学生掌握信息技术手段，要使其养成信息化思维，能够运用信息技术和互联网解决社会生产和生活中的各种问题。综上所述，应用型大学的人才培养目标，不应是狭隘的，不能只关注技术和技术的应用，制定培养目标应当视野开阔，考虑到学生长期的发展需要和学生走向社会的适应能力和必备的素养。

（二）应用型大学教学理念改革

应用型大学需要有一套与其人才培养目标相适应的教学理念。教学是一种理念行为，有时候我们不一定意识到了自己的教学理念，但通过反思和梳理可以理清教学过程中形成的教学理念。一般而言，教学理念分为宏观理念和微观理念，就宏观而言，有几种理念是比较重要的，需要予以重视。第一，通识教学与专业教学结合理念。应用型大学的人才培养不能只注重专业教学，必须为学生开设通识课程，做好通识教学。在高等教育大众化和普及化时代，很多国家的应用型大学越来越重视学生通识素质的培养。第二，合作教学理念。应用型大学不能关门办学、闭门造车，如果只是依靠学校办学资源，要把学生培养成高素质的应用型人才是很难的。开放办学，走校企合作、产学研一体化办学道路，是应用型大学教学的必由之路。第三，质量保障理念。高等教育大众化和普及化的发展，催生了质量保障的需要。应用型大学的教学对象是多样的，学生状况千差万别，要重视质量问题，倡导质量保障理念，通过建立和完善质量保障体系，保障底线质量；通过教师培养与在职发展，促进质量提高。还要有持续改进的理念。第四，以学生为中心的理念。现代大学教学特别重视以学生为中心的价值，这是高等教育走向大众化和普及化的必然要求。以学生为中心，就是要实施个性化教育，让每一个学生都能得到应有的发展，让每一个学生都能成才。

就微观而言，教学理念主要指课堂教学理念。归纳起来，主要表现为"DCDC"理念。第一，设计理念（Design）。教学要设计，过去简单的备课已不足以满足现代教学的需要，要有设计理念，整个一学期或者一学年的课程，都要进行体系设计，拿出完整的教学方案。第二，合作理念（Cooperation）。教学越来越重视合作，要完善合作办学体系，建立教学团队，推进师师合作、师生合作、生生合作、校企合作等多种形式的合作教学。第三，实践理念（Doing）。在教学过程中，要着力推进学生在做中学（Learning by Doing），不断加强实践教学，使学生的自主学习成为习惯。第四，建构理念（Construction）。要改变传统的灌输教学或注入教学的理念，在教学过程中，营造一种氛围和环境，创设各种情境，让学生去建构自己的能力，发展自己的认知，发展自己的情感。学生的发展是自己主动发展的结果，教学过程应当转变为学生自我建构的过程。

（三）应用型大学教学方法改革

有什么样的理念，就会有什么样的教学。应用型大学教学改革的落地在很大程度上取决于教师和学生之间教与学的方式方法变革，没有师生教学方法的改革，没有新的教学理念的实践，新的人才培养目标是不可能实现的。教学方法改革的内容很多，要求也很多。这里主要谈两个方面的要求。第一，教师要变演员为导演。传统的教学中，教师自己是教学的演员、是主角，学生围着教师转，主要是通过教师传授知识进行教学活动。教师的教学方法改革要求教师转变角色，教师应当像导演一样，准备好剧本，分配好角色，营造好情景和氛围，让学生自己去学。教师可以给学生示范、答疑，但不代替学生训练、表演。第二，学生要变听众、观众为演员、主角。在传统的教学中，学生更像听众、观众，在教室听（看）老师讲课，听（看）完课程教学后再对教师授课的好与不好进行评价。培养应用型人才，在课程教学中，教师不要占用全部课堂教学时间，要尽可能地把更多的时间交给学生，把教学的舞台交给学生，让学生自己主动地学习，让其自学自演，这样学生可能就比较少"开小差"，可能就不会打瞌睡了。

（四）应用型大学教学管理改革

应用型大学教学改革是一项系统工程，在教学理念、人才培养目标和课程教学改革的同时，还需要进行教学管理改革，为教学提供更宽松的氛围和条件。要深化改革学分制和选课制，降低总学分和学时要求，增大学生学习的弹性，提高教学的个性化水平；增加选修课学分比例，改革选修课构成，利用网络课程，增加课程资源。改革教学评价标准和评价方式，加强评价标准的现代性导向，鼓励教师学习和尝试先进的教学理念与教学方式方法。改革教师工作量计量标准和要求，减少课堂教学工作量，增加课堂教学质量标准和要求，鼓励教师积极参与教学改革。改革课程教学组织方式，推行课程教学团队制度，实行课堂教学助理制度，使教师有更多时间和精力来组织和指导学生的学习。加强教学改革的计划性和实施的有效性，有组织、有步骤地开展教学改革，促进教学改革逐步向深层推进，以构建现代教学体系。

在工业化和城市化进程中逐步建立、发展起来的应用型大学，为社会的发展培养了大量应用型人才，促进了经济社会的发展和整个社会文明程度的提高。我国即将步入高等教育普及化时代,应用型大学将会承担更多的教育服务任务。只有处理好基础与应用、过去与未来、教学与科研、地方和全国的关系,应用型大学才能有比较准确的办学定位,从而根据办学定位进行人才培养目标、教学理念、教学方法、教学管理等方面的教学改革,构建一套先进的现代教学体系。这样的应用型大学才能够顺应社会的发展,满足高等教育大众化、普及化的要求以及学生就业和发展的需求,才能服务地方、全国乃至全球的经济社会发展。

最后,祝愿玉林师范学院建设高水平应用型大学的发展目标早日实现!

谢谢大家!

第十三讲

民办高校教师队伍建设 [①]

各位老师、各位同学:

大家好!

我们来到四川影视学院快一周的时间了 [②],每天都处于高度兴奋的状态,现在也还处于兴奋之中。这几天在这里听到的、看到的、想到的很多,从大家给我们展示的精神状态来看,我们非常受启发,也非常受感动。作为一所民办院校,能取得今天的成就,是很不容易的!潘懋元先生是民办高等教育研究的开拓者,到过全国很多民办高校,指导它们的发展。在他的影响下,我也研究民办高等教育。四川影视学院是发展非常好的民办学校,我们感谢学校领导、老师、学生给我们传递的民办高校发展的正能量。学校领导给我出了一个题目,要我谈一下师资队伍建设,包括师资团队建设的问题,因为对学校了解不算多,对我们应当如何进行师资队伍建设还没有很深入的想法,我就把这个题目放在整个民办高等教育发展的背景下来看待。根据我对整个民办高等教育的认识,来看我们学校在师资队伍方面应当怎么建设。下面我主要围绕三个问题来展开讨论。

---

① 本文是作者 2014 年 5 月 8 日为四川影视学院师生所作报告的文字整理稿。

② 2014 年 5 月 4~10 日潘懋元教授、别敦荣教授等率厦门大学教育研究院 2013 级博士生赴四川影视学院等访问调研学习民办高校改革与发展的经验。

一、民办高校发展面临的形势

从这几天的考察来看,学校的发展形势非常乐观,非常好,学校经过 20 多年的发展形成了一定规模,尤其在教育教学上形成了一整套的经验,培养了一批人才,不仅有星光灿烂的明星,还有一大批在社会上能够自食其力的毕业生。学校已经完成了新校区的建设,两个校区合起来,办学条件得到了根本改善,具备了本科院校的基本办学条件。学校实现了升本的目标,由公助民办转变为纯粹的民办院校。20 多年的办学历程中,学校发展取得了很大的成就。现在,学校要在新的平台上谋划新的发展。

客观地讲,学校发展也面临不少困难,需要重视。我国现在有 100 多所民办本科院校,它们构成了高等教育中一个特殊的群体。这些院校之间的办学关系有合作、交流,但更多的是竞争,竞争资源、条件、生源、师资,等等。不仅如此,还要与公办高校竞争。在这种竞争中,民办院校总体上处于不太有利的地位。刚才,潘懋元先生谈到,现在公办院校的生均经费拨款都提高了,在没有提高之前,民办院校有一定的竞争力,但现在,民办院校学生并没有多招,原有的优势就这样没有了。从生源的角度来说,拿我们学校来讲,原先在公助民办的机制下,母体学校的影响力是比较大的,但现在已完全独立的四川影视学院招生时,学校应当如何去面对家长和考生?作为一所纯粹的民办院校,应当如何树立自己的声誉,让社会认可?当然,我们过去的办学成就是最大的资本,但这些资本都挂着母体学校的牌子。如何把这个无形的资本利用好,让我们有更大的吸引力?我们原来的毕业生就业是很不错的,很多单位一看我们是四川师范大学的,认为我们毕业生的水平与其他公办院校没有什么区别。现在完全独立后我们要树立四川影视学院的声誉和口碑,在短期内可能还要卧薪尝胆。我们面临的形势是严峻的。这里所说的是到各种电视广播单位就业,到正式的相关组织就业,但如果自主创业的话,毕业生有自己的生存之道。

另外,我们现在就要开始考虑迎接本科教学合格评估。合格评估的要求是有三届以本校名义招收的学生毕业,这是基本条件。过去我们在母体学校名义下的毕业生不算,四川影视学院从今年开始招收的学生往后三届,2014级、2015 级、2016 级的学生毕业了,就可以申请本科教学合格评估。评估有一整套要求,我们应当从现在开始,对照相关的要求和条件,根据学校的实际来进行谋划。为什么要重视这个问题呢？因为这是政府对学校办学能力进行的一次检验。四川影视学院如果能顺利通过合格评估，就表明我们具备了本科办学资格，得到了政府的认证，相当于政府向社会担保学校的毕业生质量是可以信赖的。

因此，要特别重视这一点。尽管学校发展面临的挑战比较多，但从我们学校 20 多年的办学经验来看，是能够应对的。最近黄董事长、罗院长也在和我们探讨，看学校未来应该怎么发展。这说明我们现在还是很冷静的，刚刚升本就谋划未来发展，非常关键。我非常欣赏两位领导在办学中展现出来的远见卓识。这是我想谈的第一个问题。

二、民办高校师资队伍建设要解决的主要问题

刚才潘懋元先生谈到民办院校办学面临的最大挑战是师资，在人、财、物里面，人是第一位的。在这几天的调研中，我们发现很多老师是有水平的，是高素质的，大家让我们的学生由青涩的、对表演主持完全没有经历和认识变成了走向社会就能胜任工作且能做得很好的专业人员，而且有一部分还成了明星。这是很不容易的，因为我们学校的办学历史并不长，像北京电影学院、中国传媒大学等很多老牌艺术院校的师资水平、办学条件，我们是比不上的，但即使是这样，我们学校还是办出了水平，办出了特色。非常了不起！

在新的形势下，我们的师资队伍面临的问题怎么解决？我想，首先要先明确我们的师资队伍建设要达到什么目的。我以为当务之急是要建设一支数量充足、结构合理、素质优良、相对稳定的师资队伍。有了这样一批师资队伍，学校的办学就有了最可靠的保障。那么，我们需要解决哪些问题才能建成这样一支队伍呢？我想下面几对关系是需要我们重视的。

（一）兼职教师与专职教师的关系

兼职教师与专职教师的关系是民办学校的一个特殊现象。虽然公办院校也有少量的兼职教师，刚才罗院长介绍我也在一些高校兼职，但这些教师的兼职大多是名义上的，比如，有时间去学校做一个报告，有机会去协助指导一些学生、指导老师教学，主要还是名义上的兼职。但是，兼职教师对民办高校发展的意义完全是不同的，民办院校在起步阶段主要是靠兼职教师，而且兼职教

师是学校师资队伍的中坚力量。不过,一所民办高校办学要走上正轨,不能总是靠兼职教师,尤其是要实现可持续发展,比如,我们四川影视学院要建成一所百年名校,就要考虑长期发展的问题,这时就要调整兼职教师与专职教师的关系,要实现从主要依靠兼职教师过渡到主要依靠专职教师。当然,这不是说我们完全不需要兼职教师,我们还要继续依靠兼职老师,但必须建立一支数量、质量和结构与办学水平相匹配的专职教师队伍。这是事关学校办学的战略问题。

(二)理论型人才与实践型人才的关系

教师有理论型的,有实践型的,理论人才与实践人才的关系问题在民办院校是非常突出的。由于我国民办高校大多办学历史比较短,因为一些歧视性政策的影响,民办高校的办学被限定在较低层次,不论招生还是人事招聘都只能屈居公办高校之后。所以,现在没有一所民办高校具有办成研究型大学的实力,即便有此抱负,短期内也很难成功。所以,民办高校主要是为高等教育大众化和普及化发展服务,以培养一批上手快、适应社会需要、一毕业就能做事的学生为办学目的,不然,民办院校不可能有生命力,也不可能受到考生和家长的欢迎。公办院校,比如,四川大学的学生毕业后走上社会如果做不了什么事情,不能马上适应社会需要,人家可以说"百无一用是书生"。学校给学生的是基础,后面的发展要靠学生自己去解决。但民办院校不能这么做,我们必须给学生谋生的技能和本领,因此,要解决好理论人才与实践人才的关系问题。我们办学更多的要依靠实践性人才,但理论型人才同样也不能忽视。我们还需要明确的是,我们所需要的理论型人才与四川师范大学、四川大学所需要的理论型人才的要求还不一样。

(三)教学与科研的关系

我接触过一些民办院校的董事长和校长,有的说我们的老师不需要搞科研,只要把教学搞好就可以了。因此,这些学校往往把老师的教学工作量定得很高,甚至对老师只有教学工作量的要求。也有些民办院校对教师有科研的要求,但是,这种科研的要求有时候让老师感到不能适应,原因有二:第一,教学工作量很大,教师忙于教学没空做科研;第二,科研要求往往和其他公办院校的差不多。这么一来,民办院校的教师就面临哪儿找时间做科研、到哪儿去争项目、到哪儿去发文章等问题，公办院校的老师有项目、课题和经费支持，因为政府的基金、项目都向他们敞开着，民办院校的教师怎么办？

民办院校师资队伍建设必须解决好这几个问题。这些问题解决了，民办院校要达到办学目的就有了保障。

三、民办高校师资队伍建设的路径

通过这几天的考察了解，我感觉我们学校的师资总体还是不错的。我们300多位教师，有一批年长的老师在学校创立之初就来了，支持学校办学，成了学校的带头人和中坚力量。还有一批年轻老师，水平比较高，很受学生欢迎，这几天看表演只要老师一出来，学生的欢呼声震耳欲聋，就是学生对老师发自内心的一种喜爱。但也有一些值得关注的现象，比如，60岁以上的老教师占了较大的比例，年轻的学生都是"90后"，学生与老师之间是不是有一些相互理解和沟通上的问题？老师要求学生要这样做、那样做，这是老师基于专业的要求和学生发展的要求，是为学生好。但是，现在的学生有他们的个性，有他们自己接受新事物的方式，你为我好还要我能够接受，这就需要做到师生融合、相互理解。另一方面，年长的教师有很多宝贵的经验和经历，他们再年长一点、教不动了怎么办？老师的经验怎样才能传承下来？再者，有些青年教师的理论功底比较好，但在经验上还有一些欠缺，在实践课上对学生进行实践指导时更多的还是基于书本上的要求，有一些书上没有写、存在于经验中、很重要、需要默会的知识，有些青年老师可能就有所欠缺。总之，我们已经建立了一个有较好基础的教师队伍，老师们发挥了很好的作用，形成了个专业的办学风格，也可以说形成了比较好的教学文化。如何不断提高老师们的教学水平，尤其是青年老师的水平？如何传承我们的教学文化？如何组织各种教学小团队，发展具有团队精神和竞争力的教师团队？这些问题都需要好好研究。在教师队伍建设上，以下几点需要我们引起重视。

第一，明确学校发展目标定位。我们要建成一支什么样的教师队伍？这个问题不是单纯的教师问题，还涉及很多相关问题，其中，很重要的就是我们要把学校办成一所什么样的大学。也就是说，师资队伍建设的目标是要根据学校办学目标来构建与之相适应的师资队伍。比如，我们现在有几个系，还准备进一步拓展什么系和学科专业领域？要从整体上把学科专业的构架建立起来,把学科专业之间的关系捋清楚,这样我们就能建立一个学校所需要的结构化的教师团队。我们在学校层面上要有这个设计,才能有针对性地去采取措施进行师资队伍建设。

办一所什么样的大学?从我们学校的性质和类别来看,我们的学科专业不能太过于分散,不然就容易使师资建设成为孤岛式的,相互之间融合的程度比较低,这样的师资队伍建设成本比较高,不适合我们学校。只有不同学科专业之间形成相互融合、相互合作、相互支持的团队化师资队伍,才能实现办学资源的有效配置,包括师资队伍的合理配置。

第二,建立一套有效的师资队伍建设机制。要在学校管理架构中建立一个有效的、责任明确、任务清晰、权限落实的师资队伍建设机制。在师资队伍建设中,学校层面负责什么,系主任担负什么责任,他们应该做哪些工作,工作任务和目标是什么,怎样解决这些问题?明确了这些问题,才能形成各负其责、共襄盛举的局面。这样的话,师资队伍建设就不全是董事长、院长的事情了,也不单是人事处的事情,而是整个学校不同层面、不同单位、不同机构和相关人员共同的责任,各有自己的任务。机制问题非常重要,同样的问题,机制不一样,达到的效果不一样。师资队伍建设要发动大家一起做,要把大家的积极性调动起来,有了好的机制就有了保障。

第三,发挥老教师传帮带的作用。我们学校有一批年长的教师来自四川电视台、四川广播电台、峨眉电影制片厂以及其他一些影视和艺术单位,他们都有丰富的工作经验、艺术素养精湛、工作认真负责,是学校宝贵的财富。他们的技艺、素养和经验,包括他们的态度需要传承下去。怎么才能传承下去呢?需要从学校层面、系的层面建立团队工作制度,包括导师制度、师徒制度等,一个年长的老师配几个助教和徒弟,带几年后,年轻人就成长起来了。过去说教会了徒弟饿死了师傅,所以学校要有激励机制来保障教师团队的凝聚力,保证老教师的权益。在组织和制度上做好激励工作,确立师傅的地位,明确师徒关系和师徒双方的权利义务,做好了这些工作以后,我们的教师是会重视的。

第四,利用好毕业生资源。我们进行师资队伍建设有非常好的条件,不仅有一批年长的艺术大师,还有优秀的毕业生。我们一走进会议室和教学大楼,看到的是璀璨的群星,学校的毕业生是我们取之不尽的教师来源。我们的优秀毕业生如果能够支持教学,支持教师发展,那么,我们的师资队伍建设不可能有什么问题。校友在外面做的工作都是学校所需要的，青年教师可以去他们那里实习、见习，我们也可以请他们回来承担课程教学任务，短期或长期地做一些教学工作。我相信我们的毕业生大多数都爱学校，也爱学弟学妹，愿意为学校做贡献。所以，我们要形成一种传统，让学生有这样的认知，当毕业出去有发展之后，有义务再回学校来，支持学校发展。我们在这方面可以多做一些工作，树立一批这样的典型，给他们一些合适的称号或荣誉，以利于他们为学校服务。

第五，规划好教师的研究方向。教师做什么研究，在我们这类高校不只是教师自己的事情，也是需要学校领导认真研究和思考的问题，要找到我们研究的方向和着力点。不管什么样的高校，所有的老师都要做研究。一个不做研究的老师不可能成为好老师。有些老师可能认为，我们只要把教学搞好就可以了。不错，我们有一批年长的老师，在实际工作中积累了丰富的经验，他们在实践教学上确实有很多独到的经验，不做科研可不可以呢？我想是可以的，因为他们有丰富的经验和体验，他们的经验和体验可以成为优秀的教学素材，对培养应用型人才是不可或缺的。但如果他们做科研，他们会比其他的老师更有优势，因为经验本身就是财富，是研究的素材。做科研的目的除了要考虑科研本身外，对于我们学校而言，更重要的是要与教学需要紧密结合起来。换句话说，是为了提高教学水平和质量。要让教师通过做研究，提高学科专业水平，提高教学能力，从而达到提高学校人才培养质量的目的。

我想跟大家探讨的就是这些，不当之处，敬请批评指正。

谢谢大家。

第十四讲

高等教育逻辑与评估体系建设 [①]

各位领导、各位老师：

大家好！

有朋友问我，各种大学排行榜差异悬殊，其结果是否具有可信性。我的回答是：不可不信，不可全信。之所以这样回答，是基于我对评估与高等教育逻辑的认识。我们知道，高等教育评估是一种价值判断，是评估者对所了解的高等教育实际做出的价值判断。既然是价值判断，那就有由谁来判断和以谁的价值诉求为判断标准的问题。这就是说，评估者和价值主体对评估都有重要影响，评估结果在很大程度上是由评估者的身份和价值主体的特定诉求所决定的。这样，就形成了一个特殊的高等教育评估链：高等教育价值主体影响高等教育，价值主体有什么样的需求，就可能发展什么样的高等教育；评估者根据一定的价值诉求建构相应的评估标准，并以之为依据对高等教育实际进行价值判断；价值判断结果往往受人们的关注，尤其是受到高等教育价值主体的关注，进而影响价值主体对高等教育的诉求。这就是评估所希望达到的结果，当然也是高等教育评估体系建设不容忽视的高等教育价值与评估行为之间的关系原理。

[①] 本文是作者在 2013 年 1 月 12 日中国高教学会教育评估专业委员会年会上所作主旨报告的文字整理稿。

一、评估与高等教育价值

高教界对于高等教育评估是一种价值判断的主张并无异议，但对于这是一种什么样的价值判断活动、以什么价值为判断的标准、价值判断是如何实现的等问题，学者们并没有做更多的探讨。至于为什么会这样，也没有人做过研究。我想可能人们并不以为这些会是问题，将这些问题看作不需要探讨的事情。不过，在我看来，这些问题恰恰涉及高等教育评估的某些本质问题，在建构高等教育评估体系时，更有必要对这些问题有清晰的认识。

作为一种价值判断活动，主观性是评估的固有属性，但评估同时还具有客观性。这可能是很多人难以想象、也难以理解的。只有理解了评估的主观性和客观性以及二者之间的关系，才能准确认识各种评估结果和结论的合理性与局限性，理解其可信性和有效性。就高等教育评估的主观性而言，是指评估主体以评估标准和自身需求为依据评判高等教育。评估是人的活动，价值判断是通过人的认知过程实现的，尽管评估者常常可能采用一定的技术手段和设施，但它们的作用只是辅助性的。人的认知的个体差异决定了评估的科学性、合理性只具有相对意义。理论上，人的认知是可能接近科学合理程度的，但这种接近是以评估标准的科学性为前提的，以评估者专业水平达到适当的程度、评估行为规范得到有效执行为基础。但实际上，这些都可能存在缺陷和不足。正是某种"合理的缺陷"使评估者的认知难免片面化，具有明显的个性特色。这就是为什么对同一个高等教育事实，不同的评估者即便采用相同的评估标准也可能得出不同的评估结论的原因所在。更何况评估标准也具有显著的主观性。评估标准是评估的依据，标准由谁制定、如何制定、选择什么价值作为标准都有灵活性。正是这种灵活性使评估标准具有可选择性，而选择的主体可以是评估者，也可以是评估组织者。就高等教育评估的客观性而言，是指高等教育评估的客观实在性，这里的客观实在，包括由高等教育活动、人员、机构、设施、过程、结果等所构成的高等教育系统。高等教育评估中的客观实在是指评估者所认识的高等教育实际状况，与实际存在并不完全等同。评估中的客观实在是由反映高等教育实际状况的数据资料、看到的实际现象和听到的关于实际状况的汇报所构成。数据资料一般是通过测量、统计和计算获得的，反映高等教育的客观性维度。看到的实际现象是评估者通过走访、参观、考察高校校园设施、课堂、办公场所、实验室、运动场所、宿舍、图书馆、资料室等所感知的高等教育情境。听到的实际状况的汇报是评估者通过听取学校领导、师生的汇报以及与相关人员的交流所获得的高等教育实际状况及其表达。高等教育评估是主观性与客观性相结合的价值判断活动，离开了主观性的评估，其结论是一串调查数据、一堆记录文档、一批情况报告，形不成整体认识，得不出总体结论，毫无参考意义和价值。离开了客观性的评估，其结论是虚无缥缈的，是信口开河的，不具任何有效性和可信性。

毫无疑问，评估所做的价值判断是对高等教育价值的判断，与之紧密相关的另一个问题是对高等教育价值的认识，即关于什么样的高等教育价值、什么人的高等教育价值等的认识。现代以来，伴随高等教育越来越科技化、社会化、大众化甚至普及化，高等教育的社会作用越来越大，尤其是当大学成为社会的轴心机构后，不同社会阶层的民众和各级各类社会组织机构都越来越离不开高等教育，不能缺少高等教育的支持，因此，高等教育价值越来越多样化。不仅如此，高等教育价值还具有可迁移性，高等教育活动开展到什么地方，大学在什么地方建立起来，大学毕业生走到哪里，高等教育价值就迁移到哪里；接受了高等教育的人移居到什么地方，高等教育价值也迁移到什么地方。这种可迁移性更增加了高等教育价值认识的难度。在高等教育实际中，价值实践具有选择性，也就是说，多样性的高等教育价值并非为人们同等对待，也并非以相同的方式在实际中得到实现。重视哪些高等教育价值，哪些高等教育价值真正得到了体现，达到了其应有的效果，并不完全由高等教育本身所决定，而是由高等教育价值主体及强势的利益相关者所选择和践行的。此外，高等教育价值不是固定不变的，随着社会发展、产业进步、科技创新与应用以及高等教育自身的变化，高等教育价值不断得到拓展和丰富，但新的高等教育价值的产生和实现并不必然以替代旧的高等教育价值为前提，也不必然导致旧的高等教育价值的弱化乃至消亡。新旧高等教育价值同时存在构成了一幅色彩斑斓的价值图景，使高等教育更具适应性，更能满足整个社会文明进步的各种需要。

作为价值判断的评估，不论其意义多么重要，它本质上都是一种外在于高等教育过程的活动，更具体地说，是一种外在于高等教育价值生成过程的活动。评估与高等教育过程之间的联系是通过一定的中介实现的,尽管评估与高等教育过程的联系可以是多样的、全程性的,其中介却是有限的,主要有以下两个。

一是评估标准。评估标准是高等教育评估的基本依据,是高等教育价值的集中反映。一套评估标准可能是某种高等教育价值的反映,也可能是某些高等教育价值的共同反映。不同的高等教育价值之所以能共存于一套评估标准中,主要是高等教育价值主体和利益相关者越来越多样化,不同的价值主体和各种利益相关者的价值诉求相互博弈,由此达成一种具有包容性的、差异性的评估标准。反映高等教育价值的评估标准是衡量高等教育实际发展状况和大学办学情况的重要尺度,评估者不论来自高等教育系统内部还是外部,要完成一项评估活动,只能以评估标准为指南。因此,在评估中,评估标准发挥了实现高等教育价值判断中介的作用。

二是评估者。评估者是评估的直接操作者,其要根据评估标准对高等教育实际发展状况做出价值判断。如果将评估者的作用简单地理解为运用评估标准来检验和测量高等教育实际发展状况而不需要其发挥任何主观能动性的话,那就太过天真了,太小看了评估者的作用。在评估中,评估者要遵循评估标准,同时也要发挥其主观能动性。评估者可能是评估标准的制定者,也可能不是。也就是说,评估标准可能反映了评估者的高等教育价值,也可能并没有反映,其只是评估的执行者而已。不论是哪种情况,在评估中,评估者都不可能摆脱自身的高等教育价值观的影响。其价值观不论是否被纳入了评估标准,都会影响其所做出的价值判断。

二、高等教育价值主体及其逻辑

评估标准源自高等教育价值,而价值是客体满足主体需要的特性,高等教育价值的多样性既可能是一个主体多种高等教育价值的表现,也可能是多个主体的多种高等教育价值的反映。现代高等教育的发展不仅使高等教育价值主体不断增多,而且导致高等教育利益相关者的价值诉求越来越旺盛。当然,从比较宽泛的意义上讲,利益相关者也是高等教育价值主体。

在高等教育评估中,评估者的身份是价值判断主体。那么,高等教育价值主体与价值判断主体是否一致呢? 最初高等教育评估者并不是多样的,只有教育者、受教育者和大学才对高等教育进行评价,此时的高等教育价值主体与价值判断主体是一致的;但到了现代,高等教育发展不仅关系到教育者和受教育者,而且关系到更广泛的社会群体和各级各类社会组织。现代以来,尤其是到了当代以后,高等教育已经从校园进入了社会,从文化进入了社会政治、经济等各个层面。这一变革使传统上与高等教育并不直接相关的各种社会组织和一般公众成为高等教育的利益相关者。他们不但关注高等教育,而且对高等教育提出了越来越多的价值诉求。这就使得与高等教育相关联的价值判断主体的身份越来越多样化,使高等教育评估本身变得越来越复杂化,并成为一种广受社会关注的活动。这样一来,从评估者的实际构成看,高等教育价值判断主体可能是高等教育价值主体,也可能不是。在实际中,不仅教育者和受教育者开展高等教育评估,大学、高等教育学会组织、政府、社会其他组织和公众等也或深或浅地参与了高等教育评估,有的还建立了常态化的高等教育评估制度,经常性地对高等教育价值做出评判,不仅影响高等教育发展,而且影响公众关切和社会舆论,进而影响高等教育发展环境。

高等教育价值主体主要是指高等教育作用和意义的接受者,简言之,就是高等教育于我有意义。从较为宽泛的意义上讲,高等教育主体、利益相关者和评估者都可能成为高等教育价值主体。具体而言,包括教育者、受教育者、大学、高等教育学会组织、政府、社会其他组织和公众等。从价值关系看,教育者、受教育者、大学和高等教育学会组织可以看作直接的高等教育价值主体;政府、社会其他组织和公众主要表现为利益相关者,因而可以看作间接的高等教育价值主体。不论是直接的还是间接的价值主体,其价值诉求都对高等教育有着重要影响,但由于各主体的身份、地位、性质以及在高等教育过程中所发挥的作用各不相同,所以其价值诉求实现的方式与程度也存在显著差异。

在高等教育的历史演进中,各类价值主体的出现有先有后,最先成为高等教育价值主体的是教育者、受教育者和大学,其次是高等教育学会组织,再次是政府、社会组织和一般公众等。当然,这一顺序也不是截然分开的,尤其是后两者之间在先后顺序上在不同国家特定的社会背景下是存在较多交叉重合的。不同的高等教育价值主体对高等教育的期望、对高等教育的运行方式、对高等教育的结果都有自己的要求。在当代市场化社会中,即使最传统的高等教育价值主体也受到了市场因素的影响，从而使高等教育的逻辑由相对比较简单变得错综复杂，各种逻辑关系相互交织在一起共同影响高等教育发展。

高等教育逻辑这个概念本身是语意模糊的，在高等教育研究文献中，一些学者使用了这个概念，但大多并没有进行必要的解释，也不是在同样的语境和问题上使用，所以，难以为人所理解。这里所指主要是关于高等教育是什么、高等教育的目的是什么以及如何保证高等教育目的的实现等问题的认知关系。高等教育逻辑是高等教育价值主体价值诉求的反映，历史地看，与高等教育价值主体产生的时序大致相对应，先后出现了五种主要的高等教育逻辑。

一是人格养成逻辑。教育者、受教育者和大学不但是高等教育直接的价值主体，还是原初的价值主体，对于高等教育是什么、高等教育的目是什么以及如何实现目的，形成了比较稳定的认识，其价值诉求长期影响了高等教育发展。尽管随着社会进步和高等教育发展，他们的价值需求也发生了相应变化，但原初的价值并没有被抛弃，其中，人格养成逻辑便是其高等教育价值的集中反映。所谓人格养成逻辑，是指高等教育的价值集中体现在受教育者人格的陶冶和培养上，不论是传授知识还是大学生活，都着眼于受教育者的人格完善，培养心智健全、情感健康、德行纯正、修养良善的人。在一定的历史阶段，人格养成几乎是高等教育的代名词，人格养成逻辑成为高等教育营造教育环境、组织教学活动、指导受教育者生活的基本原理。著名的英国19世纪初期红衣大主教纽曼的大学理想就是人格养成逻辑的典型反映。历史发展到今天，尽管高等教育已然远不是19世纪初期的状况了，但不论什么国家，人格养成都是高等教育目的的核心要素，人格养成逻辑仍然对高等教育发挥着不可或缺的影响。

二是同行认证逻辑。高等教育既是各大学的个体行为，又是所有大学的群体行为。从很早的时候开始，有的国家就形成了大学同行认证的传统，后发大学若想成为大学群体的一员，必须承认群体的标准和要求，经过群体的认证。进入当代以后，各国出现了众多的高等教育学会组织，不但大学院校结盟，成立院校协会、联合会，而且各种学科、专业学会得到了广泛设立。这些高等教育学会组织不仅是相互交流的社会团体，而且是影响高等教育发展的重要力量,它们对高等教育目的持有各不相同的主张和要求,并通过影响各成员机构或人员将其高等教育价值诉求渗透或注入大学、学科、专业的办学之中。这种同行认证逻辑对高等教育的影响具有基础性,因为其反映的是高等教育办学单元的主体价值追求。

三是行政管控逻辑。高等教育与政府的关系是现代社会复杂而令人爱恨交加的问题,不管在大学自治的国家还是在集权管理的国家,都受到人们的高度重视,原因之一就是高等教育已经离不开公共资源的支持。政府在高等教育资源配置中发挥着越来越重要的作用,对高等教育的影响日益显著。不仅如此,在很多国家,政府对高等教育还发挥着计划组织和统筹协调职能。高等教育与政府的关系由早期的若即若离到现代的紧密联系,既是高等教育现代职能使然,又是政府公共行政职能扩展的结果。政府利用其行政管理权力对高等教育发展进行管控,将自身的高等教育价值通过资源配置和计划协调手段融入大学办学之中。这种行政管控逻辑已成为影响各国现代高等教育的重要理念,但在不同国家对高等教育的影响程度有所不同,影响方式也存在一定的差异。

四是市场驱动逻辑。如果说存在早期高等教育市场的话,那么,这个市场主要是指高等教育内部的师生流动市场。现在高等教育与外部社会市场之间的联系越来越密切,高等教育不但受到社会资源市场和人才市场的影响,而且在办学理念以及大学运行方式上,越来越受到市场观念、供求关系和市场机制的影响。高等教育及其目的的现实化、功利化、短期化无疑是市场价值影响的结果。客观上,不管愿意不愿意、接受不接受,市场驱动逻辑已经成为高等教育重要的理念,从各个方面影响高等教育。一方面,造成了高等教育价值的激烈博弈,使高等教育价值的功利性越来越明显;另一方面,增强了高等教育的社会适应性,提高了高等教育的社会功能。

五是学生消费逻辑。与市场驱动逻辑相关,但又存在差别的是学生消费逻辑。这是一种新的学生主体逻辑,是在高等教育走向大众化甚至普及化之后,在市场化的影响下,受教育者与大学的关系在一定意义上转变为消费与供给的关系。受教育者作为高等教育的消费者,对高等教育有着自己的需要,对高等教育进行选择性接受;大学作为高等教育的供给者,必须研究消费者的需求,向消费者提供其所需要的高等教育。只有消费与供给相互协调,高等教育的办学目标才能得到实现。大学如果不能满足消费者的需要，将不但影响消费者的求学意愿，而且影响高等教育的适应性。学生消费逻辑将高等教育置于消费者价值导向下，要求高等教育满足和适应消费者的价值诉求，从而使高等教育直接贴近消费者，更增强了高等教育的市场价值倾向。

与早期高等教育逻辑相比，现代高等教育逻辑的多样性更加显著。多元共存的价值既对立又统一，构成了高等教育逻辑的万花筒。由于各价值主体之间的关系变化多端，价值主体的地位和影响力差异显著，客观上有强势和弱势之分，所以，强势价值主体的高等教育逻辑对评估有显著影响，弱势主体的高等教育逻辑对评估的影响力相对较弱，但也并非无所作为。在高等教育评估实践中，弱势主体的价值诉求常常可能为强势主体所看重，并在评估中得到体现。

三、过界评估与高等教育评估体系建设

随着高等教育评估越来越受到重视，主体越来越多样化。从理性的角度讲，各评估主体应当从自身的价值诉求出发，组织与自身身份和地位相一致的评估，引导高等教育发展满足其价值诉求。但实际上，有的评估主体无视自身的身份，主动或被动地代替其他主体开展过界评估。所谓过界评估，是指评估主体超越自身的高等教育价值范畴，将其他高等教育主体和利益相关者的高等教育价值纳入评估标准，在评估中予以反映，并引导高等教育发展方向的现象。

过界评估主要表现在强势主体将其他高等教育主体和利益相关者的价值诉求纳入自身的评估标准中来，但弱势主体也并非没有过界评估行为，比如，在受教育者所进行的评估中常常就有典型的表现。大学生评教的主体是大学生，但在评估标准中，却包含了很多不是受教育者的价值诉求。这种弱势主体的过界评估具有被动性，是弱势主体所不能自主选择的。

尽管过界评估的产生有其客观现实基础，但不论是由强势主体还是由弱势主体组织的，凡过界评估都有其不可避免的弊端，不仅影响高等教育评估的可信度和有效性，而且可能误导高等教育发展方向。概而言之，其影响主要有三。一是过界评估主体自身的价值诉求得不到充分的体现，造成自身价值不能得到充分的实现。种了人家的田，荒了自家的地。任何价值主体对高等教

育都有其特殊的期望和要求,如果评估标准不能全面反映评估价值主体的期望和要求,表面上看,这些价值诉求只是不能影响评估结果;实质地看,当评估结果被作为高等教育发展决策依据的时候,过界评估就会使评估主体自身的价值意义被遮蔽,难以对高等教育实际发展发挥影响。二是消解了其他价值主体应当发挥的作用。高等教育价值主体的身份和地位各不相同,对高等教育的价值诉求亦各有差异,不同价值主体对高等教育的价值博弈可能使其更好地满足各价值主体的需要。过界评估使得只有个别或少量价值主体能够对高等教育发展发挥影响,被替代的价值主体的作用受到抑制,高等教育价值主体的多样性不能得到显现。三是导致评估体系建构的片面化、畸形化。过界评估主体将其他主体的价值纳入自身的评估标准之中,不仅可能造成评估价值扭曲,而且可能使得其他价值主体参与高等教育评估的权利被替代或剥夺,即便参与也只能处于从属地位,难以建立起与其身份和地位相一致的评估制度,从而导致评估体系片面化、畸形化,不能反映高等教育价值主体的构成要求,也不能充分反映高等教育价值主体的诉求。

强势主体的过界评估对高等教育评估的影响尤为深重。强势主体的过界评估不但使人对其身份认知具有不确定性,而且强势主体代表弱势主体,常常造成弱势主体的高等教育逻辑难以发挥其影响,其高等教育价值要么得不到实现,要么遭到扭曲。我国政府在高等教育评估及其体系建设中发挥了重要作用,具有全能型政府的特征。我国政府组织的评估目的十分明确,具有高度的权威性,影响广泛而重要,受到大学和社会的广泛重视,对高等教育发展有重要导向作用。在政府所组织和主导建构的评估体系中,过界评估现象普遍存在。具体表现为:政府组织的评估不仅反映政府对高等教育的要求,而且将大学、高等教育学会组织、社会其他组织以及公众等的高等教育价值诉求统统纳入其评估标准中,导致其评估的主体性十分模糊,大学、高等教育学会组织和社会其他组织难以开展有效的评估,或根本开展不了应有的评估活动。

过界评估现象之所以出现,除了社会环境和高等教育体制的影响外,对高等教育逻辑的忽视或缺少认知也是主要原因。对高等教育逻辑研究和认识不足,对不同高等教育价值主体及其价值诉求少有解释、关注或重视,使多样化价值主体的高等教育逻辑对评估及其体系建设未能发挥应有的作用。在一些高等教育评估体系建设相对比较完善的国家,各价值主体根据其自身的高等教育逻辑,建立了各种相应的评估制度机制,以体现各价值主体的要求,尽管在一定程度上也存在强势主体的过界评估,但不排除其他主体建设自身的评估制度。

完善我国高等教育评估体系,应当尊重各价值主体的高等教育需要,根据各价值主体的高等教育逻辑,建立各自相对独立的评估制度。应当扭转政府强势组织开展的过界评估,建立分类评估体系,充分发挥各价值主体的作用,使高等教育发展满足多元主体的价值需要。具体而言,建构分类评估体系,应当从以下几个方面着手。

第一,遵循行政管控逻辑,建立行政问责制度。高等教育与政府的关系不是高等教育需不需要政府管控、政府应不应当管控的问题,而是政府如何通过适度、有效的管控促进高等教育发展的问题。政府应当根据行政价值导向,遵循行政管控逻辑,改变过界评估的习惯做法,保持克制,严守政府的职能范畴,从行政问责出发,建立高等教育评估制度,尤其应当加强对政府投资与大学办学绩效评估和大学领导的督导问责,开发和建立行政问责制度。作为公共投资的筹措者、分配者和使用监督者,政府应当重点关注公共高等教育资源配置的合理性和使用的有效性,建立大学办学绩效评估制度和大学领导问责制度,履行行政监管职能,促进高等教育健康有效发展。

第二,遵循人格养成逻辑,建立大学自评制度。大学不是职业养成所,不是技能培训机构,而是人的教育机构,是受教育者接受普通教育和专业教育,实现人格养成、全面自由发展的机构。高等教育的人格养成价值主要不是政府、社会其他企事业组织的诉求,而是大学作为一种独立的社会组织所追求的主要价值。当然,这并不是说社会其他组织就可以不关心受教育者人格的养成,更不能说他们关心受教育者人格养成不对。大学曾经是受教育者心灵的陶冶之所,科学知识及其他活动的价值都不在于其自身,而在于养成受教育者的人格。所以,大学的教育价值本身是非功利的,主要体现在受教育者人格的养成上。在人格养成上,教育者和受教育者与大学有着共同的价值诉求,大学的教育价值主要通过教育者和受教育者的教育行为实现。因此,大学应当遵循人格养成逻辑,建立自我评估制度,主要依靠教育者和受教育者的专业修养与教育经验对教育在受教育者人格养成上所发挥的作用及其效果展开评估。毫无疑问,大学不能忽视各种社会需要,应当满足各类价值主体的教育需求,但在评估上大学应当坚守人格养成逻辑,通过对各种人格养成教育要素的评估,反省教育的优势和劣势之所在,总结教育经验,查找教育不足,为完善教育过程,提高人格养成水平提供必要的借鉴。

第三,遵循同行认证逻辑,建立院校和专业认证制度。高等教育是各级各类大学院校共同的事业,各类院校又通过开办专业履行培养高级专门人才的使命,因此,院校和专业是高等教育的两个主要单位。也就是说,高等教育主要是在院校和专业开展的,各级各类院校是高等教育的同行,各类专业也是高等教育的同行。所以,各种跨院校和专业建立了各自的联盟机构,成为高等教育的同行学会组织。同行自律是美欧高等教育由来已久的传统,我国各类院校学会组织和专业学会组织发展比较迟缓,且存在行政化倾向。在政府过界评估的影响下,院校和专业同行评估制度没有建立起来,有的虽然形式上建立了,但并没有发挥实际作用;有的主要是根据政府行政部门要求开展工作,少有自主性的评估活动。在我国政府评估朝行政问责转变后,各类高等教育学会组织应当根据同行认证逻辑,建立院校和专业认证制度,构建同行自律机制,使高等院校和专业共同的高等教育价值能够发挥其应有的影响。在院校和专业层面,国际共识具有更大的可接受性,应当不断提高院校和专业认证制度的国际化水平,使我国高等教育评估体系逐步与国际高等教育质量保障体系接轨,增进我国与国际高等教育的交流与互信。

第四,遵循市场驱动逻辑,建立社会问责制度。大学之外的各类社会组织不仅是高等教育实际需求的源泉,而且是高等教育所培养高级专门人才的主要接收组织。因此,各类社会组织的高等教育需求是大学所不能忽视的。在大众化甚至普及化阶段,社会公众接受高等教育的意愿千差万别,对大学的要求各不相同。受社会组织和公众价值诉求的影响,高等教育发展越来越注重实用性和多样化。社会组织和公众对高等教育的关注和重视是现代高等教育发展的重要动力来源,这种关注和重视需要有相应的制度予以保障。社会问责制度是20世纪80年代以来兴起的一种高等教育评估制度,但它在我国还处于初创阶段,权威性、可信度和影响力还需要提高。我国高等教育社会问责制度的主要形式是个人或小团队工作,大多以排行榜的方式发挥影响。完善我国社会问责制度,应当遵循市场驱动逻辑,鼓励社会公益组织和新闻传播媒体参与高等教育评估,建立以公益性、非营利性为主的社会问责体系。社会问责应当立足于各类社会组织和广大民众的关切,加强市场价值导向,充分尊重市场的多样性和差异性,反映高等教育市场需求,在市场与高等教育之间架设一条有效的价值信息沟通渠道,使高等教育的市场讯息及其满足市场价值诉求的状况得到广泛传播,增进市场与高等教育的联系与互动,促进高等教育的有效发展。

第五,遵循学生的消费逻辑,建立学生评教评校制度。今天的大学生不单纯是参与大学教育教学的受众,还是大学所提供高等教育服务的消费者。作为教育教学的受众,大学生发挥自己的主动性和创造性,与教育者一道共同建构了教育教学过程,其主体价值得到了充分的体现;作为高等教育服务的消费者,大学生对高等教育服务有自己的要求,可以进行选择性消费。大学生的双重身份不仅使其在高等教育过程中有矛盾的行为表现,而且导致高等教育逻辑的冲突。前者所秉持的更多的是人格养成逻辑,后者则典型地持有消费逻辑。两种逻辑都是高等教育发展不能回避的,在高等教育评估中都发挥着重要影响。人格养成逻辑要求以大学为主体建立评估制度,这一点已在前面部分述及,而学生消费逻辑则要求从差异化的学生消费诉求出发,建立学生评教评校制度。学生评教评校制度本质上是一种学生消费者满意度评估,它要求大学教育教学和整体办学应当满足学生消费者的需要,也就是说,高等教育应具有消费者导向。在现行的学生评教制度中,评估标准过于学术化,价值选择背离了消费者导向。学生评校制度尚未建立起来,加之我国高等教育转学转校制度极为严苛,学生即便对大学满意度不高,也难有其他选择。为此,完善和健全学生评教评校制度,应当遵循学生消费逻辑,从学生消费者价值出发,完善学生评教标准,重点考查学生消费教学服务后的满意度;探索学生评校制度,尝试从学生消费者角度评估学生对大学办学的满意度。通过两个满意度评估,将学生消费者的价值诉求倾注于高等教育,使高等教育更贴近学生的需要,更好地为学生服务。

遵循五种逻辑,建立五类评估制度,建构高等教育评估体系,是完善我国高等教育改革与发展的重要任务。上述五种逻辑是各主要价值主体的高等教育诉求的反映,对高等教育有着重要影响。五种逻辑同时作用于高等教育及其评估制度,冲突和矛盾是不可避免的,这正是现代高等教育复杂性的表现。如何协调各种逻辑之间的关系,保持各种逻辑之间合理的张力,取决于各价值主体的地位和影响力。五类评估制度各有其价值侧重，共同构成比较完善的高等教育评估体系，要真正建立起来，必须尊重各类评估制度的合理性，各价值主体严守自身的身份和作用边界，合理解决过界评估问题，各安其位，建立健全符合自身身份和地位的评估制度，理性地发挥自身价值诉求对高等教育的影响。

我的报告就到这里。

谢谢大家！

第十五讲

本科教学合格评估的特点、标准与建议 ①

各位领导、各位老师、各位同学：

大家好！

非常高兴到潍坊科技学院来，在学校迎接本科教学评估的关键时刻跟大家探讨相关问题。我想主要与大家交流我对三个问题的看法：第一，本科教学合格评估的特点；第二，合格本科教学的标准；第三，关于迎接评估的几点建议。

一、本科教学合格评估的特点

我相信，大家对教育部开展的本科教学合格评估进行了很多研究，对于合格评估的指标和具体要求非常熟悉，因为这是做好迎评工作的基础。这一轮评估有什么特点？明确这个问题对于我们理解评估、认识评估工作的意义，是有帮助的。根据我的研究和参与合格评估的经验，我认为这一轮评估主要有三个特点。

第一，本科教学合格评估具有国家评估性质。这一轮评估和上一轮评估都是由教育部评估中心组织的，主要表现为：评估方案由教育部评估中心负责制定，具体要求和程序由教育部评估中心规定，专家由教育部评估中心培训，

---

① 本文是作者 2015 年 7 月 10 日在山东潍坊科技学院干部教师大会上所作报告的文字整理稿。

专家组成员由教育部评估中心邀请，评估结果由教育部认定。这些决定了它的国家评估性质。这对我们学校有什么意义呢？学校花费了很大力量升本，成功了，但这不表示学校的本科教学工作是合格的，只是意味着学校具备了开办本科教育的基本条件。比如，校舍面积、建筑面积、师资队伍数量、实验设施条件等达到了本科办学的要求。可以说，升本成功给予了我们开办本科教育的许可证。经过几年的本科办学，学校培养了一批本科毕业生，那么，如何证明学校的本科生培养过程和质量是合格的？一方面，学生通过四年的学习获得了毕业证书和学位证书，是一种承认。因为我国高校的毕业证和学位证既具有学校本身承认的性质，也具有国家承认的性质，两本证书的落款都是中华人民共和国教育部（监制），是教育部认定的。另一方面，国家还需要对本科办学的整个过程进行检验，即考察和评估学校从被批准开办本科教育到有毕业生的整个教育过程是否达到了合格的要求。这是一种过程性的评定，即通过本科教学合格评估的形式对学校进行质量认定。上一轮评估是针对所有本科院校，不论办学时间长短都需要进行评估，是对过去一个阶段本科教学水平的认定，有优、良、合格、不合格的等级评判。结果是大多数高校是合格的，极少数不合格。这一轮评估是针对新建本科院校的合格评估，是对新建本科院校开设本科教育的认证性评估。尽管不同高校之间有水平高低问题，但主要还是属于一种国家认证性评估。本科教学合格评估通过的标准是允许学校有六个指标不达标，超过六个少于九个指标不达标就会被暂缓通过，超过九个指标不达标则不通过评估。由于本科教学合格评估带有国家评估的性质，具有一定的权威性。国家认定合格了，学生能够更好地为社会接纳，学校的声誉会更好，招生更有保障。由于评估结果是向社会公布的，如果合格评估没有通过或者被暂缓通过，公众了解了评估结果后，可能会对学校产生较差的印象。因此，国家认证十分重要，关系到学校、教职工和学生的切身利益，我们要争取以优异的成绩通过评估。

第二，本科教学合格评估以学校自评为基础。本科教学合格评估需要学校自己完成一整套的评估，包括填报教学状态数据、提交自评报告等。自我评估的过程就是教育部组织开展评估的基础，也是专家组到校进行验证性考察的基本依据。比如，自评报告中提到教师队伍达到标准了，专家就会针对教师人数和结构进行考察；自评报告中说明教学管理各个环节的要求明确了、落实到位了，专家就会去学院了解学院的教学管理和落实情况，到教务处和评估办等职能部门了解教学管理质量保障体系的建设情况；自评报告中写明学校的办学思路清晰、理念明确，专家就会与学校领导、部门领导座谈。专家的考察是以自评报告为基础的，他们在进校前会仔细阅读学校提交的自评报告，并向教育部评估中心提交深度自评报告后对学校教学工作的初步印象，内容包括：对学校的总体印象、存在问题以及需要考察的重点问题等。专家还未入校时，除了通过自评报告等材料和学校网站了解学校的总体情况之外，了解学校的渠道十分有限，因此，专家组进校考察之前，主要会根据学校的自评报告和学校提交的教学状态数据，了解学校教学运行情况。此外，专家们还会根据教育部评估中心编制的本科教学合格评估方案，对自评报告进行评价和分析。这就要求学校在做自评报告和填报相关数据时，对教育部评估方案有一个透彻的理解，在自评报告中，抓住关键项目，在有限的篇幅中把学校的亮点、成效充分展示出来。有些学校在自评报告中将问题写得很详细，这不能说明学校坦承，反而给专家一个问题成堆的印象，最终可能导致评估无法通过。因此，自评报告的写作要特别慎重！很多编写自评报告的老师感到难度很大，要字斟句酌、反复修改，承受的压力也很大。尽管这样，只要把教育部的评估精神和评估方案研究透彻，将评鉴工作做到位，自评报告的书写也就不会太困难了。因为本科教学合格评估是以自评为基础的，所以，自评很关键！自评报告是学校评估的落脚点和自评工作的总结，要能够充分反映学校的成绩、优势和亮点。

第三，本科教学合格评估以专家的评议意见为主。自我评估是基础，这个基础有两方面的含义：其一，自我评估是解决学校教学工作中存在问题的基础；其二，自我评估还是专家评估学校的基础。这里所说的专家，主要是两个方面的专家：一是进校考察的专家组成员，二是教育部本科教学评估专家委员会成员，即大评委。过去大评委一般不参加具体高校的进校考察，现在有部分大评委是参加的。专家意见主要是以进校考察专家组的意见为准，因为大评委多数不进校考察，只能通过学校的自评报告和专家组的考察报告对学校教学情况进行判断，若是自评报告出现了问题，或者专家组的考察报告只是勉强通过的话，专家委员会有可能做出不太积极的评价，可能出现暂缓通过甚至不通过的情况。一般而言，由于自评报告篇幅较长，专家委员会的委员不可能有时间去阅读，所以，主要还是以进校考察专家组的意见为准。专家组进校考察时间一般为四天,考察是非常认真的。在此期间,专家们白天需要走访、听课、开座谈会和访谈等,晚上则需要看试卷、毕业论文等材料。此外,还需要召开若干次专家组会议,完成考察意见表的填写等工作。专家在学校考察期间的工作强度很大,很少有专家能够在晚上12点前休息的。为了确保专家组对学校各个方面工作都有比较清晰的了解,专家组会进行分工,对全校各部门、院系、校院领导进行访谈和考察,查阅所有教学制度文件、教学档案、试卷、毕业论文等材料,在充分调查研究和专家组集体研讨的基础上,形成专家组的考察意见。考察意见形成之后,专家们还需要反复修改,字斟句酌,一个月后将专家组考察意见提交评估中心。这些烦琐的工作程序和繁重的工作,能够确保专家组考察报告的权威性。因此,专家组进校考察是非常关键的!如何让专家认同学校的工作,看到学校的工作成绩,赞赏我们的工作精神等,是迎评工作需要解决的问题。

二、合格本科教学的标准

本科教学合格评估要求学校的教学工作达到合格标准,而新建本科院校办学情况差别很大,所以,各校的合格标准各不相同,没有一个统一的模式。那么,学校之间如何进行比较?教育部评估中心的标准是最基本的要求,合格本科教育的形式和表现可以是多种多样的,根据我对高等教育和新建本科院校办学状况的研究,我认为,合格的本科教学主要有以下五个特征。

第一,学校发展的思路清晰,办学理念明确。学校办学理念和发展思路决定人才培养体系建设和教学工作状况。专家组考察时会特别注重学校的办学理念和思路。比如,学校提出以学生为中心、为地方发展服务、走产学研相结合的发展道路,那么,专家组就会考察学校教学工作是如何落实这些办学理念和发展道路的。高校的办学理念可以是一元的,也可以是多元的。一元理念的高校是一种追求,多元理念的又是一种追求。理念和追求的不同决定高校类型的差异。因此,学校办学理念和发展思路非常重要,在评估中也受到高度重视。我与很多高校领导、中层干部交流时发现,有些高校的办学方向是不断变化的,缺乏一贯坚持的办学理念,对于要把学校办成什么样的大学、秉承什么思路办学都在经常变化。理念和思路一变,学校很多教学方面的工作要随之发生变化。这样的高校很难有比较好的发展状态。据了解,我们学校在办学理念上做了很多探索，在实践中进行了检验，构建了与理念相适应的办学体系，包括院系建设和专业发展重点。这些是做得很好的，也是必要的。

第二，建立了规范的本科教学工作制度。教学工作不只是教务处的事情，但与教务处关系最密切，是通过教务处将各行政部门和教学单位串联起来，在纵向和横向的不同维度建立起来的人才培养工作体系。要做好教学工作，不仅要有学校层面的教学工作顶层设计，还要有人事、财务、后勤、基建、科研等各方面相关部门的协作。教学工作在学校层面和学院层面有各种规范，教务处、相关部门和学院分别管什么，在学生学习管理、教师管理等事项上校院如何分工，分工体系和运转是否正常等，都是专家考察的重点。有的高校教学工作出现混乱问题，就是因为分工与协调出现了问题，制度不健全，缺少规范。院系埋怨学校管理太死，学校则觉得院系推动不力。

第三，质量保障体系健全且运转有效。与过去相比，大众化时代的本科教育需要建立一套质量保障体系，包括外部的和内部的。合格评估主要是外部的保障，而考察的重点之一则是内部质量保障体系是否健全。建立健全质量保障体系是国际趋势。目前，联合国教科文组织正在研究世界各国高校内部质量保障体系（IQA）建设的经验、模式，选取了9个国家10多所大学进行研究。中国是案例国家之一，厦门大学正在参与国际高等教育内部质量保障体系建设。质量保障体系是什么？是不是有领导听课、开学初检查、教学督导、学校评教等，就是建立了完整的内部质量保障体系？从本质上讲，这些只是内部质量保障体系的若干机制。一套教学质量保障体系，是指面向整个学校教学工作的教学设施、条件、制度建设等各种保障机制，从要素上要全覆盖，层次上要包括校院系层次的保障机制。具体地说，学校要有一个专责部门，负责总协调。很多高校建立了独立的教学质量评估中心，少数的放在教务处。这个部门主要负责建立学校的质量保障制度，协调各单位的质量保障活动，督促检查质量保障效果，建立质量保障机制（对教学条件、教学质量、学生学习结果、教学规范的保障等）等。在院系层次，也要建立相应的教学质量保障机制，当然，因为院系相对比较单纯，主要是对教学过程质量的保障，所以，机制上没有学校层面复杂。在评估中，专家不仅要考察教学质量保障体系是不是建立健全了，还要考察这个体系运行怎么样，是不是发挥了积极作用，是不是真的对教学质量的提高发挥了影响。比如，很多学校都有教学督导、学生评教、领导听课等质量保障机制,却不能证明这些机制运行良好,促进了教学工作,发挥了积极作用。这就是一个问题。

第四,人才培养工作有特色。与上一轮评估不同,合格评估没有特色项目,有人说新建本科院校很难形成特色,虽然有一定道理,但也不尽然。尽管名义上是新建本科院校,但很多学校不是一夜之间建立起来的,是有历史的,在办学过程中很多东西是一贯坚持的,升本后又进行了发展和探索,在教学、人才培养工作方面是具有一定特色的。这就需要我们去研究、归纳和提炼特色。有特色的人才培养和教学一定会让人印象深刻!比如,西安有一所民办高校,办本科教育的历史不长,但办中专和高职的历史不算短。在评估中专家发现,该校在校企合作办学和女子教育研究与实践方面已经初步形成了一套体系,在人才培养过程中发挥了积极的作用。这就是特色,尽管这两个特色可能还不是非常鲜明,还有待未来教育教学实践去充实和完善,但毫无疑问,该校在人才培养上的可贵探索是值得肯定的。所以,这两点得到了专家的高度肯定和赞誉。

第五,合格本科教育教学应该是可持续的。评估是一时的,但是,办学是不断线的。评估不决定学校教育教学的终点,学校还需要更好地办学。学校教学要表现出可持续性,要让专家觉得学校教育教学工作很有计划性和组织性,对不同阶段的发展有不同的考虑,对未来需要解决的问题都有认识和思考,工作是可持续。比如,师资队伍的可持续性,一方面表现在人才队伍结构要合理,另一方面,教师发展工作要卓有成效。这就是说,学校要有系统的师资发展规划,有保障规划落实的措施,教师要有职业生涯规划,来提高教学能力、研究能力。可持续性还表现在教学工作制度的建设与执行是良性的,学校考虑工作的时候有很强的未来意识。

三、迎接合格评估的建议

学校做好迎评工作的动员和系统分工是很必要的。为了有效地迎接评估,发挥评估促进教学的作用,真正把教学工作提升到一个优秀水平,我主要提三点建议。

第一,系统地总结和归纳办学实践。一所学校的办学理念、办学思想、办学精神不是从其他高校借用或政府文件中得出来的,应当是从学校实践中生长出来的。举例来讲，西安欧亚学院办学很有特点，但2011年以前，它与其他民办高校没有太大的差别，在2011年以后，它开始全面建构新的办学体系、人才培养体系。欧亚学院办学的新理念不是从北京大学、清华大学等高校借鉴而来，而是在总结自己过去办学经验和教训的基础上，通过反思获得的。它在人才培养上形成了自己的一套体系，比如，在校企合作方面，以前跟阿里巴巴联合办班，尝试了一期之后，觉得距离太远，没有办法控制学生的培养质量，对办学不利，就主动放弃了。它把学生召回来，建立自己的人才培养体系。民办高校能够这样考虑人才培养质量问题，是非常难能可贵的！它还在追求教学设施、实验仪器设备的高效使用。跟教育部的要求相比，它的教学仪器设备是存在差距的，但是，它制定了详细的实践实验教学计划，实践教学条件满负荷利用，提高利用率，节约办学成本，保证了办学的需要。另外，它十分注重校园文化的营造。校园十分清爽，没有视觉污染，各种活动不张扬，校内没有广告标语，组织大大小小的活动往往都只有一个展板或易拉宝，办完就及时撤走，营造了一种特殊的校园文化。这些点点滴滴展现了一种有特色的办学理念，把它总结出来、坚持下去，可能就能成为学校的一种教育教学传统、一种办学模式。新建本科院校的生命力就在于能够走出一条自己的、高效率的办学道路。

我们学校办学有丰富经验，在为地方服务、校企联合一体化办学等方面做得很好，在产业开发、引领地方经济社会发展等方面有所建树，在学生培养上也有很多经验。如果我们做好了总结提炼工作，形成了一整套办学理念，那么，就不只是在评估中给专家留下深刻的印象，还对会学校未来的发展有很好的指导意义。除了学校层面的总结提炼，各学院也需要总结提炼，总结过去办学中的成功经验教训，在未来完善各项工作。

第二，做好细节工作。在参加高校评估时，有些高校的细节工作做得很好，有些学校则在细节方面没有完全做到位。细节表现在方方面面，比如，评估报告的结构，评估报告不一定要按照其他学校的范本写，还是要有自己的考虑，只要能够反映评估方案的要求、反映指标体系和观测点的要求、反映办学优势和成绩，并且能够指出学校办学中存在的主要不足即可。形式上不一定要与已经通过的学校一样，当然可以借鉴写得比较好的高校。在材料准备上，形式上是规范的，环节也是具体的，但有些材料很烦琐，就让人感觉失真。课程试卷里面出现大问题的比较少,但存在一些细节问题,比如,试卷分析有些只有寥寥数语,或是课程的成绩分布状况不理想,还写正态分布,这些都是不完全吻合教学状态的,不能反映教学与考试吻合度的情况。评估中访谈和深度访谈很多,专家会找校领导、部门主要领导、二级学院主要领导访谈,在访谈时,很多领导反映出只会回答专家的问题,不会展现办学思路、想法、规划,还有些部门领导、学院领导很怕专家提出问题、指出问题,有些会立马验证反驳,其实,在这种情况下,确实有不足就承认不足,听取专家的建议。当然,专家提出问题时,可以做一些解释工作,但是,这种解释应该是有说服力的,因为专家提问大多是有依据的。学校的数据多种多样,没有一个统一的数据,教师数、学生数、课程数在很多情况下有所不同,统一发布数据信息的细节工作没有做好,不同口径统计出来的数据不同。另外,就是专家的接待问题,专家去听课,教师如何有礼有节、热情友好地接待专家,如何在紧张之外,展示大方、从容,都是需要考虑的。专家听课不是去挑剔问题,主要是去看学校的教学状况,通过课程反映教学状况,只要表现出最好状态即可。要注意细节问题。细节问题很多,越是准备到后期,越要考虑周全。

第三,保持平常心,以正常态迎接评估。平常心、正常态是这一轮评估对被评学校的要求,通过参与相关学校的评估,我感到这个要求是对的。评估不是找茬,是为了帮助学校发展,尽管如此,客观上讲,评估对学校的日常办学确实有所影响。但话说回来,只要教学工作体系建立了,质量保障体系建立健全了,基本条件充足了,规划也完善了,迎接评估就没有什么可怕的,通过评估也就不困难了。评估的真正目的在于促进学校教学工作再上一个台阶,建立新常态的教学体系。这样来考虑评估及其作用的话,就可能保持平常心。

要保持正常态,除了在迎评建设阶段不要中断和干扰正常的教学工作秩序外,在专家进校考察期间也要尽量不影响正常的教学活动。为此,就要了解专家进校考察的计划和主要考察活动,掌握专家活动的规律。根据学校学科门类和专业数量、学校规模等情况,专家组的组成人员一般有 7~11 位专家,还有一位评估中心项目官员和一位秘书,项目官员和秘书不单独活动,多是与组长或相关专家一起,负责专家与学校之间的沟通工作。专家组大致的工作日程是这样的:周日 18:00 之前进入学校,当晚专家组会召开预备会议;周一上午主要是两个时段的行程,上半段是专家组与学校领导、院系领导、部门领导等的见面会,校长要代表学校做简短报告。之后,下半段是专家组集体考察校园环境与教学设施情况。从周一下午开始一直到周四下午的反馈,专家组成员都是独立活动的,很少集体活动。考察期间,每位专家一般至少要听两门课、走访两个以上行政单位、走访两个以上教学单位、(深度)访谈校级领导、行政部处领导和院系领导、访谈教师和学生。此外,每位专家还要调阅至少两个班的试卷和两个专业的毕业论文,多数情况下专家走访的学院与调阅材料的学院是一致的。还可能有几个师生座谈会、用人单位走访以及相关教学生活设施考察。总体上讲,专家的考察要做到各类人员全覆盖、各二级单位全覆盖以及各学科专业全覆盖。专家的听课一般在周一和周二,走访和访谈多数在周二和周三,座谈会和考察用人单位大多在周三。实际上,周三下午专家的主要考察工作基本上就结束了,周四上午主要用于专家会议,讨论考察意见报告、专家撰写个人反馈意见。周四下午的反馈会一般在2~3个小时,组长发言和反馈在30分钟左右,每位专家反馈时间约8分钟。从这个日程看,专家在学校的考察活动是很繁重的,但也很有规律。学校可以根据专家考察的进程做好相应的接待、支持和服务工作,如果出现了与专家考察计划相冲突的情况,及时做好协调工作。这样,就能实现评估计划与教学计划都能得到正常开展,保持学校教学工作的正常态。

以上就是我要跟大家交流、汇报的想法和建议,不当之处,请批评指正!

谢谢大家!

第十六讲

新建本科院校迎接本科教学工作水平评估的策略①

尊敬的张校长、各位领导、各位老师：

大家好！

非常高兴到咱们齐鲁师范学院来，和大家一起探讨、交流关于本科教学工作合格评估的一些看法。齐鲁师范学院改制为普通本科院校之后，就具备了办普通本科教育的资格。但具备资格是否意味着我们的本科教育就是合格的？我们在社会上的形象和影响怎么样？通过什么来反映？所以接下来我们就面临着一个问题，那就是教学工作合格评估。所谓合格评估，实质上是对办学能力、办学水平和社会影响的评估。这种评估也可以叫认证评估，或者就叫认证。也就是说，只有我们的教育质量、人才质量、人才培养能力通过了合格认证，才能成为一所真正意义上的本科院校。在这之前，我们只有办本科的资格，但办学能力和办学水平还没有得到社会的认可，所以教学工作水平合格评估对我们学校的发展有特别重要的意义。正好 2013 年下半年以来，我连续参加了三所学校的合格评估，同时也参加了上一轮的教学工作水平评估，自己就有一些体会。我也研究评估工作，所以对评估问题有一些想法。那么我想借这个机会跟大家交流一下，把我的一些体会、想法跟大家分享。下面，我想就本科教学工作水平合格评估的策略主要谈三个问题，共 8 句话 24 个字。

---

① 本文是作者 2013 年 12 月 21 日在山东齐鲁师范学院干部教师大会上所作报告的文字整理稿。

一、顺应形势，积极迎评

国家已经让我们学校办本科教育，也给了我们办本科教育专业的权利，说明我们已经转制成功，成了普通本科院校。据我了解，虽然我们2010年才转制成功，但到现在已经有20多个本科专业，而其他的很多2005年甚至2003年建立的本科学校，到现在也才只有20多个本科专业。所以，我们学校的发展起点是比较高的，也可以说这几年的发展是很有成绩的。既然这样，教育部还要让迎接合格评估，这有没有什么矛盾的地方？其实如果我们把眼光稍微放长远一点，不只是看到齐鲁师范学院，甚至不只是看中国，就可以发现，现在重视评估、重视质量保障，不单是一所学校的问题，甚至不单是一个国家的问题，它是一个世界性的问题，是在当今这个高等教育大发展时期所出现的一种特殊的世界性趋势。

什么是高等教育大发展呢？国际上，高等教育在20世纪后期以来高速发展，尤其是一些中等发达国家，像印度这样一批国家，发展非常快。现在，印度高等教育的规模相当大，在校生人数达到1100万到1200万，中国的在校生人数是3000多万。但印度的1100多万是在最近几年发展起来的，也就是说它最近几年的高等教育在快速增长。当然，一些发达国家目前的高等教育依然发展很快，为什么它们已经发展得很完备了却没有处于停滞不前甚至退步的状态呢？要知道，欧美国家普遍出现了人口生育率低、青少年人口减少的趋势，高等教育的规模应该有所下降才对，但实际上还在不断增加，这是为什么呢？原因有两点：第一，成年人接受高等教育的需要越来越强烈。随着社会的发展进步，个人的知识水平、能力逐渐不能适应新的技术发展的要求了，所以他们就要继续接受教育，这是继续教育的需求在增长。第二，国际教育的需求在增长。近年来，我国高等规模在扩大的同时，留学生的教育规模也越来越大。据教育部门统计，目前我国每年有30多万人到国外去接受教育（根据教育部公布的数据，2012年我国出国留学人数达到39.96万人次），而联合国教科文组织统计的数字更多，有50多万人。这还只是我们中国，其他发展中国家、不发达国家，留学教育需求同样巨大。这样一来，发达国家的高等教育规模就会增长。但是，这种增长容易出现"治安"方面的问题，所以国际上对于高等教育质量的关注、对于质量保证和质量认证，已经形成了一种共同的趋势。这也可以称之为本科教学评估的国际化背景。

在我国，虽然大家对前一个时期的评估工作议论、批评声很多，但因为我亲自参与过评估，感觉到评估的意义很大，也听到很多学校领导、学校老师讲，"如果不是评估，我们学校不会有这样的变化"，所以评估是有作用的。当然评估也有问题，这种问题往往与社会风气、社会方方面面的情况相关，也与社会上的许多问题有共性。我认为，如果没有评估，我们有些东西可能真是存在很大的缺陷。

我们可以反思一下，在前一次高等教育评估中，最受批评的工作就是造假。在评估中造假是什么意思？就是把学生的试卷、评语、论文再做一遍，把它做成档案后给评估专家查阅。有的学校为了造假，还烧坏了好多微波炉。为什么造假会烧坏微波炉？因为新的纸张是白的，如果把这些当作档案拿出来，专家一看就知道是假的，过去的怎么会是白颜色呢？于是就把好好的纸拿到微波炉去转一下，一转它就泛黄了，就成为档案了。试想一下，评估时档案只查三年，并不要查很久，对于近年的学生档案材料还要再造出来，这反映了什么问题？反映了我们不重视学生个人档案的保管，只要学生毕业了，他们的试卷、个人资料就被抛弃了，只顾把他们的分数登记下来。

实际情况应不应该这样呢？它不应该这样。我给大家举个例子，现在本科生毕业要写论文，这应该是19世纪现代大学出现后才有的要求。所以，毕业论文是本科教育最早的形式之一，也就是现代大学产生以后形成的一个产品。过去写论文全部是手写的，而且还不如我们。我们过去还有复写纸，写重一点还能复印出几张来，所以一次还能写几份。在19世纪的时候，没有复写纸，那时候只能誊抄。一个毕业生必须要誊抄几份论文出来。因为当时在欧洲形成了一种风气或者称之为一种规矩，就是一个学校的本科生，只要从这个学校毕业了，他的论文还得同时在欧洲的几家大型图书馆存档、保留。在第二次世界大战期间，像德国、法国、英国等很多国家的图书馆遭到了战争的破坏，很多论文，包括很多名人的论文都查不到了。前几年，荷兰一所大学在图书馆书库的一批资料中，发现了一大批19世纪毕业生的论文。这一发现就把一批19世纪名人和他们当年的论文整理出来了，因此就把他们当时的学术发展情况和学术贡献弄清楚了。你说这些资料有没有价值？哪能说学生论文写完了，学位拿到了，毕业走人了，学校就跟他没关系了，不是这样的。

　　还有一个例子。就在前几年，中国台湾的连战回大陆来访问，去北京大学演讲（因为他的母亲是燕京大学毕业的）。北京大学就从档案材料中，把他母亲当年的学籍档案和成绩单找出来，交给连战亲自带回去。因为他母亲当年离校的时候毕业证没有领，学校就帮她保留起来，放到档案材料里。连战来了以后，就把毕业证取出来，然后交由连战亲自带回去。这又反映出什么问题？我们说，人生的轨迹是不能中断的，关于人生轨迹的记载也应该是延续的。对于学校来讲，每年入校几千人，年复一年，都是数以万计的人在学校学习、生活，然后走向社会。似乎哪一个学生的材料和我们关系都不大，我们可以不太当回事。但是对于学生个人来讲，虽然每一个系、每一个专业一年就会招一两百名学生，但每个学生就是他自己，其他人的档案都代替不了。他学习的每一门课程、每一门课程的试卷、每一个阶段的表现、如何完成学习任务、如何达到毕业要求，这是一个完整的过程，是不可替代的，是独一无二的，但是这些东西有些学校并没有珍惜。所以后来很多学校一听说要查档案就紧张了，就开始大规模地补材料。所以上一轮评估里面，很多学校寒暑假让教职工、学生不休息，专门补材料，重新补试卷、论文、程序材料，可谓劳民伤财，以至于大家对评估批评很多、非议很多。我们现在看，这种非议不应该是针对评估的，表面上可能是针对评估的，但它反映的更深层次的问题是学校工作不到位，没有珍惜应该珍惜的东西。所以，评估让我们看到了一些需要重视的东西，并让我们来重新认识，而这是必要的。所以，尽管上一轮评估有一些问题，但从总体上看，其意义还是积极的。如果没有上一轮评估，中国高等教育的秩序和整体水平可能没有今天的局面。特别是在教学规范、教学要求上面，或许难以想象。

　　那么，前一阵已经评估过了，为什么对新建本科院校还要评估呢？这是因为新建本科院校只拿到了办学证，还没有拿到合格证。学生培养不能说拿到办学许可证就代表合格了，必须要通过评估中心来认证、评估。所以我们说，这一轮新的本科教学合格评估，是对新建本科院校办学水平的认证，评估的对象是新建本科院校，大都只有几年的办学历史。相对而言，上一轮评估涉及的学校就有些复杂，各个层次的都有，各种类型的都有。从我参加的新一轮的本科教学工作水平合格评估的情况来看，这一轮评估的意义同样巨大，对各个学校的建设与发展，包括教学改革与发展，都有重要的影响。像咱们齐鲁师范学院，以前是成人教育序列，现在转到了普通教育序列，虽然过去有一些积累，但从总体上来说,我们在本科教育的一些要求方面还存在一些不足。通过参与评估,我们可以弥补不足,提高人才培养水平。上面就是我给大家介绍的第一个方面的情况,也就是本科教学工作合格评估的意义。鉴于评估的重要意义,我们要树立一种态度,那就是顺应形势,积极迎评。

二、真抓实干,做好准备

为什么评估要真抓实干呢?这是因为评估是一项硬任务。我们都学习了评估的要求以及评估的指标体系。它的指标体系有 7 个大的指标、20 个小项、39 个观测点,反映了方方面面的要求。这个体系实际上是针对全校工作各方面的要求而制定的。有的老师可能看了要求和指标体系以后会说,评估好像跟我关系不大,因为它评估的要么是领导,要么是条件,要么是制度,要么是规范,要么是管理,还有学风,跟教师的关系确实不大。其实,这次评估跟学校每一个人的关系都很密切。为什么呢?我们可以从准备评估要做的事情来分析。那要做什么事呢?这个本科教学工作水平合格评估,一般要做两类准备:一类叫一般性准备,一类叫重点准备。

(一)一般准备

第一,全校干部、教师甚至包括学生和后勤管理人员,都需要做好心理准备。要把评估看成自己的事情,不是哪几个领导的事情,也不是评建办的事情,也不是教务处的事,而是学校所有部门、所有人员共同的事情。

另外,评估直接涉及学校能不能被教育部门所认可的问题。评估中心评估是代表教育部的,教育部的评估在研究中一般被命名为"行政问责"。什么叫行政问责呢?我们知道,公办学校是由政府财政拨款给学校来办学,也包括政府资助学生,而这些钱是纳税人的钱。不能说,这些钱是纳税人的钱,政府就不能管了,那不对,政府对纳税人的钱是有监管作用的。在早期的高等教育办学中,政府不在乎这个。为什么呢?因为早期的大学非常独立,大学该怎么办学是学校自己的事情,政府不会干涉太多。但 20 世纪以来,大学跟政府的关系越来越密切,而且现在经费数额越来越庞大,动辄数以亿计。在这种情况下,政府就要知道学校是如何来安排教育经费的,这些教育经费是不是发挥了它应有的作用。这样就出现了"行政问责"(也叫"社会问责")的国际趋势,叫作"accountability"。这是一种问责要求，它不仅针对校长和书记，而且针对其他人，所以每个人都要有这样的心理准备——这个评估是针对大家的，我们都在接受评估。事实上也是如此，当评估专家入校的时候，他不只看学校领导，也不只看学校哪几个部门，而是对学校所有领导、部门、老师和学生都进行走访、考察，查阅各种各样的文件资料。所以从这个意义上讲，我们要有这样的意识——都需要接受教育部对我们的考察和评估。

第二是组织准备，就是学校为了迎接评估，也为了建立正常的、有效的教育教学秩序和规范应该当建立一整套组织体系。我很高兴地看到我们学校现在已经开始做这方面的工作了，也已经把评建办建立起来了，并开始针对评估要求制定相关的工作计划和要求。仅有这些还不够，组织准备还需要针对学校的教育教学工作需要，尤其是针对教学质量保障的需要，建立各种各样的相关组织机制来保障教学质量，也就是各种各样的教学机制。

一般来讲，学校要建立一套教学质量保障体系。这个教学质量保障体系从学校层面、部门层面、院系层面、教师和学生层面，都要有相应的制度和机制，而且要有细化的工作要求和工作规范。比如本科生的毕业论文，论文指导有没有相应的组织机构机制来保障？选题过程中，除了老师和学生相互探讨确定选题以外，还有没有别的保障机制？选题最后是由谁认可的，有没有经过一种研讨机制？论文写作过程中，老师的指导有没有一种组织机制来保障，院系里有没有相应的制度规范，有没有检查机制？学生答辩通过后，答辩委员会的组织和相关的材料有没有整理出来？这些都需要有相应的组织机制来规范。从这个层面来讲，教学工作水平评估的组织保障是非常关键的。再比如说我们学校的评建办，这个机构虽然建立起来了，现在的组织体系是不是完善的？建立了评建办后，院系怎么做的，部门又是怎么做的？组织保障很关键，这是从质量保障体系的角度说组织是重要的。因为评估本身就是一个质量保障的措施，这个措施就是从宏观上来监督学校的质量保障，所以学校质量保障体系必须健全。

另外，评估本身不是目的，它的目的在于更高的质量、更高的水平，而这个更高的质量和更高的水平意味着教育教学活动要有质量、要有水平。在教育教学这个问题上，按照公认的说法，一边是质量保障，另一边是质量生成。如果质量保障水平高，而质量生成水平很低，那质量也高不到哪儿去。学校正常的教育教学质量、教学水平需要有质量保障以及相应的组织机制去保障。比如说，学校要新建一个专业，这个新专业需要怎样建设？通过什么样的组织来建设？如果还是用老组织、老机制，有没有什么特别的制度来保障？如果还是由原来那个学院来建，由学院里的院长和副院长来抓，那就和其他的专业一样没有什么特别的。这样一来，谁来保证这个新建专业的教育质量能够和其他的专业相匹配？所以要建立起专业建设小组，或专业建设委员会，或专业建设指导委员会类似的组织来抓专业建设。类似这些问题都需要有组织保障。这些组织应当发挥它的作用。

第三就是评估的任务准备。我们要去准备什么呢？上面谈到，评估的指标体系涉及 39 个观测点。这 39 个观测点就是我们的任务，也就是我们接受评估时的任务准备。这 39 个观测点大多数有具体的衡量依据，比如说办学思路和领导作用，有学校定位与规划的要求，那就需要把学校发展规划整理出来；办学条件与利用，有各种各样的关于教学条件的要求，例如建筑面积、图书馆面积、实验设备、仪器设备值、图书资料数量等，那就需要有所准备，而且这些准备工作要在评估之前达到或基本达到。这 39 个观测点，每一个都很重要。当然有的观测点比较实，有的就比较虚，我们要把实的做得让人看得见，虚的要让人感觉得到，这样的准备才到位。比如说实的，就要做得让专家一进门就看得见，建筑面积——校园内有大面积的地，仪器设备值——仪器都摆好，这些是看得见的，相对比较好做的。那虚的怎么办？像学风建设，怎么能看见？那就一定要让专家感受到，我们学校的学风建设抓得很紧，而且很有成效。再比如教学质量，你说是虚的还是实的？它有虚有实，实的包括试卷、论文，虚的就是专家从与学生们交流中所感受到的人才培养质量，还包括一些从与毕业生相关的资料中或考察中获得的认识。所以，这个任务准备是最重要的，也是评估所要求的，也是我们办学所应该做到的。

第四就是材料准备，它所要准备的就是评估材料。在上一轮评估里，材料准备工作把学校"折腾"得够呛。材料越来越多，甚至有的学校用好几间房子来给专家准备抽查、考察的材料。现在的材料要求没有这么复杂了，材料工作现在越来越单纯，它的基本要求是相关的教学、工作文件，相关的教学管理规范和标准，各种相关的档案材料、试卷。一般来讲，包括近一年的毕业论文，现在不太强调把所有年的论文补齐，只需要最近一年的。所以这就好办了，学校只要把这一年的做好就可以了。其实从各个学校评估的情况来看,材料准备问题非常多,各种各样的问题都有,而且可以说无奇不有。

(二)重点准备

一般的准备里有心理准备、组织准备、任务准备、材料准备,除一般准备外,还有重点准备。重点准备主要是任务中的重点,其中有三大重点,分别是办学条件、办学规范、教学管理。

第一是办学条件准备。在39个观测点中,办学条件占了相当大的比重,而且是评估专家特别看重的。办学条件既包括校园面积、生均占地、生均建筑面积、生均仪器设备值等,也包括师资队伍的总数、师资队伍的结构、师资队伍的水平,当然还包括学校的教学经费。教学经费并不是说拿出一个数量、拿出一个百分比就达到要求了,专家还要看教学经费是不是投到教学方面去了,也就是说要查一下支出清单,看一下有多大比例的教学经费是投到教学上面去了。所以这个条件准备是非常重要的。

从实际评估情况来看,有一些学校因为各种各样的原因,在评估的时候会有意识地放弃一些条件合格。为什么这样选择呢?因为在这次评估中,39个指标只要不超过6个指标不合格,就能通过。也就是说,在39个指标里面,有5个指标不合格,都可以通过;有6个、7个或8个指标不合格,可以暂缓通过,就不是一棍子打死,是个缓刑;如果有9个或9个以上指标不合格,那就不能通过。所以,有的学校在衡量了实际办学条件和客观原因后,就主动放弃了一些指标。比如生均占地面积,这不是学校所能决定的。如果实在拿不到地,学校就放弃这个,而且放弃一个没有关系。有学校认为,我们生均图书资料册数这项指标达不到,因为一下买那么多书可能都是废品,单纯去追求达到那个数量指标既没有意义,又浪费钱。虽然为了保持学校资料建设的质量,学校在不断购买图书资料,但是由于过去数量很少,现在要一下子达到生均那么多,真的达不到,那么就可以选择放弃。再比如说生师比,有的学校规模很大,教师人数不足,怎么也达不到,即使造假也达不到。因为造假不容易造,造假之后查花名册就可以查出来。光查名字还不行,专家如果真要查,就会把历年甚至好几年的工资清单查出来。那就没法造假了,所以如果造假,专家真要考察是可以查得一清二楚的。在这种情况下,学校干脆就把这项指标、这项观测点放弃。当然也不能放弃太多，这些东西是硬指标，如果硬指标都放弃了，软指标都达到了，那也不行。所以条件准备是有技巧的，也是要根据主客观的情况来决定，最好都能达到。不管是软条件还是硬条件，只要能达到要尽可能达到，这对我们以优良的成绩通过合格评估是有好处的。因为这些硬指标都能达到要求，会给专家组产生非常好的印象。

第二是办学规范准备。现在的本科教学工作水平评估之所以叫合格评估，就是因为考虑到现在的新建本科院校在规范和条件上还存在比较大的问题，有时甚至规范比条件更难。为什么呢？比方说我们齐鲁师范学院，过去是成人教育，有一整套的规范和体系，现在是普通院校了，所以我们所有的关于教育教学的管理制度就需要按照普通院校的要求进行规范化的建设。

各方面的制度都需要有规范，比如说本科教育质量，我们学校有没有质量标准，每一个专业有没有自己的质量标准？原来大多是每一个专业有一个培养方案，然后开通一系列的课程，配备相应的老师，把课程开出来，就可以了。那有没有规范呢？过去可能连规范的意识都没有，那现在就要有规范。有哪些规范呢？为什么要办这个专业？办这个专业的依据是什么？专业建设的标准是什么？规范在哪儿？专业建设要达到什么样的质量标准？专业评价、政策规范建立起来没有？再比如毕业论文，论文的指导有没有一整套的规范或者制度？在毕业论文的每一个环节有没有相应的质量要求？还有课程考试，包括试卷的命题、审题、考试、阅卷、试卷分析、试卷保管、归档，是不是有规范？还有课堂教学，有没有一套规范？这次本科教学工作水平评估特别重视规范，它的基本逻辑就是，有规范质量就是有保障的，如果没有规范，那质量就是随意的，可能有保障也可能没有保障。所以学校一定要建章立制，建立规范。

学校不仅要建立那种细节的、具体的规范，还要建立一些宏观层面的规范。例如，整个学校的教学要求是什么？学校对于任课老师的要求是什么？学校对于新教师，也包括年长教师在教学能力提高上的要求是什么？这些都要建立起相应的制度来。通过制度来落实和保障教育教学质量。规范就是各种制度、条例、管理办法、实施细则，这是我们要特别重视的一个方面。

第三是教学管理准备。这次本科教学工作合格评估，对教学管理是高度重视的。教学管理不只是教务处对教学工作的管理，还包括学校、部门和院系对教学工作的管理。学校层面就是学校领导对教学的重视以及教学管理的方式方法。比如学校的党政联席会或院长办公会,是不是把教学工作放在第一位,甚至放在核心位置上?学校领导尤其是主要领导是不是经常关注教学,经常深入课堂去了解教学情况,解决各种教学问题?学校各个部门又是怎样围绕教学中心地位来配合教学工作的?这都是管理上要考虑的内容。还有我们院系,院系在教学管理上是怎么做的?过去很多院系的教学管理是很随意的,是系主任一个人说了算。现在这个教学管理是不是还这么简单?管理数据有没有在教学委员会、教授委员会或专业委员会上通过?哪些事情是院长或者系主任个人说了算的,哪些是要经过组织程序来决定的?这都是管理问题。管理问题上还比较关注的是教学管理队伍的建设,是指实际的教学管理队伍主要由主管的副校长、教学管理部门、评建部门和院系主管教学工作的领导以及实际从事教学管理的秘书和相关的行政人员所构成。这支管理队伍的素质、条件,也包括对这支队伍的培养和教育、培训,都是教学管理考察的重点。

所以从重点准备上来看,条件、规范和管理三个方面很重要。从学校层面来讲,如果把一般准备和重点准备这两个方面结合起来做好,那么评建工作的准备是有保障的。

三、平常心态,热情迎评

(一)以平常心、正常态来对待学校的评估

要保持一个平常的心态,不能一说要评估了,就感觉到很紧张。其实,"平常心,正常态"是这次评估的基本要求。这是什么意思呢?如果所有的工作都做到位了,那专家也就是过来验收而已,再看也就是那么回事,没有什么好担心的,这就是正常态。平常老师就是这么教的,材料、档案平常也是这样准备的;制度规范很明确,平时就是这样执行的,这就是我们教学运行、学校工作运行的正常状态。如果没有正常态,是为了迎评才去做,迎评之后该怎样还是怎样,那要以正常心态来面对评估肯定是非常困难的。所以这一次要强调这两句话:平常心,正常态。

这次合格评估对评估专家也有一个特别的要求,那就是评估专家要以平常心态来看待学校工作,不能干扰正常的教学。那么专家真能做到完全不干扰学校的正常教学吗?从我参加的评估来看,这个要求很难。并不是评估专家真的很难做到,而是学校的心态不是很平常。再加上评估有一些特别的要

求,也使得我们很难以平常心态来对待。比如说评估的第一天,评估专家星期天到校,一般来说星期天晚上 7 点专家组开会,开始安排第二天的活动,包括去哪儿听课,去哪儿考察,去哪儿访谈;把任务定下来后,大概是晚上 10 点左右,然后通过专家组的秘书反馈给学校,差不多就到 11 点;学校拿到反馈信息再开始层层落实、通知,通知到老师基本就到晚上 12 点钟了;老师在晚上 12 点钟听到第二天专家要听课,就得开始把课件再整一整,教案再重新写一写,这样一来可能就到晚上一两点钟了;如果评建办、教务处或学院领导再落实一下上课的老师是否做好准备了,这样就到早上三四点钟了。所以有的领导就说,一次评估我都没有睡够 10 小时的觉,甚至有的整宿就没睡。那整宿没睡是不是白天睡觉去了? 也不是,白天更睡不着,因为专家到处考察,怎么能睡得着? 如果有 7 个专家就要接受 7 个专家的深度访谈,如果有 9 个专家就要接受 9 个专家的深度访谈。那学校的教务部门、评建部门,还有一些院系领导就要反反复复接受专家的考察或者访谈,有的还是深度考察或者深度访谈,所以根本没有时间睡觉。所以说要以平常心、正常态来面对,有时候确实很难完全达到。

因此,在评估中,我们学校给专家看的、让专家查的、去体会的应当是正常的运行状况。只要做好了准备,那么保持平常心还是有可能的,而且有些学校也是这样做的,比如黑龙江的一个学校。这个学校的师资队伍很难达标,而且基本就没法达标,因为没人愿意到这里来工作。跟我们齐鲁师范学院还不一样,硕士不愿去那里工作。为什么呢? 因为从这所学校的位置来看,跨过黑龙江就到俄罗斯去了,每年 10 月 1 号开始供暖,一直到第二年的 5 月份,没有几个月是春暖花开的。这所学校离省会还有 700 千米,也没有动车,所以硕士都不愿意到那里去工作,学校的师资队伍建设就非常困难。对学校来说,这些困难都是客观的,不是学校不想解决,而是真的解决不了,不是不努力的问题。但后来他们找到了一个窍门,不但解决了问题,而且还成了给他们加分的项目。方法就是到黑龙江对岸找人。俄罗斯的人工费是比较低的,比如他们聘一位俄罗斯功勋画家(普京总统专门授勋的画家,他们会把勋章带在胸前),工资一个月也才五六千块钱。他们都非常热情,工作非常认真。在国内的话,没有一两万,教师不会来这里工作。另外俄罗斯也很自由,这些教师到中国来很简单,往返都很自由,加上在中国生活不错,他们也很喜欢这里。于是这个学校就引进了一批这样的俄罗斯教师，学校在师资队伍建设中的博士化师资也由弱项变成了一个亮点。现在他们就可以保持一个平常心态来看待评估。学校领导就把评估专家带去，看俄罗斯教师如何上课，怎么给学生指导。专家一看，这些俄罗斯教师很不错，水平也很高，比我们国内的教师水平还高。所以，不要片面地追求教师的总数和结构。这就说明，面对评估要保持平常心，不是说哪个指标不好就要拼命地掩饰。如果哪个方面比较弱，那没有关系，关键是怎么对待它，怎么去解决这个问题，而且把这个问题解决到什么程度，这就需要一整套的方案和计划来对待。

此外，原来评估特别强调集体活动，现在特别强调专家个人做出自己的判断。专家白天在学校里面考察，看到宿舍和教室里面是有组织的，看到教师上课的设备很齐全，学生活动也灵活多样，这是白天的状态。晚上专家吃完饭后，会一个人出来，连联络员也不告诉，这是微服私访。原来是组织学生座谈会，现在是随机到学校里找学生，晚上到学生宿舍去了解。现在要求评估专家工作要灵活，而且工作方式要具有个别化和有效性。原来特别强调集体活动，现在强调专家个人做出自己的判断。所以，这次评估一开始就要求专家对学校提交的自评报告进行审读，然后提出个人审读意见和初步印象。进校安排好之后，除了一次参观是集体活动之外，其他的都是专家个人的考察。过去考察是专家组集体出一个评估意见，现在是专家独立打分，然后提交考察报告和考察意见。专家组再在专家意见基础上，拿出总的考察报告。所以，保持平常心，以正常状态来对待评估，来迎接评估非常重要。因为现在的评估方式变了，评估要求也变了，但评估始终是为了学校发展。

这一次评估还有两句话，就是"替国家把关，为学校服务"。关于评估，从目的上来讲，要求评估专家对学校把关。我们学校现在的教育教学质量到底怎么样、工作做到什么程度、应该怎样达到，这是国家的要求，所以叫"替国家把关"。第二句话是为'学校服务'。专家来到学校，跟学校面谈，不是来挑刺儿的，而是来看学校工作的，包括它的亮点、优势、成绩，同时也要查找它的问题。所以，有种说法是专家就是来看问题的，因为在评估的掌控度里面，专家只谈问题，基本不谈或极少谈成绩。为什么会这样呢？主要是因为时间有限。在7天的时间里，评估中心要求，在掌控度方面，评估专家只谈问题，不谈成绩，因为成绩会在个人考察报告里面充分体现。专家所谈的问题，不应是简单的指责和批判，而是建设性、帮助性的，是为了学校更好地发展、更充分地改善。这叫替国家把关，为学校服务。

（二）做好评估工作计划

比如我们齐鲁师范学院要在 2016 年接受评估，这样会有一个两年的准备期。这个两年的准备期，说长不长，说短也不短。这两年时间里，怎样解决问题，怎样迎接评估，需要掌握一个节奏，做一个周密的工作计划。通过评估和做过的相关研究，我个人感觉，应该是规范优先，条件必须达到。为什么规范优先，不能把规范放后面去做？因为总要先有一个规矩，学校的工作才能正常运行。我们每一个专业开办，每一门课程教学，每一个学生指导，都可以按照学校要求去做。所以，要把规范的任务做在前面，越早越好。条件不能一下子就达到，可以持续准备到评估之前。为什么能持续到评估之前？不能说缺房子一年就可以解决，缺设备一年就可以全买回来，差师资一年也可以解决。而是钱多可以优先解决一些问题，钱少可以重点解决一些问题，凡事要有一个轻重缓急，要根据教学要求和评估要求去安排。

迎接评估，要把评建工作计划、教学质量保障体系建设凸显出来。评估是特别注重考察质量保障体系的，要看我们自身的质量保障体系是什么时候建成的，建成什么样子，它的问题、状态是什么，能不能达到它的效果，这些都是非常重要的。

做计划的时候，还要做好迎评人员的配备和相关的培训。所有的教职工和学生都要参评，这是面上的，一般意义上的。实质上，那些直接迎接专家组和专家组打交道的人，必须做好配备和重点培训。因为他们是全校教职员工的代表，对他们的基本要求是要像一本活字典，对学校方方面面的要求烂熟于心，对学校迎接评估的要求、学校办学情况要非常熟悉。再一个就是培训的问题。从学校整体来讲，培训主要实现三个目标，第一是熟悉学校的办学情况和教学状态。专家组到哪个学院去，向学院的领导、学院的相关办学人员了解学院的办学情况，你不能说这是教务处的事情，我们不了解。一般意义上，该了解的都应该了解。关于学校的办学情况、教学状态、自评报告的内容，要非常熟悉。第二是掌握评估规范或评估要求。对评估规范或评估要求我们应该非常清楚，所以大家要熟悉、掌握评估要达到的目的、评估考察的重点、评估指标主要的标准。第三是对直接与评估专家打交道的相关联络员和工作人员的培训，要进行包括礼仪、接待程序、解决问题的方式手段等方面的培训。通过这些培训，向专家组展示学校的精神，展现学校重视本科教育和教育质量，也重视质量保证的精神，这样才能给专家留下深刻印象。不要出现专家到哪个办公室或处室里面去了解情况，结果我们这个不了解，哪个也需要去查一下，去问一下情况。让专家感觉我们好像一点也不熟悉，甚至认为这是领导应该做的事情，跟自己没有关系。所以，精神状态是重要的问题，绝不是评估时间到了，我就临时抓一下，这还需要提前做。把我们学校的办学思想、办学理念、工作做法、办学规划、教学方面的标准和要求，都要提前做到，甚至是如果没有，就要从现在开始把这些东西做好，让全校的干部、教师熟悉。这样到了评估的时候，精神状态自然就能够表现出来。我们学校是怎么样的，在教学上是怎么考虑的，我们学校有什么样的要求，这些绝不能出现背书的情况。背书漏掉了怎么办？否则让专家一看，纯属临时抱佛脚，所以，对这个问题要重视。

（三）充分展示学校教学工作的亮点

像我们齐鲁师范学院，评估时就要考虑什么东西会给专家组留下很深的印象，哪方面是学校独有的，哪些东西能代表学校的教学水平。如果没有，我们就按照评估的要求，该达标的达标，不能达标的也按照那个框架做好，争取给专家组留下积极的印象。这次评估提出了包括"四个促进、三个基本、两个突出"的核心内涵，这些都可以作为亮点，当然不是每一个方面都做，而是在某些方面去做亮点。

关于"四个促进"，第一个是促进教学经费的投入。教学经费的投入，一是政府层面的投入。学校评估要得到政府的支持和重视，因为在评估时，教育厅的领导至少是主管领导要到学校里来。二是学校自身经费的使用和分配，对政府经费也要充分利用和保障。第二个是促进教学条件的改革，也就是我们的办学条件。在迎评之前，反思在专家进校之前，是不是得到了充分的改善。第三个是促进教学规范的建立。第四个是促进教学质量的不断提高。我们可以看到，这四个促进包括了教学经费的投入、教学条件的改善、教学规范的建立和教学质量的提高。

关于"三个基本"，讲的是基本要求。第一个是办学条件基本达标，也就是基本达到国家标准。国家对于本科院校的教学条件是有要求的，要对照这些要求,基本达到标准。但不是基本达到标准就可以了,如果能达到更高标准,那当然更好。比如说师资的标准,这是国家根据全国高等教育的规模和总体发展情况所确定的。其实,这个比例不能说明什么问题,因为教育质量并不取决于这个比例。一般来讲,生师比越低教育质量越有保障。即一个老师所对应的在校生人数越少,教育质量越好。在这个意义上,才有实质性的意义。第二个是教学规范基本建立,也就是规章制度基本建立起来。第三个是教学质量基本得到保证。

"四个促进"与"三个基本"是相吻合的,通过"四个促进"来达到"三个基本",同时"两个突出"就基本稳定。这次评估,特别强调"两个突出"。第一个突出是学校教学要为地方经济社会发展服务,也就是要求教学要与产业、事业单位结合。第二个突出是以学生为中心。这两个突出实际上是对教学观念、教育思想观念的一个更新。

关于"四个促进、三个基本、两个突出",我们齐鲁师范学院能不能做出亮点,哪一个方面能做出亮点,给评估专家以特别深刻的印象是很重要的。比如,以学生为中心的要求,我们有没有可能做出亮点?以学生为中心,可以展现在教学上面,也可以展现在非教学性的学生服务上面。我们能不能负责地说,这就是学校的办学理念?学校从教学的各个方面都在实现以学生为中心?如果我们能在这个方面做得比较好,那就是符合评估要求的,也能够给评估专家好的印象,给我们的评估结果加分。我们能不能在办学条件方面做出亮点,让39个指标中的硬条件达标?因为在当前已经评过的新建本科院校中,在39个观测点的硬条件里面,还没有一个学校全部达标。如果我们达标了,那就是非常硬。再比如说教学规范,如果我们在教学规范制度包括教学质量保障体系方面做得非常好,有自己质量保障的理念、质量保障的组织、质量保障的相关人员配备,也有工作的成效的反映,专家组一看就会认为,我们的质量保障确实做得不错。所以说在这些方面,我们都是可以去研究和思考的,也是可以去选择并根据实际情况做好的。

(四)客观对待评估专家的批评意见

有些评估专家非常不客气,走到哪儿就批评到哪儿,走到哪儿就指责到哪儿,不管在部门,还是在院系,还是当着学校领导的面。为什么会这样?因为他之前看了我们的自评报告,了解了学校的基本情况,又到学校后不断地去观察、了解，查阅资料，以至于一看到问题就想批评。因为专家不客气，所以有些领导、老师有些不高兴，甚至有的还会跟评估专家对着干。其实，这种事情应该避免。我们应该客观地对待专家的意见。因为评估专家的批评意见，代表着他的看法。学校的问题可能是存在的，但是这个问题可能存在各种各样的原因，包括历史的、现实的、人际的、经费投入等各方面的原因。只是评估专家不管是否有客观原因，而是只管有没有问题。

另外，还有一些问题确实是我们工作中做得不好的。比如，我们到一所学校去，有个班的试卷成绩没有一个是及格的。我们就要想这门课的老师是怎么教的，学生是怎么学的，学校的质量保障工作是怎么做的，学校的管理工作又是怎么做的。更为关键的问题是，这份试卷的卷面分析还说结果合理。试想一下，哪有全班成绩不及格，还说结果合理的？再有一种问题就是我们发现很多学校迎接评估的痕迹很重，连学生毕业论文的题目和内容都对不上。论文的题目和内容完全不一样，这个问题怎么解释呢？其他的问题如教学，学校说正在推行启发式教学、探究式教学，结果去听老师的课，全是照本宣科，这完全与宣传的教学方式不对应。类似这样的问题非常多，有的试卷缺两份，有的教学计划安排跟实际上的课对不上，要么课表上没有，要么课表上的老师与实际讲课的老师不一致……面对各种各样的问题，专家自然就很不客气了。问题是哪个学院的就找哪个学院的领导来核实，是哪个部门的就找哪个部门的领导来解释。所以，专家组提出的问题肯定是存在的，他们没有必要无事生非。如果确实是专家组错了，学校可以去解释。但如果真是存在问题，学校就要去分析原因。是错了就承认错误，是问题就要分析问题。

还要说的问题是，在评估中，学校也要以一种跟专家共同探讨问题的心态来对待专家。在一些评估中，有学校领导生怕专家提问题，一提问题就赶紧圆过去，好像所有的问题都考虑到了。有时候专家提出来，并不完全是批评性的、指责性的，很可能是具有探讨性的。所以，我们在跟专家交流的过程中，要保持一种平和的心态，来跟专家一起探讨问题，不管是规范的、管理的、条件的，还是人员素质的，都可以探讨。以一种探讨的态度对待评估，对待专家组提出的各种问题以及批评意见，会使我们的评估更具有建设性。

评估工作不是一下子就能完成的事情。评估只是一种形式。也可以这样说，评估可以最大限度地帮助我们认识学校、教育教学和办学中存在的问题，帮助我们看清楚学校未来发展的方向。所以,从表面上看来,评估是在追述过去,但实质上是在帮助我们面向未来,寻找学校发展的方向。从这一角度讲,评估总体上是建设性的。只要我们从建设性的角度来考虑评估,那我们就有可能以一颗平常的心来对待它。齐鲁师范学院是有传统的,也是有积累、底蕴的,以学校的现有条件和准备评估的时间,我相信是完全可以以优异的成绩通过评估的。

祝愿齐鲁师范学院早日建成高水平的大学!

谢谢大家!

第十七讲

教学合格评估中的迎评与准备 [①]

各位领导、各位老师：

大家下午好！

今天我想跟大家谈谈评估的问题。大家最关心的就是怎么迎评、怎样能够以更好的成绩通过评估。理论方面的东西，我今天就不多说了，主要谈谈作为一个评估人员，在考察、评估学校的时候重点关注、考察的一些方面。主要讲两个问题：第一，迎评中的一些重要的技巧；第二，如何做好迎评的准备工作。

一、迎评的技巧

迎评要做的工作很多，从技术层面讲，学校如果能在以下几个方面做好工作，是可以给评估加分的。

（一）正确对待第一印象

在迎接评估的时候，我们都希望学校能够以一个比较好的精神面貌，也以一个比较好的成绩为专家所认可。这是所有学校接受评估的时候都抱有的一个想法。但是，实际上，当专家到学校以后，从进校开始，或者说从和学校工作的接触开始，一直到离开学校，他的观感、印象不一定是好的。当然，有的会很

---

① 本文是作者 2014 年 6 月 19 日在山东英才学院干部教师大会上所作报告的文字整理稿。

好,有的就不一定很好。怎样才能给专家们留下好的印象,涉及方方面面的因素。

一般来讲,专家到校后的第一天晚上会有个碰头会。实际上,在碰头会之前,专家已经拿到了学校的自评报告和教学状态数据分析报告。专家进校以前要审读这两份报告,而且已经给评估中心反馈了审读意见,对学校情况有了一些了解,包括对学校发展中可能存在的不足,当然也包括特色和优势,会有一个概念。进校之后,专家就希望验证一些东西。比如,学校在自评报告里所展示的优势、特色、进步等,专家要看看学校自评报告有没有掩饰什么。我们有些东西可能不太好,不想给专家一个不好的印象,所以,要把它们掩饰起来。其实,这是不必要的,没有哪所学校是十全十美的。学校有一些不足,也是客观情况,专家也不会以偏概全,他会全面考察学校发展和办学。比如,有一所民办高校评估,在第一次碰头会上,专家交流初步印象。有专家就说了,这个学校办学条件还有一些差距,学校部分二级学院院长、副院长连教授、副教授职称都没有,就是讲师在主持工作,学校能这么办吗?这说明学校给专家留下的第一印象可能是不太好的。在后面考察的时候,专家们慢慢发现,原先接触的材料只反映了客观情况的表面,实际上,那些年轻的、主持工作的院领导很有想法,对学院的专业发展和教学工作有自己的设想,很多工作非常有创意,阶段性效果是积极的。而且专家们也逐步认识到了,在民办高等教育特殊的背景下,该校的很多做法是有前瞻性的。这样一来,专家们的第一印象就被深入的实地考察颠覆了。这说明尽管我们需要专家对学校有好的第一印象,但也不要过于在意第一印象,要相信专家会秉承客观的态度开展评估工作。

(二)要有好的精神状态

在整个评估过程中,全校师生员工要表现出好的精神状态。在进校评估过程中,专家会从学校的领导、老师、干部和学生身上感受到学校的凝聚力,体会师生员工的精神状态。这种精神状态不只是表现在脸上,不是说我们笑脸相迎就可以了,而是要在自己的工作中展现出优良的精神状态,包括对自己的工作了然于胸,既有一种责任感,还有理性的认识和计划性。要让专家感受到师生员工积极的精神状态是自然状态,是发自内心的。比如,大家对学校的工作能够辩证地看待，对学校工作的积极方面有认识，对学校工作的不足也有感觉，而且在汇报交流的时候是以一种心平气和的、积极的态度去看待。这就是说，在跟专家汇报的时候，不是只讲好的，似乎什么问题都没有，也要主动地"暴露"问题和不足。如果你只讲好的方面，专家也不会就完全听你的，因为他不是只有一个信息来源。学校汇报好的方面的时候，专家一般是不会表态的，但有可能会点头，也可能会口头上说"好好好"，但实际上，他还会从其他的渠道去验证。从学校的角度来讲，只要客观地来看待学校的问题就好，不要刻意去隐瞒问题或不足，更不要去找很多理由，和专家辩解，试图说服专家。我们讲每一所学校办学会有各种各样的问题，专家也在学校工作，都是明白人。问题是客观的，但对这些问题怎么看，是什么性质的问题，是属于学校发展中的问题，还是学校暂时没有办法去解决的问题，或者是学校自身无法解决的？不管是什么情况，我们要有一种态度，要表明学校在努力，让专家看到一种积极的心态。

（三）客观反映学校的发展

大家知道，教育部对评估是有要求的，这个要求就是评估标准。评估标准有一些指标，包括一级指标、二级指标，它们所反映的是在办学过程中所要达到的一些基本要求。对于学校来讲，有的可能是完全可以达到的，有的也不一定能够完全达到，有的甚至还可能有较大差距。对那些能够达到的很好办，但那些暂时还达不到的怎么办？比如，很多民办高校师资队伍建设跟不上；还有些高校新办专业较多，办学的硬件条件有欠缺，等等。在评估的时候，我们对这些差距和不足要有正确的认识。既不要掩饰什么，也不要刻意地表现什么，只需要客观地描述在办学中面临的困难，而且表明对这些困难我们是有认识的，有解决问题的方案。实事求是地讲，我们到每一所高校评估，都发现有些指标确实是达不到的，只要学校在努力解决问题，事情在向好的方向发展，达不到没有关系。为什么没有关系呢？评估标准已经给我们留出了空间，在评估指标体系中，没有达到要求的如果在 6 个指标以内，是可以通过的；在 6 个至 9 个指标范围内可以暂缓通过，超过 9 个才不予通过。所以，完全没有必要在某些问题上去掩盖问题。我觉得重要的不是去掩盖问题，而是客观地、充分地反映学校发展的成果以及学校为了改变面貌所做的努力。

（四）尽量展示学校的亮点

在评估的时候，专家往往希望看到学校发展的亮点。过去讲特色，现在合格评估不要求特色，但这并不意味着学校工作没有特点。其实，在新建本科院校，一定要说办学有特色，可能不太现实，但学校办学不能没有自己的亮点。我们总会有些能给人留下较深印象的东西，要把它总结出来。比如，在中俄边界有一所高校，地理位置条件不好，自然环境恶劣，一年有大半的时间都是冬天，办学资金也不足，办学面临很大困难，但它有亮点。亮点在哪儿？国内其他地方的老师聘不来，学校就聘俄罗斯专家。一江之隔，对面的俄罗斯有 13 所大学，什么专业都有，什么人才都有。学校办的俄语、美术、音乐等专业，通过邀请俄罗斯专家，弥补自身师资的不足。在它所聘的俄罗斯专家中，包括功勋画家也请来了，常年在学校任教。在评估的时候，有一批俄罗斯专家，教语言的、音乐的、绘画的，在那里上课。学校通过这个措施弥补了自身师资的困难。这就有了自己的特点。这所学校在很困难的情况下还在努力谋求学校办出特色，提高水平。专家们对此评价很高。

（五）学会与专家交流、探讨

在迎接专家考察的过程中，专家要与各方面的领导和老师打交道，包括与学校领导、部门领导、学院领导的访谈和交流。怎么跟专家交流？在有的高校，很多部门领导、学院领导很怕专家说学校或学院不好，于是在汇报的时候，只说好的方面。还有的领导，不知道专家想听什么、对什么感兴趣，只要专家不打住，自己就不断地说。在专家考察的时候，我们往往做了很多准备，包括材料的准备，但在汇报的时候要有重点。更为重要的是，要把这个时候看成与专家探讨办学的机会。跟专家一起探讨怎么办学、怎么办得更好，可以跟专家介绍学校碰到的问题，采取了哪些措施来解决问题，还有什么问题暂时不能解决，原因是什么，后期的解决方案是什么。可以请专家就我们办学中的一些问题，或者专家所发现的问题，给我们提出意见和建议。跟专家形成一种互动、交流，是最理想的交流方式。

（六）以平常心态接受专家访谈

专家进校考察有一种工作方式叫"深度访谈"。什么叫深度访谈？我没有深究过概念，访谈时间长算不算？对问题探讨交流的深入算不算？我想可能都算。专家的深度访谈对象并没有规定，可以是学校领导，也可以是部门和院系领导，还可以是相关师生代表。这就是说，深度访谈对象是由专家根据自己要考察的情况或问题所决定的。在进校考察中，除了见面会、反馈会以外，其他活动都是专家以个体的身份进行的，所以，深度访谈对象是专家自己选定的。怎么接受专家的深度访谈？有的领导、老师可能会说，不要、不要，千万不要选到我！其实，没有那么可怕，选到了不要怕、不要急，以自然状态、平常心态对待就好。我们说不要怕是有条件的，做到两点就可以了：第一，把评估的精神领会了；第二，把学校或部门的情况弄清楚了。有这两点做基础，在与专家深度访谈的时候，就可以胸有成竹、有问必答。专家想谈什么、想了解什么，都可以平常心来对待。

二、迎评的准备

现在是我们准备评估最紧张的时候，但还没有到冲刺的时候。准备工作做得足不足，在评估结果上是会有反映的。评估的准备工作，实际是从办学就开始准备了，并不是成立评估中心才启动准备工作的。因为评估的对象是整个学校的教学工作，而不是这几个月、半年的突击性准备。这段时间的准备工作只是把平时做的工作进行总结、提炼、归纳，把没有做到的东西在这个阶段做一些弥补，查漏补缺。今天所说的准备，是指为了迎接专家进校考察所做的专门的准备和应对，它对于专家了解学校整个办学过程有很重要的作用。那么，怎样才能让专家更好地了解学校的办学过程和教学状况？从准备的角度来讲，可以做以下几个方面的工作。

（一）心理准备

我听有人讲，现在一说评估就紧张，教育部的评估专家都是大人物，见了就害怕。其实，大可不必紧张、害怕。教育部的专家也是普通的人，他可能是某一所高校校长、书记，或者是处长、教授，尽管他是专家，通过审读评估材料对学校有了一定了解，但学校还是有优势的，对自己的发展和状况我们可能更有发言权。这就是说，我们是有一定的心理优势的。

我们对学校是了解的，平常工作中也不希望出什么状况，评估期间也是如此，用这种正常心态来迎接评估就可以了。我们平常是怎么做工作的，工作上有什么要求,比如,教学中每一个环节的要求,包括对老师的要求,对学生的要求,对学校相关部门的要求,平时是怎么做的,评估期间把它正常地表现出来。这就是一种平常心态的准备。

有的人可能会说,我们还要整理许多材料,院系要准备材料,部门要准备材料,负担很重,有心理压力。有时候,教职工还会有些牢骚。我想这也是正常的,也需要我们把心态调整好。就资料准备而言,实事求是地说,现在的要求不是很多,负担不是很重。与前一轮评估的要求比较,这一轮评估在材料准备方面可以说是最大限度地"解放"了我们。当然,这需要我们把这个准备工作放到平时来做,到了迎接评估阶段要做的是把那些基础材料汇总和编制成册。如果平时工作做到位了,包括对每一门课的试卷、每一份毕业论文的要求都准备得很到位,平时就很规范、严谨,到了迎评的时候负担就不会很重。如果平时工作没有做到位,迎评之前就要加把劲,好好地做一些准备。但也没有必要为此感到紧张,因为要做到那些要求并不难。

从教育部评估中心的要求看,有两个口号,叫作"替国家把关,为学校服务"。"替国家把关"是希望学校的办学质量达到教育部的要求,评估就是检验教学是不是达到了基本要求,是不是满足了社会需要。"为学校服务",就是要建设性地帮助学校发现问题,找到解决问题的路径。专家组到学校来,不仅要看问题,也要看成绩,看问题、看不足,不是给学校挑刺,而是要"为学校服务"。有时,个别专家看上去可能比较不好沟通,对问题也查得很严,这是专家的工作方式。专家都接受过教育部评估中心组织的培训,其考察的目的是要为学校服务。专家只有严谨认真地考察,才能给学校提出建设性的意见和建议。这是专家的责任。所以,我们要以一颗平常心来对待。

(二)组织准备

组织准备是指学校在迎接评估的过程中要进行相关组织上的安排和计划,要有相关的组织机构和人员来负责评估。从我们学校看,着手比较早,各项工作都在按部就班地推进,有一个很好的工作计划。另外,组织准备还要为专家进校考察做组织准备,要对相关人员进行合理配置,可以组织一些培训工作。评估是一件大事,是一件系统且复杂的工作,培训工作要抓紧,对直接参与人员、相关工作人员进行培训,包括对他们进行学校信息分析和共享能力的培训。他们要掌握学校基本的办学信息，比如，学校的主要发展战略举措、教学改革工作、专任教师数量、课程数量，等等。专家来了以后，不能只介绍学校有多少亩土地、有几个校区、有多少专业等，再深入一点的其他情况就说不出来了。专家考察的时候会到一些部门和院系走访和深度访谈，我们的有关领导就不能只是介绍部门和院系的基本情况，还要能从部门和院系的情况出发，探讨发展中存在的困难和不足，化解这些困难和不足的有利和不利条件、相关的工作规划和工作思路。就是要谈出内涵，谈出思想来。所以，组织准备其实是很专业的，准备一定要到位。培训形式可以多种多样，比如，在院系可以组织领导和师生一起进行研讨，对院系学科专业建设、师资队伍建设、教学改革、教学质量保障、学生发展等展开讨论。

还有一种培训，就是要对专家接待方面的培训。关于接待问题，教育部评估中心有非常严格的纪律要求。在专家进校考察期间，与专家联系最多的人过去叫"秘书"，现在叫"联络员"。"联络员"的职责是协助专家开展考察的联络事务，包括传达专家要考察或走访的单位、要访谈的人员、要召开的座谈会以及相关要求，要查看的教学场地，等等。这就要求担任"联络员"的老师要非常熟悉学校的情况，包括办公楼、教学楼、实验场地等的位置和布置。专家考察时间的安排是非常密集的，考察活动的衔接往往非常紧凑，专家要去哪里考察，"联络员"应当能够准确地带到那儿去。在有的高校曾经出现专家提出要去一个单位考察，"联络员"却不知道这个单位在哪里，只得到处打电话询问。对"联络员"的要求还不能只是这些一般情况。有的专家在考察间隙会与"联络员"交流关于学校发展规划、专业建设、师资队伍建设等方面的情况，询问一些问题，"联络员"不能一问三不知，或者答非所问。所以，在专家进校之前，要对担任"联络员"工作的干部教师进行专项培训。这是组织准备不能忽视的。

（三）材料准备

材料准备是迎评最重要的工作之一。评估中主要有三类材料：一是原始材料，二是整理材料，三是汇报材料。原始材料包括各种制度、文件、试卷、毕业论文、总结材料等，学校发展规划也是原始材料。在评估指标体系中，每一个观测点下面都需要有原始材料来支撑学校的办学状况。比如，现代大学办学越来越重视制度建设,尤其是成文的制度。评估就要看关于教学工作和质量保障是不是建立在完善的制度的基础上,学校教学运行有没有有效的制度支持。所以,学校需要建立完善的制度,相关的制度文本是健全的,在评估中能够提供充分的原始制度。所谓原始制度,主要指所提供的制度不是临时制定的,更不是为了评估而特别"造"出来的。再如,学生的试卷和毕业论文档案,是学生学业和成长的写实性材料,也是评估中着重考察的。有的学校说把部分试卷弄丢了,丢的又恰巧可能是专家要查阅的,怎么办? 如果可能,还得把它补齐。这样的工作是不是为了迎评而造假呢? 我个人认为不是,因为这些材料原本是有的,只是因为各种原因弄丢了,或者不小心处理了,现在是要把它补起来。这同弄虚作假不是一回事。当然,要补这些材料是很困难的。总的来讲,原始材料的准备是一件比较简单的工作,它主要是收集、归类、存档的问题。

整理材料是根据评估的要求学校所提供的一些基本资料和相关显示材料。比如,评估周所有开设课程的目录清单、教师名录、学生名录等,还有各种各样的原始材料清单和目录等。这些材料都是为了评估而整理出来的。

还有一类是汇报材料。汇报材料一般不多,主要有教学状态数据分析报告、学校自评报告、校长报告等。这些材料是需要在准备过程中着力去研讨和编写的。过去还有办学特色项目的材料,现在不做要求了。汇报材料的重要性不言自明,撰写这些材料,特别是自评报告,既要遵循教育部评估中心的评估标准,将在各个指标上的完成情况全面真实地反映出来,同时还要反映学校在办学中所做的努力和已经取得的成绩,当然,也包括办学中存在的问题。只有这样,才能够让专家对学校有一个全面的了解。自评报告不仅有字数的要求,还有规格的要求,不管怎么要求,都需要把学校的发展情况和教学状况反映好。有些自评报告写得像八股文章,严格地对照评估指标一条一条地写,完全不管不顾各指标之间的关联性,成绩是这么写,问题也是这么写,很机械! 另外,有的学校校长报告的写法也跟自评报告一样,成了自评报告的压缩版。这种写法不但不能让专家对学校产生好感,还会让专家认为校领导缺少办学理念,不是在用思想领导学校办学与发展。比较好的写法是在自评报告的基础上,介绍学校建设与发展的重要理念和顶层谋划,甚至可以写得很有个性。

评估是涉及全校每一个老师、每一个学生的系统工程。做好了，它能对学校发展发挥实质性的积极影响。因为做得好，它就是对全校干部和教师进行的一次权威而严格的质量教育，我们的质量意识、质量观念、质量保障都会有一个很大的提高。从教育部评估中心的要求来讲，也希望通过评估准备和迎评，使学校教学质量、教学规范和教学质量保障体系建设上升到一个新的水平，使学校发展进入一个新的阶段。

最后，预祝英才学院以优异的成绩通过评估！祝愿英才学院越办越好！

谢谢大家！